PROJET

DE

TAILLE TARIFÉE.

POUR FAIRE CESSER LES MAUX
que causent en France les disproportions ruineuses
dans les Répartitions de la Taille arbitraire.

Par Monsieur L'ABBE' DE SAINT PIERRE.

A PARIS,

EMERY, Fils, ruë saint Jacques, à saint Benoist.
Chez SAUGRAIN, l'aîné, Quai des Augustins, à la Fleur de Lys;
PIERRE MARTIN, Quai des Augustins, à l'Ecu de France.

1723.

AVEC APROBATION ET PRIVILEGE.

PROJET

DE

AU REGENT:

ONSEIGNEUR;

Perſone n'ignore que ce qui diſtingue avec
le plus d'éclat & de juſtice un Prince entre

á

EPITRE.

les Princes ses pareils, ce sont les entreprises qu'il a heureusement achevées, lorsqu'elles sont remarquables par leur grande dificulté, & sur tout par les grands avantages qui en reviennent aux Peuples.

Vous en formâtes une semblable, MONSEIGNEUR, dès le second mois de vôtre Regence ; c'est celle dont nous avons eu connoissance par vôtre Lettre Circulaire aux Intendans des Provinces, du 4 Octobre 1715. dans laquelle vous leur demandez & à eux & aux autres persones habiles & zelées pour le bien de l'Etat, la Métode la plus convenable pour rendre le Subside anuel de la Taille moins disproportioné au revenu & au gain anuel du Taillable.

Peu de persones virent alors comme VOTRE ALTESSE ROYALE, & la grande utilité & la grande dificulté de l'entreprise ; & si j'ai parfaitement compris l'une & l'autre, ce n'a été qu'après sept ans de travail, dont j'ai employé la plus grande partie à lire, à méditer, à faire diverses recherches en diverses Provinces, & sur tout à consulter un grand nombre des plus habiles hommes & des plus instruits sur cette matiére ; & pour dire la verité, je leur dois une grande partie de ce qu'il y a de meilleur dans cet Ouvrage.

EPITRE.

Pour faire sentir la grande utilité de vôtre entreprise, MONSEIGNEUR, j'ai démontré dans ce Traité plusieurs grands avantages qui reviendroient aux Taillables, au Clergé, à la Noblesse, au Roy & à l'Etat, d'une Métode, qui feroit observer facilement & exactement la proportion & la justice dans la Répartition de la Taille : Mais j'avoüe, MONSEIGNEUR, qu'entre ces avantages, celui qui m'a le plus touché, c'est que cette Métode préserveroit tous les ans plus de quatre-vint-mille familles de leur ruine totale, & feroit cesser pour jamais les larmes, les aflictions & les inquiétudes mortelles & journalieres de plus de dix-neuf cens mille familles, qui malgré les bonnes intentions de nos Rois, ont gémi jusqu'ici, & gémissent encore sous le poids acablant des disproportions excessives, causées par l'ignorance presque insurmontable du revenu de chaque Taillable, & par l'abus du crédit & de la protection ; abus inséparable de la nature humaine ; mais abus que vous entreprenez de déraciner par de sages Reglemens.

On comprendra facilement d'un autre côté la grande dificulté de l'entreprise, lorsque l'on fera atention à toutes les tentatives des grands

EPITRE.

*Miniftres & des autres grands Hommes, qui
fous le Regne du feu Roy, qui étoit fi aten-
tif à faire obferver la juftice, ont fi lon-tems
& fi inutilement travaillé à chercher cette
Métode fi defirée. Cette grande dificulté fe
prouve encore par le grand nombre de Mémoires qui ont été faits par les plus habiles
fur ce fujet, & fur tout par les diferens
Effais de diferentes Métodes, que vous avez
fait faire dans diferentes Provinces ; Effais
neceffaires pour tirer de l'experience même les
lumieres les plus feures, & pour difcer-
ner enfin par la comparaifon des Métodes
ainfi eprouvées, la meilleure de la moins
bonne.*

*Je n'ofe pas affurer, MONSEIGNEUR,
que celle que j'ai l'honneur de prefenter aujourd'hui à VOTRE ALTESSE ROYALE,
foit précifément telle que vous la demandez,
& que nous la cherchons : mais heureufe-
ment pour nous, vous avez entre vos mains
deux moyens pour vous en affurer ; l'un de
demander aux Intendans une meilleure Métode que celle-ci contre les difproportions
exceffives. Cette demande leur feroit faire
de nouveaux efforts ; & fi quelqu'un d'eux
trouvoit quelque chofe de meilleur, ce feroit
ce que l'on cherche depuis fi lon-tems, finon*

EPITRE.

ils rendroient témoignage à celle-ci, & leur autorité serviroit à déterminer le Conseil à l'aprouver en la rectifiant.

L'autre moyen de vous assurer, MONSEIGNEUR, si cette nouvelle Métode est la meilleure, c'est le moyen dont vous vous êtes déja servi avec tant de sagesse, qui est de faire l'épreuve de cette Métode dans quelques Elections, c'est proprement la coupelle de pareils Projets ; & c'est le moyen le plus sûr, le plus promt & le moins dificile ; & ces deux moyens peuvent être mis en œuvre en même tems.

Au reste, j'espere toûjours, MONSEIGNEUR, qu'à l'imitation des plus grands Hommes, dont VOTRE ALTESSE ROYALE révere la memoire, les grandes dificultez loin de vous rebuter dans la continuation & consommation d'une entreprise si importante à l'Etat, ne feront que ralumer vôret ardeur pour les surmonter, afin de vous distinguer d'autant plus de ceux que les grandes dificultez découragent. Ce sont les vœux que je fais au Ciel, tant pour la gloire du Roy & de son Regne, que pour nôtre propre utilité.

Je suis toûjours & serai le reste de ma vie, MONSEIGNEUR. avec un profond

á iij

EPITRE.

respect, & avec une sensible reconnoissance,
de VOTRE ALTESSE ROYALE,

MONSEIGNEUR,

~~Vous~~ très-humble & très-
obéïssant serviteur.
L'ABBE' DE SAINT PIERRE.

APPROBATION.

J'Ay lû par ordre de Monseigneur le Garde des Sceaux, le Manuscrit qui a pour Titre, *Projet de Taille Tarifée*, & je n'y ai rien trouvé qui ne puisse être dans l'execution aussi utile au service du Roy, qu'avantageux à ses Peuples, & convenable à la justice. Fait à Paris ce 20. Juin 1722.

Signé, DE SACY.

PRIVILEGE DU ROY.

LOUIS par la grace de Dieu, Roy de France & de Navarre, A nos amez & feaux Conseillers les Gens tenant nos Cours de Parlement, Maîtres des Requêtes ordinaires de nôtre Hôtel, du Grand-Conseil, Prevôt de Paris, Baillifs, Senéchaux, leurs Lieutenans Civils, & autres nos Justiciers qu'il apartiendra, SALUT. Nôtre bien-amé le Sieur CHARLES-IRENE'E DE CASTEL, ABBE' DE SAINT PIERRE, Nous a fait exposer très-humblement, qu'il cherche avec grande aplication depuis six ans, la Métode la plus facile, la plus convenable & la plus efficace, pour établir une juste proportion dans la Répartition de la Taille, & de la mettre en usage, dans un Ouvrage qui a pour Titre, *Projet de Taille Tarifée*, lequel il desireroit faire imprimer, pour le bien & avantage de nôtre Royaume, s'il nous plaisoit de lui acorder nos Lettres de Privilege sur ce necessaires. A CES CAUSES, voulant favorablement traiter ledit Sieur Exposant, & reconoître son zele, Nous lui avons permis & permettons par ces Presentes, de faire imprimer ledit Ouvrage ci-dessus specifié, en tels volumes, forme, marge, caractere, conjointement & separément, & autant que bon lui semblera, & de le faire vendre & debiter par tout nôtre Royaume pendant le tems de six années consecutives, à compter du jour de la datte desdites Presentes : Faisons défenses à toutes sortes de persones, de quelque qualité & condition qu'elles soient, d'en introduire d'impression étrangere dans aucun lieu de nôtre obéïssance ; comme aussi à tous Libraires & Imprimeurs & autres, d'imprimer & faire imprimer, vendre, faire vendre & debiter, ni contrefaire ledit Ouvrage ci-dessus expliqué en tout ni en partie, ni d'en faire aucuns Extraits, sous quelque prétexte que ce soit, d'augmentation, correction, changement de

Titre ou autrement, fans la permiffion expreffe & par écrit dudit Sieur Expofant ou de ceux qui auront droit de lui, à peine de confifcation des Exemplaires contrefaits, de trois mille livres d'amende contre chacun des contrevenans, dont un tiers à Nous, un tiers à l'Hôtel-Dieu de Paris, l'autre tiers audit Sieur Expofant, & de tous dépens, domages & interêts ; à la charge que ces Prefentes feront enregiftrées tout au long fur le Regiftre de la Communauté des Libraires & Imprimeurs de Paris, & ce dans trois mois de la datte d'icelles ; que l'impreffion de cet Ouvrage fera faite dans nôtre Royaume & non ailleurs, en bon papier & en beau caractere, conformément aux Reglemens de la Librairie ; & qu'avant que de l'expofer en vente, le Manufcrit ou Imprimé qui aura fervi de Copie à l'impreffion dudit Ouvrage, fera remis dans le même état où l'Aprobation y aura été donée, és mains de nôtre très-cher & feal Chevalier Garde des Sceaux de France, le Sieur Fleuriau d'Armenonville, & qu'il en fera enfuite remis deux Exemplaires dans nôtre Bibliotheque publique, un dans celle de nôtre Château du Louvre, & un dans celle de nôtredit très-cher & feal Garde des Sceaux de France, le Sieur Fleuriau d'Armenonville ; le tout à peine de nullité des Prefentes : Du contenu defquelles vous mandons & enjoignons de faire joüir ledit Sieur Expofant ou fes ayans caufe pleinement & paifiblement, fans fouffrir qu'il leur foit fait aucun trouble ou empêchement. Voulons que la Copie defdites Prefentes, qui fera imprimée tout au long au commencement ou à la fin dudit Ouvrage, foit tenuë pour duëment fignifiée, & qu'aux Copies collationées par l'un de nos amez & feaux Confeillers & Secretaires, foi foit ajoûtée comme à l'Original. Commandons au premier nôtre Huiffier ou Sergent, de faire pour l'execution d'icelles tous Actes requis & neceffaires, fans demander autre permiffion, & nonobftant clameur de Haro, Charte Normande, & Lettres à ce contraires : CAR TEL EST NÔTRE PLAISIR. DONNE' à Paris le dixiéme jour du mois de Juillet, l'an de grace mil fept cens vingt-deux ; & de nôtre Regne le feptiéme. Signé par le Roy en fon Confeil, DE SAINT HILAIRE, avec parafe ; & fcellé en queuë de cire jaune.

Il eft ordoné par Edit du mois d'Août 1686. & Arrêts du Confeil, que les Livres dont l'impreffion fe permet par Privilège de Sa Majefté, ne pourront être vendus que par un Libraire ou Imprimeur.

Regiftré fur le Regiftre cinquiéme de la Communauté des Libraires & Imprimeurs de Paris, page 172. N°. 197. conformément aux Reglemens, notamment à l'Arrêt du Confeil du 13. Août 1703. A Paris ce quatre Août 1722. Signé, DELAULNE, Syndic.

PROJET

PROJET

DE

TAILLE TARIFÉE.

Pour faire ceſſer les maux que cauſent en France les diſproportions ruineuſes dans les Répartitions de la Taille arbitraire.

PREFACE.

IL n'eſt pas poſſible de faire quelque ſéjour à la campagne, dans la plûpart des Provinces du Royaume, ſans être témoin des malheurs journaliers que cauſe aux pauvres familles Taillables la diſproportion de la Taille arbitraire.

Il n'y a preſque point de jour où l'on ne voye enlever de force à l'un quelques boiſſeaux d'orge & quelques mauvais meubles & uſtancilles les plus néceſſaires au ſoûtien de ſa miſerable vie ; à l'autre ſa vache, qui eſt le fonds de la

A

subfiſtance de ſept ou huit petits enfans ; à ce pauvre Voiturier deux ou trois mauvais petits chevaux, l'unique fondement du petit commerce du chef de la famille : on leur enleve juſqu'à leur lit, juſqu'à la poële, où il faut faire le diner
& le ſouper de la famille.

Tel eſt le long de la ſemaine, le long de l'année le malheureux emploi de douze ou quinze Collecteurs de differentes
années, qui courent ainſi ſucceſſivement dans chaque Paroiſſe,
& qui portent les pleurs, la deſolation & le deſeſpoir par tout
où ils paſſent : ils ſont même d'autant plus impitoyables,
qu'ils ne font ces executions pleines de dureté, que pour
s'exempter eux-mêmes de pareils traitemens, & quelquefois
de la priſon, qu'ils ont à craindre de la part des Huiſſiers &
des Receveurs des Tailles.

Mais quand on fait réflexion que ces deſolations dont l'on
vient d'être témoin aujourd'hui à l'égard de quatre familles
d'une Paroiſſe, arivent dans vingt-deux mille Paroiſſes au
moins, à quatre-vingt-huit mille familles chaque jour de la
ſemaine dans tous les mois de l'année, on ſent une veritable triſteſſe, & l'on ſe trouve naturellement porté à chercher ou du moins à deſirer quelque remede, ou plutôt quelque préſervatif à des maux journaliers, qui intereſſent tant
de malheureux.

L'unique ſource de cette grande playe de l'Etat, c'eſt la
diſproportion qui ſe trouve dans la répartition du Subſide : les
uns ſont acablez d'un fardeau qui eſt au-deſſus de leurs
forces; tandis que d'autres n'en portent preſque rien; & la
ſeule raiſon pourquoi cette Répartition eſt diſproportionée,
c'eſt qu'elle n'eſt aſſujettie à aucun point fixe, à aucune regle
certaine & uniforme.

Les habitans des villes Tarifées, où le Subſide ſe paye ſur
les Entrées des denrées qui s'y conſomment, ne ſont point
expoſez à des diſproportions exceſſives & ruineuſes, unique
ſource de ces contraintes & de ces ventes forcées, qui achevent de ruiner les ſujets du Roi. Ce n'eſt pas que les Subſides que le Roi tire des villes Tarifées ne ſoient peut-être auſſi
grands à proportion des biens des habitans, que ceux qu'il
tire des Paroiſſes de la campagne : mais comme chacun paye
dans les Villes non ſelon aucune Répartition arbitraire, mais

fuivant une regle uniforme, invariable, & qui opere néceffairement la proportion, c'eft à dire fuivant les differens Tarifs des Entrées des denrées, & fuivant la confommation qu'il en fait; & par confequent felon fon revenu, nul n'eft plus maltraité que fon voifin, & ne fouffre jamais de la part des Officiers du Roi aucune faifie de meubles ni de ces ventes forcées, couteufes, affligeantes, & pleines de dureté.

Le fubfide de la Taille peut bien n'être pas exceffif en lui-même, par raport aux facultez du *Total* des Taillables en general; mais il peut être exceffif pour la plûpart des Taillables en particulier, fi par une Répartition difproportionée la plûpart des Taillables, qui font fans protection, fe trouvent chargez au delà de leurs forces: Car enfin s'il y a deux millions quatre cens mille familles Taillables, & que le Roi ne leve prefque rien fur deux cens mille des plus riches de ces familles, qui ont beaucoup de protection, & qui ont autant de bien que les deux millions deux cens mille autres familles enfemble, le fardeau qui auroit pû être facilement porté par toutes les familles, s'il avoit été proportionément réparti, devient exceffif, infupportable & accablant, fur tout pour une partie de ces deux millions deux cens mille pauvres familles.

Le Collecteur demande dix livres à ce pauvre non protegé, qui n'en devroit payer que trois, & n'en demande que dix à ce riche protegé, qui en devroit payer cent, eft-il furprenant que le pauvre fe trouve dans l'impuiffance de payer? eft-il furprenant que les Collecteurs achevent de le ruiner par les frais des faifies & par la vente forcée de fa vache & de fon cheval?

Il faut même bien remarquer qu'en ruinant ainfi un Taillable, & lui ôtant les moyens de mettre en valeur fon travail & fon induftrie, lui qui avec fa femme & fes enfans gagnoit un écu par jour par le moyen de fa vache, de fes brebis, de fes chevaux, de fa charette, de fon batteau, de fon petit commerce, & de quelque peu d'argent mis en marchandifes, ne fçauroit plus gagner, quand il eft ruiné, que quinze ou vingt fols lui & fa famille, comme fimple Manœuvre ou Journalier; ainfi cette famille fe trouve enfin réduite à la mendicité, ce qui eft un des plus grands malheurs de l'Etat : au lieu que si par la proportion on laisse aux sujets les moyens d'exercer leur industrie, & de profiter de leur travail, ils s'enrichissent, ils enrichissent l'Etat, & payent bien leur portion du Subside.

Avec un peu de réflexion, il est aisé de voir que le bas peuple de la campagne sert de mains & de bras au Corps politique. En effet, que vaudroient les Terres à la Noblesse, au Clergé, aux Exemts, aux Bourgeois, s'il n'y avoit ni Laboureurs pour les bleds, pour les chanvres, pour les lins ; ni Vignerons pour les vignes, ni Bergers pour les troupeaux, qui servent à la nourriture & au vêtement ; ni Voituriers pour transporter les denrées, ni Tisserans pour employer la laine & le lin ; tous ces vastes domaines ne lui produiroient presque rien, si ce bas peuple n'étoit pas en pouvoir de les cultiver, d'en manufacturer les productions, & d'en consommer la plus grande partie ; car enfin un Proprietaire qui a cent mille arpens de terre en Amerique, n'en tire rien s'il n'a des cultivateurs ; & ces terres ne sçauroient lui produire qu'à proportion de l'industrie, du travail & des facultez de ceux qui tâchent de les mettre en valeur.

Les terres iront donc nécessairement en augmentant de raport à mesure que le bas peuple augmentera de force & de pouvoir ; il cultivera davantage de terres, & les cultivera même pour son propre profit, quand on lui laissera *des forces suffisantes* ; il nourrira plus de bestiaux, quand il aura ou le moyen d'en acheter, ou le crédit d'en emprunter. Or peut-il augmenter sa culture, ses bestiaux & son profit, sans augmenter le profit du Proprietaire, & sans avoir les moyens de payer le Subside ?

Il y a encore une consideration qui fait souhaiter que l'on fasse justice aux plus pauvres dans la Répartition ; c'est que si vingt pauvres familles, par la pratique de la proportion, & par consequent par la diminution de leurs Taxes, peuvent ariver à amasser au bout de l'an chacune une pistole pour mettre en commerce, ils en tireront quatre fois, huit fois plus de profit que ne feroit un Taillable riche avec vingt pistoles ; c'est qu'elles mettront dans leur commerce vingt fois plus d'industrie & de travail que la famille riche, & ne négligeront aucun petit profit, que négligeroit le riche : d'ail-

leurs l'argent produit à mesure qu'il passe par plus de mains.
Or il est évident que répandu en vingt mains, il passera par
beaucoup plus de mains que s'il n'étoit que dans une seule.

Mais si par la malheureuse disproportion du Subside on ôte
au peuple pauvre les forces *nécessaires* pour cette culture &
pour ces manufactures, il est absolument nécessaire qu'il cultive moins bien, qu'il nourrisse un tiers moins de bestiaux,
qu'il travaille moins dans les Arts, qu'il y gagne moins, qu'il
fasse moins de consommation, & que le revenu des terres des
Propriétaires aille tous les jours en diminuant.

Or tant que la disproportion subsistera dans la Répartition des Subsides, les forces du bas peuple non protegé diminueront nécessairement, & elles ne peuvent jamais ni se
rétablir ni aller en augmentant que par l'établissement de
la proportion ; & d'un autre côté la proportion ne peut jamais s'établir que par des Tarifs, qui ne laissent plus d'arbitraire ni de porte ouverte à l'injustice des recommanda-
tions & des menaces : mais dès que la proportion sera établie par des Tarifs certains & uniformes, on sera surpris de
la grande augmentation des forces, qui arrivera en peu d'années au Corps politique par ce rétablissement des forces du
bas peuple.

Mon but est de proposer un moyen propre pour faire cesser les disproportions ruineuses ; je dis ruineuses, parce
qu'il n'est pas possible d'éviter certaines petites disproportions qui sont à peine sensibles, & qui ont même souvent
entre les familles des compensations peu remarquées, mais
cependant très-effectives, qui remédient à ces disproportions
aparentes.

L'expérience & l'étude particuliere que j'ai faite de cette
matiére durant plusieurs années, & plus encore les lumiéres
des grands Hommes qui y ont travaillé avant moi, m'ont
conduit comme par degrez à un plan de Réglemens, qui
m'a paru d'autant plus propre à faire cesser entiérement la
disproportion ruineuse, qu'il est également facile à essayer
en petit & à executer en grand.

DIVISION DE L'OUVRAGE·

PREMIERE PARTIE.

LA premiere Partie contiendra l'expofition des maux que causent les difproportions exceffives, les caufes de ces difproportions, & les moyens de les faire ceffer.

SECONDE PARTIE.

LA feconde Partie contiendra les Réponfes aux Objections , afin de ne rien laiffer à éclaircir fur une matiére auffi importante : & l'on peut regarder chaque Objection comme un Chapitre.

A la fin fera la Récapitulation de l'Ouvrage, afin que le Lecteur puiffe plus facilement & plus feurement former fon jugement fur l'utilité du Projet , & fur la facilité de fon execution.

On trouvera enfuite un effai de ce Projet dans quatre Paroiffes de l'Election de Valogne, Généralité de Caën.

Enfin l'on trouvera des Obfervations générales fur divers points importans qui regardent le recouvrement de la Taille.

PREMIERE PARTIE.

CEtte premiere Partie demande une grande attention du Lecteur, afin de prendre une idée générale de l'Ouvrage : Et comme il rencontrera des difficultez à éclaircir, il n'a qu'à les marquer à la marge, pour voir s'il en trouvera l'éclaircissement ou dans la suite de la premiere Partie, ou dans les Réponses aux Objections.

CHAPITRE I.

Malheurs causez par les disproportions ruineuses.

JE ne mettrai ici que les principaux effets de la disproportion, & même en abregé ; parce que je suppose que ceux à qui je parle en ont déja quelque conoissance.

I. Ce qui m'a le plus touché & ce qui m'a déterminé le plus fortement à travailler depuis six ans avec ardeur & avec constance à chercher les moyens de rectifier la Taille, ç'a été la considération des miseres excessives d'une multitude prodigieuse de pauvres familles Taillables non protégées & excessivement taxées, à qui on enleve tous les jours par des ventes forcées, les choses les plus nécessaires à leur subsistance.

II. Leur imposition excessive croît encore par les grands frais, dans lesquels ils tombent par l'impuissance de payer. Quand un pauvre homme est condamné à payer un tiers, une moitié au delà de son pouvoir, c'est une nécessité qu'il succombe & qu'il reste à la merci des plus fâcheuses executions.

III. Tous les Taillables non protégez, non encore vexez, ont une crainte perpétuelle d'être ruinez dans quatre ou cinq ans, tant par l'excès de la Répartition que par les mauvais deniers de la Collecte, s'ils sont forcez d'être Collecteurs ; & les protégez eux-mêmes, qui vexent les autres, craignent que leurs protecteurs ne viennent à leur manquer, & qu'ils ne soient dans peu à la merci des Taxes excessives & ruineuses ; & les plus sensez d'entre eux ne demanderoient pas mieux que de payer beaucoup plus qu'ils ne payent, c'est à dire leur juste portion du Subside, pourvû qu'ils eussent par des regles certaines seureté entiére de n'être jamais plus maltraitez que leurs égaux en biens; & effectivement ce qui les désole dans le systéme present, c'est qu'ils voyent devant leurs yeux les petits enfans de riches plus protégez qu'eux demander l'aumône, à cause des disproportions excessives, qui ont accablé leurs enfans dès que la protection leur a manqué : aussi cette crainte fait que la plûpart songent à deserter la campagne, & à se réfugier dans les Villes : Cependant rien ne décourage plus les hommes d'être laborieux & industrieux que de n'avoir aucune seureté de joüir de leur travail, & d'en laisser les fruits à leurs enfans. Or qui ne voit que tout découragement qui diminuë le travail & l'industrie des sujets, est très-préjudiciable à l'Etat.

Pour mettre la grandeur de cet inconvenient dans quelque sorte de calcul, afin d'en avoir une idée moins vague & plus juste, on peut supposer que si tous les Taillables étoient mis à une Taxe proportionnée à leurs facultez, pour payer leur part de soixante millions, il n'y en a pas un, même parmi les protégez, qui pour se délivrer de cette crainte d'être un jour lui ou ses enfans taxez avec une disproportion excessive, faute de protection, ne donnât volontiers au Roi un dixiéme de plus que sa Taxe ; la veuve au lieu de quarante sols, payeroit volontiers quarante-quatre sols, & tous les autres à proportion : or un dixiéme de soixante millions, c'est six millions.

Six millions.

A l'égard du découragement, il n'est pas aisé d'en faire de suputation ; mais il est certain que si la diminution de soins & de travail monte seulement à la valeur de deux journées par jour pour chaque Paroisse, à dix sols la journée, c'est vingt-deux mille francs par jour de perte pour l'Etat, qui font plus de six millions par an.

Six millions.

I V. Il y a environ vingt-deux mille Paroisses en païs de Taille arbitraire, qui contiennent environ deux millions quatre cens quarante mille familles Taillables ; ce qui fait que les Paroisses l'une portant l'autre, contiennent environ cent dix familles. J'ai pris ces calculs dans le nouveau Dénombrement des Généralitez, beaucoup plus ample, & fait

avec

avec beaucoup plus de foin que les précedens, imprimé chez Saugrain en 1720.

A cette occafion, je dirai qu'il feroit très-utile pour le bien de l'Etat, qu'il y eût fur chaque matiére des dénombremens exacts & publics pour diriger les bons Citoyens, qui ont un grand efprit, & qui ont le loifir, qui manque aux Miniftres : car de ces differens dénombremens ils tireroient fouvent des vûës très-utiles pour les Miniftres mêmes & pour l'Etat ; parce qu'ils auroient le calme & le loifir néceffaires pour les porter à l'évidence de la démonftration Arithmetique, qui eft la même que la démonftration Geometrique.

Il eft ordinaire que de ces cent dix familles il y en ait vingt que l'on commence de ruiner par les difproportions, & que de ces vingt il y en ait au moins deux qui achevent chaque année d'être ruinées ; & qui n'ayant plus les moyens d'exercer leur induftrie, ne gagnent plus par jour que ce que gagnent de mauvais Manœuvres : ainfi c'eft plus de quarante-quatre mille familles par an qui perdent pour elles & pour l'Etat les deux tiers de ce qu'elles auroient gagné fi elles n'avoient pas été ruinées ; & à la fin ces familles ruinées peuplent l'Etat de mendians & de faineans, ce qui eft une charge fort incommode pour les Particuliers, & fort deshonorante pour le Gouvernement.

Si les difproportions exceffives ne leur euffent point enlevé les moyens de continuer leurs petits commerces, elles auroient continué à gagner environ trois livres par jour l'une portant l'autre, elles gagnent à peine une livre ; c'eft quatre-vingt-huit mille livres de perte par jour pour elles & pour l'Etat, c'eft à dire plus de vingt-quatre millions par an.

Parmi les autres familles il y en a plus de trois cens mille prêtes à fuccomber, parce que les difproportions exceffives leur ont déja ôté une grande partie des moyens de faire valoir leur travail & leur induftrie, & caufe ainfi une perte auffi grande que celle des quarante-quatre mille qui ont achevé d'être entiérement ruinées chaque année, c'eft à dire vingt-quatre millions ; c'eft donc une perte de quarante-huit millions.

Quarante-huit millions.

V. La crainte de ces difproportions exceffives caufe la retraite de plufieurs bons Fermiers dans les Villes Tarifées ;

B

& cette retraite cauſe ou l'abandonnement ou la mauvaiſe culture de pluſieurs terres, & cela au grand préjudice des Gentilshommes , des Eccleſiaſtiques & des autres Exempts, & par conſequent au grand préjudice des Curez & des autres Décimateurs, & des droits de Champart ou Agriere.

On peut ſupoſer avec verité, qu'en dix ans la deſertion qui ſe fait, ſur tout des familles riches , fait diminuer la culture des terres d'une dixiéme partie.. Or nous ſçavons par la Taxe du Dixiéme , que la diminution de la dixiéme partie des fonds de terre monte à plus de vingt millions.

Vingt millions.

V I.. Ces diſproportions cauſent la ruine d'un nombre prodigieux de Fermiers non protégez , ce qui retombe néceſſairement ſur la Nobleſſe, ſur le Clergé, & ſur les autres Exemts ; & l'on peut dire que ces Corps tireroient de leurs terres un quart de plus, ſi leurs Fermiers n'étoient jamais excedez de Taille , ſi les meilleurs Fermiers ne ſe retiroient point dans les Villes, ſi plus de Fermiers riches demandoient les Terres à Ferme à l'envi comme autrefois, & s'il y avoit plus de commerce , de conſommation & de travail parmi les Taillables.

V I I. Ces diſproportions cauſent la ruine de pluſieurs Manufactures ; parce que les Manufacturiers excedez de Taille , ſont forcez de ſe réfugier dans les Villes exemptes de Taille : Ils ceſſent leur commerce , parce qu'ils n'ont plus les moyens de trouver des ouvriers à bon marché dans les Villes , comme ils en trouvoient dans les Villages ; & la crainte de ces diſproportions empêche pluſieurs Manufactures de s'établir commodément dans les lieux Taillables , où ils employeroient plus utilement du double pluſieurs enfans , pluſieurs femmes & pluſieurs hommes.

Cela cauſe deux dommages à l'Etat : Premiérement, comme la journée d'un garçon , d'une fille eſt plus chere d'un tiers dans une Ville que dans un Village, les Manufacturiers ſont forcez de vendre plus cher les ouvrages , ce qui encourage les Etrangers à nous en apporter à meilleur marché ; & ils tâchent ainſi de faire tomber nos Manufactures : Le ſecond dommage , c'eſt qu'une Manufacture ocupoit vingt, trente, quarante perſonnes dans un Bourg & dans les Vilages voiſins , & les ocupoit plus utilement d'un quart, d'un tiers, d'une moitié qu'ils n'étoient. Or ce n'est pas un petit inconvénient d'avoir mille Manufactures de moins, & par consequent d'occuper trente mille personnes de moins, ou de les laisser occupées moins utilement d'un quart, d'un tiers, d'une moitié qu'elles le pourroient être : ainsi ces deux inconvéniens peuvent coûter par an au moins quatre millions à l'Etat.

Quatre millions.

VIII. La crainte de ces disproportions fait passer plusieurs Taillables en Païs étranger ; ce qui affoiblit le Royaume, & fortifie nos Ennemis.

IX. La crainte de ces disproportions ruineuses & de ces fâcheuses executions empêche les Bourgeois de prêter aux Taillables des Vaches & autres Bestiaux à moitié de profit ; cependant ces Bestiaux consommeroient beaucoup d'herbes, qui se perdent dans les chemins, dans les landes, & autres pâturages négligez ; il y auroit au moins deux vaches & vingt brebis de plus dans chaque Paroisse, l'une portant l'autre, c'est quarante-quatre mille vaches & quatre cens quarante mille brebis de moins, ce qui fait un grand tort à cent mille pauvres familles, sur tout aux familles emprunteuses & aux pauvres domestiques, qui dans la campagne ont amassé quelques pistoles, dont ils pourroient tirer quelque profit, en les employant à acheter des Bestiaux, pour les donner aux pauvres Taillables à moitié de profit ; ce qui dans certaines Provinces s'appelle donner *à cheptel*.

X. Ces disproportions ont dépeuplé de Marchands & de Matelots les petits Ports sujets à la Taille, & la crainte empêche qu'ils ne se repeuplent, & cause ainsi un grand préjudice au commerce maritime.

Dans l'espace de trois ou quatre cens lieuës de Côtes de Mer, ou de Rivages de grandes Rivieres, il y a plus de soixante petits Ports où les habitans sont sujets à la Taille ; il y avoit autrefois sept ou huit fois plus de Vaisseaux & de Matelots, qui transportoient par eau, c'est à dire par la voiture la moins coûteuse, les denrées d'un païs à l'autre ; & ces soixante petits Ports pourroient facilement se peupler de dix mille Matelots de plus, & faire deux fois plus de voyages par eau, s'ils ne craignoient point les disproportions ruineuses. Or comme la voiture par eau coûte huit fois moins, un Matelot, selon la suputation d'un célebre Anglois, vaut à l'Etat plus

B ij

de quatre Charetiers ou Artifans ; de forte que cette augmentation de Matelots vaudroit plus de trente mille Artifans de plus à l'Etat , fans compter les avantages qu'en tireroient les armemens de Mer , les Marchands & les Proprietaires des terres où croiffent les denrées tranfportables ; ce qui à douze fols la journée d'un Artifan , feroit plus de dix-huit millions.

Dix-huit millions.

XI. Ces difproportions caufent des divifions & des haines dans les Paroiffes , qui paffent de génération en génération , & qui nuifent fort au commerce des Taillables dans leur Paroiffe , ils fe nuifent même les uns aux autres ; au lieu que fans ces haines inveterées ils fe procureroient le long de l'année une infinité de fecours mutuels.

XII. La crainte de ces difproportions fait fouvent cacher l'argent des Taillables , & les empêche de le mettre en commerce.

XIII. La crainte de ces difproportions leur fait perdre beaucoup de journées à foliciter des diminutions ou l'exemption de la Colecte ; & les Colecteurs perdent beaucoup plus de journées quand les Taillables payent moins bien. Etabliffez la proportion par des regles certaines, vous leur fauverez à tous la valeur de quatre journées au moins ; c'eft la valeur de quatre-vingt-huit mille journées par jour pour vingt-deux mille Paroiffes. Or la journée peut être eftimée à dix fols l'une portant l'autre ; c'eft quarante-quatre mille livres par jour ; à trois cens jours par an ; c'eft plus de treize millions.

Treize millions.

XIV. Par la difproportion le Roi perd tous les ans plus du dixiéme en reftes infolvables fur foixante millions , c'eft fix millions ; donc avec la proportion le Roi augmentera fon revenu réel de fix millions.

Six millions.

XV. Par la difproportion on voit que les revenus des Taillables vont tous les jours en diminuant ; donc fi l'on n'établit pas de proportion, les reftes infolvables iront en augmentant ; & la culture des terres & les fermages & les dixmes & le commerce iront tous les jours en diminuant.

XVI. Nous avons déja parlé du profit que feroient par an fur vingt piftoles vingt pauvres familles laboricufes & induftrieufes. Or fi l'on fuppofe vingt-deux mille Paroiffes , & que dans chaque Paroiffe l'une portant l'autre , on épargne

par le Projet de proportion, aux plus pauvres habitans non
protégez feulement vingt piftoles, pour employer à leurs petits commerces, qui fe prendront fur les Paroiffes favorifées
& fur les habitans protégez, les pauvres avec leurs foins,
leurs travaux & leur induftrie gagneroient au moins cent
pour cent, c'eft à dire vingt autres piftoles ; au lieu que les
riches à peine les font-ils valoir dix pour cent, comme nous
l'avons déja dit ; c'eft donc au moins dix-huit piftoles par
chaque Paroiffe que fait perdre la difproportion & l'injuftice,
& que fera gagner aux pauvres l'obfervation de la proportion.
Or vingt-deux mille fois dix-huit piftoles font trois cens qua-
tre-vingt-feize mille piftoles, ou près de quatre millions de
profit annuel, qui eft d'autant plus précieux pour l'Etat, qu'il
tombe fur les pauvres familles.

Quatre millions.

Ces huit Articles, qui font réduits à une forte de calcul,
montent à plus de fix vingt millions de perte annuelle, que
les difproportions exceffives caufent à l'Etat : de forte qu'un
fecret qui feroit ceffer la difproportion, remédieroit encore
aux autres inconvéniens non calculez, & feroit le même effet
que s'il augmentoit les revenus du peuple, ceux du Roi &
ceux de la Nobleffe & du Clergé de plus de cent millions,
fans compter toutes les afflictions & tous les chagrins qu'il
épargneroit à une infinité de familles malheureufes & dignes
de compaffion.

Je ne fais point d'excufe fi je tâche de réduire au calcul
autant que je puis les pertes que l'Etat peut éviter, & les avantages qu'il peut tirer de ce nouveau Réglement ; je crois au
contraire, que pour éviter les grandes erreurs où jettent les
magnifiques exagerations des Orateurs, il eft à propos de tâcher de ramener tout à quelque efpece de calcul ; fi groffier
qu'il foit, c'eft la méthode dont le Chevalier Pety, illuftre
Anglois, a commencé à nous donner l'idée, & c'eft la feule
par laquelle on puiffe parvenir aux démonftrations politiques.
Je fçai bien, par exemple, que les fept ou huit Articles que
j'ai réduits au calcul, pourroient être fuputez avec beaucoup
plus de précifion ; mais fi groffiére que foit l'eftimation, elle
fert du moins à montrer que les Articles ne font pas d'une
égale importance, & que quelques-uns font deux fois, trois
fois, dix fois plus importans que d'autres ; ce qui eft d'une

grande utilité pour juger avec plus de juſteſſe des differens partis à prendre, ſur tout en matiére de Finance.

CHAPITRE II.

Cauſes de ces diſproportions.

IL n'y a proprement que deux ſources de ces diſproportions exceſſives : La premiere vient du côté des premiers Répartiteurs du ſubſide de la Taille, qui ſont les Miniſtres des Finances & les Intendans, qui la repartiſſent les uns ſur les Généralitez, les autres ſur les Elections & ſur les Paroiſſes ; *& c'eſt défaut de connoiſſance ſufiſante* des revenus ou facultez des Taillables de ces Généralitez, de ces Elections & de ces Paroiſſes.

La ſeconde ſource vient du côté des derniers Répartiteurs ou Colecteurs, qui repartiſſent la Taille ſur les familles ; & c'eſt bien moins défaut de connoiſſance *ſuffiſante* des facultez des Taillables de leur Paroiſſe, que *défaut de juſtice.*

PREMIERE CAUSE DE LA DISPROPORTION.

Défaut de connoiſſance ſuffiſante dans les premiers Répartiteurs.

LEs Miniſtres des Finances & les Intendans n'ont pour but que la juſtice ; ils n'ont d'autre intérêt que la Répartition annuelle, proportionnée au revenu annuel des Taillables ; mais faute de conoiſſance *ſufiſante* de ce revenu, ils ſont comme dans la néceſſité de faire, ſans le ſavoir, pluſieurs injuſtices ruineuſes.

Il eſt aiſé de comprendre qu'il a été juſqu'ici impoſſible que les premiers Répartiteurs pour faire une Répartition proportionée du Subſide, ayent une conoiſſance ſufiſante de forces ou du revenu annuel de ceux qui doivent payer ce Subſide annuel.

Supoſons que le Conſeil veüille lever cette anée ſur les

Taillables soixante millions pour tous les diférens Articles compris dans les Mandemens des Intendans , son intention est sans doute que chaque Généralité ne porte de fardeau général qu'à proportion de ses forces : mais comment conoîtra-t-il *sufisamment* les forces d'une Généralité , s'il ne connoît *sufisamment* les forces de toutes les Elections qui composent cette Généralité ? Comment conoîtra-t-il sufisamment les forces d'une Election , s'il ne connoît sufisamment les forces de toutes les Paroisses qui composent cette Election ? Enfin comment connoîtra-t-il suffisamment les forces d'une Paroisse , s'il ne connoît suffisamment en détail les forces de toutes les familles Taillables qui composent cette Paroisse ? Et ces forces pour porter les impositions annuelles, sont-ce autre chose que les diferens revenus ou profits annuels qui viennent à chaque Taillable. 1 . Par ses terres , 2 . par ses maisons, 3 . par ses rentes, 4 . par les Fermes qu'il ocupe, 5°. par l'argent ou marchandises qu'il met dans son comerce, 6 . par son travail ou industrie ; & ces six Articles ont encore leurs subdivisions.

Cependant sans la conoissance *sufisante & en détail* de tous les revenus de toutes les familles Taillables d'une Paroisse, il ne sauroit jamais conoître avec une seureté sufisante la force de la Paroisse , ni la comparer avec la force des autres Paroisses de l'Election , ni par conséquent la force des autres Elections , ni par conséquent la force d'une Généralité , ni par conséquent la comparer avec la force des autres Généralitez. Or peut-on dire que le Conseil ait une conoissance *sufisante* des différentes especes de revenus de tous les Taillables d'une seule Paroisse , qui n'est cependant que la milliéme partie d'une Généralité de mille Paroisses.

Les Généralitez n'ont pas nombre égal d'Elections , les Elections n'ont pas nombre égal de Paroisses, les Paroisses n'ont ni même étenduë , ni même fertilité de terroir , ni égal comerce , ni nombre égal d'habitans : mais la plus grande inégalité & la plus dificile à connoître , c'est l'inégalité qui est entre les Taillables d'une même Paroisse : car telle famille a dix fois , vingt fois, trente fois plus de revenu que la famille voisine.

On voit donc que la base de tout est une connoissance sufi-

fante & en détail de toutes les fortes de revenus de toutes les
familles Taillables ; & c'eſt ce qui a paru juſqu'ici abſolument impoſſible : cependant ſans cette connoiſſance ſuffiſante, il eſt impoſſible que l'Intendant le mieux intentionné
ne ſoit toûjours dans un danger évident de charger trop, ſans
le ſavoir, une Paroiſſe, une Election, en comparaiſon de la
Paroiſſe & de l'Election voiſine.

Or comme le Conſeil a été juſqu'à preſent privé de cette
conoiſſance ſufiſante des ſix genres ou des dix-ſept eſpeces
de revenus de chaque famille Taillable d'une Paroiſſe &
de toutes les familles de toutes les Paroiſſes d'une Election,
& de toutes les Paroiſſes de toutes les Elections d'une Généralité, il s'enſuit que le Conſeil n'a pû avoir juſqu'ici de
conoiſſance *ſufiſante* pour proportionner le fardeau de ces
ſoixante millions entre les Généralitez ; & que ce défaut de
conoiſſance ſuffiſante dans les premiers Répartiteurs a dû
néceſſairement produire des diſproportions conſidérables entre Généralité & Généralité, entre Election & Election, &
entre Paroiſſe & Paroiſſe : car enfin à ne ſupoſer la Généralité de Caën trop chargée ſeulement d'un huitiéme en comparaiſon de la Généralité voiſine, qui m'aſſurera que l'Election
de Valogne ne ſoit pas chargée d'un ſixiéme plus que l'E-
lection voiſine ? Qui m'aſſurera que la Paroiſſe de S. Pierre-
Egliſe ne ſoit pas chargée d'un quart plus qu'une autre, à
proportion de leurs forces reſpectives ? Or combien ce quart
de trop ſur une Paroiſſe n'accable-t-il pas de familles, qui
ſont enſuite taxées les unes à un quart, les autres à une moitié plus qu'elles ne devroient payer ſi la proportion étoit
obſervée.

Il s'eſt trouvé, par exemple, dans l'Election de Niort des
Paroiſſes trop peu chargées; les unes des deux tiers, les autres de la moitié ; comme Gourville, Aunay & quelques
autres, tandis que des Paroiſſes non protégées payoient un
tiers plus qu'elles ne devoient : cela s'eſt verifié par les Tarifs
ſur les fruits de la terre, ſur l'induſtrie & ſur les beſtiaux.
ces Tarifs ſont les mêmes dans toutes les Paroiſſes, & ſont
une régle ſeure pour démontrer, à n'en pouvoir douter, divers
autres exemples de ces diſproportions exceſſives & ruineuſes
entre Paroiſſe & Paroiſſe : ces Tarifs ont démontré de même
une

üne infinité de difproportions ruineufes entre famille & famille.

Il y a même une confidération très-importante à faire ; c'eft que quand par hazard dans le fiftême de la Taille arbitraire, la Généralité de Caën, par exemple, ne feroit pas plus chargée à proportion de fes forces, que la Généralité de Roüen, il pourroit aifément arriver que les Eleétions, les Paroiffes & les familles de la Généralité de Caën étant difproportionnément chargées devroient de très-grands reftes chaque année, tandis que la Généralité de Roüen n'en devroit aucun ; parce que fes Eleétions, fes Paroiffes & fes familles n'ayant été chargées qu'à proportion de leurs forces, & n'ayant pas fouffert de pareilles difproportions exceffives, ne devroient rien ou prefque rien de leurs Taxes.

De là on peut conclure, que la comparaifon des reftes d'une Généralité aux reftes d'une autre Généralité, ne peut pas donner une connoiffance *fufifante* de leurs forces, à moins que l'on ne fupofe que les Répartitions y ont été faites avec la même régularité, ou du moins avec la même irrégularité : mais ce feroit fupofer un fait qui ne peut jamais être connu avec la moindre feureté, ni par conféquent fonder fufifamment la Répartition.

Il eft même vrai-femblable, que fi l'impofition étoit & modérée & toûjours Répartie avec proportion fur chaque famille, il n'y auroit prefque jamais de reftes tant foit peu confiderables ; puifque les reftes ne viennent guéres que de l'impuiffance d'un grand nombre de Taillables ; & que cette impuiffance ne vient que de la difproportion exceffive entre leurs Taxes annuelles & leurs Revenus annuels.

Une Paroiffe pourra payer facilement deux mille livres de Taille fans aucun refte, fi la Taille y eft proportionément Répartie ; au lieu qu'il y aura tous les ans ou cent livres, ou deux cens livres, ou trois cens livres de reftes, à proportion que la Répartition y fera mal-faite : or conclurez-vous des reftes de cette Paroiffe, qu'il faut diminuer fa Taxe, & augmenter la Taxe de l'autre, dans laquelle il n'y a point de reftes ? n'en conclurez-vous pas au contraire, qu'il n'y a qu'à faire obferver la proportion de la Répartition dans l'une comme dans l'autre, & fe bien garder de charger *la bien-*

C

payante de ce dont on déchargeroit *la mal-payante.*

La réfolution de diminuer l'une & d'augmenter l'autre feroit, comme l'on voit, très-imprudemment tirée des reftes,
tandis que l'on n'eft pas certain fi la proportion a été obfervée
dans la Répartition entre les familles ; & vous puniriez, pour
ainfi dire, la Paroiffe *bien-payante*, d'avoir obfervé la juftice
dans la Répartition : Or ce qui peut ariver à l'Intendant à
l'égard de deux Paroiffes ou de deux Elections, ne peut-il
pas ariver de même au Confeil à l'égard de deux Généralitez, en chargeant mal-à-propos celle qui n'a que peu de
reftes, mais dans laquelle il y a beaucoup de proportion, pour
diminuer celle qui a beaucoup de reftes, mais dans laquelle il
y a beaucoup de difproportion dans la Répartition.

Il n'y a donc réellement aucun moyen de faire tarir cette
première fource de difproportions exceffives, que de trouver
le fecret de donner fans frais, en deux ou trois ans au Confeil une conoiffance fufifante de tous les revenus de chaque
famille Taillable de chaque Paroiffe du Royaume, avec la
même certitude que les conoît cette famille même, ou du
moins avec la même certitude qu'en ont les Habitans les
mieux inftruits de la Paroiffe où demeure cette famille ; ce
qui eft une *conoiffance fufifante*. Mais avant que d'expli-
quer ce fecret, il eft à propos d'expofer la feconde Caufe
des Difproportions.

SECONDE CAUSE
des Difproportions ruineufes.

Injuftice des derniers Répartiteurs ou des Colecteurs.

Quand par miracle, malgré le défaut de conoiffance
fufifante des revenus de chaque Taillable dans les premiers Répartiteurs, il feroit arrivé une année que le fardeau
eût été diftribué avec beaucoup de proportion fur chaque
Généralité par le Confeil, & fur chaque Election, & même
fur chaque Paroiffe par les Intendans, il refte une autre Caufe
de difproportion plus fâcheufe que la première ; c'eft l'injuftice des Colecteurs.

Cette injuſtice eſt conuë de tout le monde , elle n'a rien de ſurprenant ; & même à conſidérer les reſſorts ordinaires des actions humaines , l'inclination pour les uns , l'averſion pour les autres , les menaces des Supérieurs & des Créanciers , les promeſſes des riches , le deſir de ſe vanger , il eſt comme impoſſible qu'ils ne ſoient pas injuſtes , & qu'ils ne faſſent pas leurs Répartitions avec beaucoup de diſproportion & d'injuſtice.

Ce n'eſt pas que nos Rois n'ayent fort deſiré & fort recommandé l'obſervation de la juſtice & de la proportion dans la Répartition de la Taille ; la Loy qui ordone que les Subſides ſoient impoſez à proportion des facultez de chacun eſt très-ancienne parmi nous : *Talia imponantur ſubſidia , quæ facultatibus uniuſcujuſque reſpondeant* , fut renouvellée par ſaint Loüis à l'ocaſion du ſubſide de la Taille , dont il demanda une augmentation pour la guerre contre les Mahometans. Les Taillables reclamoient toûjours cette Loy devant les Comiſſaires du Prince , lorſqu'ils ſe plaignoient de la diſproportion , & ils s'en plaignoient ſouvent.

Mais pour faire obſerver la loy de proportion , il ne ſufit pas que le Légiſlateur montre qu'il deſire cette obſervation , il faut encore qu'il faſſe en ſorte par les articles de la même loy , que ceux à qui il la donne , ou ne puiſſent la violer , ou ſoient par des punitions ſuffiſantes & inévitables plus intereſſez à l'obſerver qu'à ne la pas obſerver. Or c'eſt ce qui n'a pas été fait juſqu'ici , faute d'avoir inſeré dans la loy quinze ou vingt articles pour établir des Tarifs differens ſur les differentes eſpeces de revenus ou gains annuels du Taillable , & faute d'avoir aſſujetti les Colecteurs à le taxer ſuivant ſa déclaration & ſuivant les Tarifs.

Ainſi il ariva dès les premiers tems , que la Taille fut répartie par les Comiſſaires du Roy avec beaucoup de diſproportion ; parce que ces Comiſſaires étrangers ne conoiſſoient pas ſuffiſamment ni les diferentes Paroiſſes ni les facultez des diferentes familles de chaque Paroiſſe ; & d'ailleurs étant ſouvent mal choiſis , ils étoient plus faciles ou à tromper ou à corompre.

Comme le Total de l'impôt de la Taille fut long-tems très-modique en lui-même , les diſproportions n'étoient pas ruineufes ; mais à mefure qu'on l'augmenta, ces difproportions firent naître des plaintes de tous côtez.

Le remede qui fe préfenta alors naturellement à l'efprit des Miniftres, ce fut de doner à un Canton de cent Paroiffes plus ou moins la liberté d'élire eux-mêmes des Comiffaires du païs, mieux inftruits & plus intereffez, pour faire fur les Paroiffes & fur les familles de chaque Paroiffe la Répartition du Subfide demandé : Ces Comiffaires furent apelez *Elus du peuple* ; chaque Canton fut apelé *Election* ; un certain nombre d'Elections payoient à un Treforier général des Finances, & l'étenduë du païs où s'étendoit la fonction du Treforier ou des Treforiers généraux des Finances s'apela Généralité.

Telle eft l'origine des Elus, des Elections & des Généralitez : Les Elus qui étoient dans les comencemens des gens de mérite diftingué, & qui étant du païs même, conoiffoient les forces des Paroiffes, firent obferver un peu la proportion pendant quelque tems tant entre les Paroiffes qu'entre les habitans des Paroiffes.

Mais comme il n'étoit pas jufte d'employer ces Comiffaires fans les dédomager du tems qu'ils mettoient à rendre juftice, on crut bien faire d'atribuer des gages à ces Emplois ; mais ces gages devinrent bien-tôt l'objet des gens avares & corompus, qui jugerent que s'ils pouvoient obtenir ces places, ils vendroient bien-tôt cherement leur protection & aux Paroiffes & aux familles, en recevant des préfens.

On ne fut pas lon-tems à apercevoir la coruption de ces nouveaux Elus ; les Paroiffes & les Particuliers en porterent leurs plaintes de toutes parts ; le Confeil du Roy y chercha un remede, & trouva un expédient meilleur que le premier ; ce fut que les Elus ne fe mêleroient que d'étudier la force & les facultez des diferentes Paroiffes, pour en rendre compte aux Treforiers ; & quelques Régnes après, ils rendirent ce même compte aux Intendans, que la Cour envoya dans les Provinces : chaque Paroiffe eut donc ordre de nommer elle-même trois ou quatre Habitans, pour faire fur chaque famille la Répartition du Subfide demandé à la Paroiffe, avec ordre d'en faire enfuite la Colecte à leurs frais, d'en faire les deniers bons, & de payer le total au Receveur.

Par la nomination de ces Habitans, le Conseil crut avoir d'un côté sufisamment pourvû *à la conoissance des facultez* de chaque famille : Et comme ces Colecteurs étoient responsa-bles des deniers, il crut de l'autre, qu'ils étoient sufisamment interessez à faire la Répartition juste & proportionée ; mais il se trouva par l'experience deux défauts dans cet expédient. Le premier est, que comme les Colecteurs changent tous les ans, tous n'ont pas une conoissance sufisante des facultez de tous les Paroissiens, sur tout lorsque la Paroisse contient plus de cinquante ou soixante feux : Le second est, que le Co-lecteur, qui ne reviendra de six ans, de dix ans à la Colecte, ne craint pas d'imposer un Taillable à vingt livres cette an-née, quoi qu'il n'en dût porter que dix ; parce qu'il est seur, en faisant des frais, d'en pouvoir tirer les vingt livres dont il est responsable dans son année de Colecte ; sans se soucier si ce Taillable sera ruiné deux ou trois ans après par de pareilles disproportions.

D'ailleurs il est impossible, comme nous avons dit, que la jalousie, la haine, la complaisance ne remuent pas le cœur des Colecteurs comme celui des autres hommes ; il est impos-sible que les menaces d'un Créancier, d'un Seigneur, d'un Juge, d'un Elu, d'un Receveur des Tailles, d'un Receveur d'un Seigneur, qui tient, pour ainsi dire, le bâton haut sur un malheureux Païsan, qu'il peut facilement ruiner, ne fas-sent pas leur effet sur son esprit, & ne le forcent pas à dé-charger trop les uns pour charger trop les autres.

Et comment est-il possible que celui qui a été trop chargé l'année derniere, devenu Colecteur cette année, ne soit pas poussé par la vangeance à trop charger celui dont il croit avoir sujet de se plaindre ? Or l'esprit de vangeance garde-t-il des mesures d'équité ? Et voila la source de ces divisions & de ces haines immortelles, qui dans les Paroisses se succedent de génération en génération.

Je sai bien que pour diminuer les disproportions le Conseil permit les assignations en surtaux ; mais c'est un remede pire que le mal, à cause de la multitude prodigieuse de procès & de haines que cette permission fait naître tous les jours entre les Taillables.

Or tant que les riches trouveront par leur crédit le moyen

de faire furcharger les pauvres dans toutes les Paroiffes de
l'Election, il y aura des reftes & de mauvais deniers pour le
Roy, & beaucoup de frais pour les Particuliers; & cela, quand
même chaque Paroiffe, chaque Election, chaque Généralité
ne porteroit que la partie du fardeau qui feroit proportionée
à fes forces, à caufe de l'injuftice des derniers Répartiteurs;
& c'eft le cas malheureux où nous fommes encore.

CHAPITRE III.

Moyen de faire ceffer les deux fources de ces grandes difproportions.

CE moyen en général confifte dans un fimple Réglement,
qui ajoûte aux autres fans en révoquer aucun : Mais
avant que de le propofer en détail, il eft à propos de remarquer que le revenu des Taillables d'une Paroiffe confifte en
treize Articles généraux de revenus ou profits annuels, dont
un, qui eft l'induftrie, fe fubdivife en cinq Claffes ; ce qui
fait en tout dix-fept.

1º. La maifon qu'ocupe le Taillable, & dont il eft Proprietaire.

2º. La maifon ou les maifons qu'il baille à loüage.

3º. La maifon qu'il tient à loüage.

4º. Son Moulin, dont il joüit.

5º. Le Moulin ou les Moulins qu'il baille à loüage.

6º. Le Moulin ou les Moulins qu'il tient à loüage.

7º. Ses terres, dont il joüit.

8º. Ses terres, qu'il baille à ferme.

9º. Les terres qu'il tient à ferme.

10º. Les Recettes générales, foit à regie, foit à forfait.

11º. Les rentes actives du Taillable.

12º. L'argent & efets qu'il a dans le comerce.

13º. Son travail & induftrie ; cet Article fe fubdivife en
cinq Claffes ; ce qui fait en tout dix-fept Articles.

On peut dire que tous les revenus imaginables des Taillables
font fondez fur ces dix-fept Articles généraux.

Je propose un Reglement, par lequel le Roy établisse dix-sept Tarifs ou Points fixes, suivant lesquels les Taillables payeront le Subside par raport à ces dix-sept Articles. Par exemple, pour les Terres, Maisons & Rentes dont ils sont Proprietaires, ils payeront sur le pied de quatre sols pour livre, ou vingt pour cent du revenu de ces Terres, Maisons & Rentes, déduction faite de leurs Rentes passives ; & sur le pied de trois sols pour livre ou quinze pour cent du prix des Terres qu'ils tiennent à ferme.

Quant à l'Article du Revenu que produit l'argent mis en commerce & en marchandises, le Taillable payera sur le pied du centiéme denier.

Enfin à l'égard du treiziéme Article général, qui regarde le gain ou revenu annuel, que produit le travail ou industrie du Taillable, la subsistance de sa famille prélevée, le Reglement en fera cinq Classes, dont chacune aura son Tarif : la plus haute Classe aura un Tarif plus haut ; les diférens Tarifs de ces diférentes Classes seront établis, eu égard à la diférence du profit annuel qu'elles raportent.

Suposons, par exemple, que la journée du Journalier d'une Election, l'une portant l'autre, soit estimée huit sous sur un pied commun, le Tarif d'industrie de la plus haute Classe du Juge, de l'Avocat, du Notaire, &c. sera sur le pied de vingt livres dans toutes les Paroisses de cette Election.

Le Tarif de la seconde Classe du Maréchal, du Serurier, & des autres Artisans sera sur le pied de douze livres.

Le Tarif de la troisiéme Classe des simples journaliers, &c. sera sur le pied de quatre livres.

Le Tarif de la quatriéme Classe des Veuves, &c. sera sur le pied de quarante sous.

Enfin le Tarif de la cinquiéme Classe des Invalides, des Journaliers chargez de petits enfans, &c. sera sur le pied de cinq sous.

On peut donc ordoner que la Taxe de chaque Paroisse sera d'abord répartie & calculée sur les Taillables suivant les dix-sept Tarifs ; & que si en les suivant, l'on trouve un dixiéme, un vintiéme, un quarantiéme de plus dans le produit de ces Tarifs, que ne monte la Taxe de la Paroisse, les Colecteurs dans une seconde suputation diminueront au sou la livre à chaque Taillable un dixiéme, un vintiéme, un quarantiéme; & que si au contraire le produit de ces dix-sept Tarifs dans cette Paroisse produit un dixiéme, un vintiéme, un quarantiéme de moins que la Taxe de la Paroisse, les Colecteurs dans leur seconde suputation augmenteront la ligne de chaque Taillable de deux sous, d'un sou, ou de six deniers pour livre, pour former la somme demandée par le Mandement de l'Intendant.

Ce Projet est simple, il est facile, & fait tarir tout d'un coup les deux sources générales de disproportions : car d'un côté les Colecteurs ne peuvent plus taxer chaque Taillable que sur le pied de ces Tarifs ; & même lorsqu'il aura doné la déclaration de ses revenus & gains annuels en détail, ils ne pourront plus le taxer que sur cette déclaration & sur ces Tarifs.

Or s'il est impossible que cette déclaration ne soit pas juste, comme nous le montrerons, il est impossible que le Colecteur charge un Taillable plus que l'autre, à proportion de leurs facultez, c'est à dire de leur profit annuel & de leur revenu annuel ; & nous montrerons dans la suite comment on peut rendre ces déclarations toûjours très-volontaires & toûjours très-justes, & comment on peut interesser sufisamment en peu de tems les Taillables même protegez à doner leur déclaration.

D'un autre côté, il est impossible que le Conseil & les Intendans n'ayent pas par ce moyen avant trois ans, sans frais, une conoissance exacte des revenus des Paroisses, des Elections & des Généralitez, & qu'ils ne conoissent pas celles qu'il faudra charger ou décharger, & de combien ; parce que chaque Rôle Paroissial contiendra en détail tous les revenus de tous les Taillables, & portera deux Totaux : le premier sera le Total produit par les Tarifs, c'est à dire la somme que produiroient réellement toutes les lignes des Taillables, s'ils étoient taxez réellement suivant les Tarifs : l'autre sera le Total exigible, c'est à dire la somme que produisent réellement toutes les lignes pour former la Taxe de la Paroisse, ou la somme demandée par le Roy dans le Mandement de l'Intendant.

Or par la comparaison de la diférence de ces deux sortes
de

de Totaux entre deux Paroiſſes, il ſera facile à l'Intendant
de voir que l'une eſt beaucoup plus chargée que l'autre, à
proportion des revenus des familles qui les compoſent. Il eſt
vrai qu'à moins qu'il ne compare toutes les Paroiſſes d'une
Election, il ne poura pas ſavoir de combien il faut diminuer
la Taxe de l'une & augmenter la Taxe de l'autre : mais en
faiſant l'adition de tous les Totaux des Tarifs & de tous les
Totaux exigibles de cette Election, il verra facilement qu'il
faut faire en ſorte que la proportion qui eſt entre ces deux
Totaux de l'Election ſoit la même entre les Totaux de chaque
Paroiſſe de cette Election. Si cette proportion, par exemple,
eſt que le Total des Tarifs ſurpaſſe d'un dixiéme le Total
exigible dans l'adition de tous les Totaux de l'Election, il
faut que l'Intendant par l'augmentation des unes & la diminution des autres, faſſe en ſorte dans la Répartition de chaque Paroiſſe de cette Election, que cette même diference ne
ſoit ni plus ni moins que le dixiéme.

Je ſupoſe, par exemple, que dans l'Election de Valogne
le Total produit par les Tarifs excede le Total exigible d'un
dixiéme, que le Total des Tarifs de la Paroiſſe de ſaint Pierre-
Egliſe monte à la ſomme de quatre mille livres, qui eſt pareille au Total de la ſomme exigible, que le Total des Tarifs
de la Paroiſſe de Tour-la-Ville ſoit auſſi de quatre mille livres,
& que le Total exigible ne monte qu'à trois mille deux cens
livres, l'Intendant verra, que pour mettre les Taxes de ces
deux Paroiſſes en même proportion, il faudra que toutes
deux ayent un dixiéme moins que le Total de leurs Tarifs :
Or le Total des Tarifs eſt ſupoſé de quatre mille livres, le
dixiéme eſt quatre cens livres; donc en mettant ces deux Paroiſſes à trois mille ſix cens livres chacune, c'eſt à dire à un
dixiéme moins que le produit des Tarifs, elles ſeront taxées
en proportion de leur revenu & profit annuel.

Après avoir ainſi égaliſé toutes les Paroiſſes d'une Election,
il lui ſera facile d'égaliſer de même les Elections de ſa Généralité entr'elles, en aditionant les Totaux des Tarifs de toutes
les Elections & leurs Totaux exigibles : car ſi la diference que
donera l'adition eſt d'un neuviéme au lieu d'un dixiéme, il
s'enſuivra qu'il chargera l'une & déchargera l'autre ; en ſorte
que tous les Totaux exigibles dans chaque Election ne ſoient

D

diferens que d'un neuviéme de tous les Totaux produits par les Tarifs.

Après le calcul que l'Intendant fera à l'égard de toutes les Elections de fon Intendance, le Confeil fera femblable calcul à l'égard de toutes les Généralitez du Royaume, en aditionant tous les Totaux produits par les Tarifs & tous les Totaux exigibles de toutes les Généralitez; en obfervant, par exemple, que la diference dont le Total des Tarifs furpaffe le Total exigible eft d'un huitiéme; ce qui démontrera au Confeil de combien il faut charger l'une & décharger l'autre; en forte que dans chaque Généralité la paffe ou l'excedant du Total des Tarifs fur le Total exigible foit précifément d'un huitiéme de diference.

Il faut obferver, que fi vous diminuez tous vos Tarifs du double, comme la Taxe du Proprietaire, à deux fous pour livre, au lieu de quatre fous, la Taxe du Fermier à un fou fix deniers, au lieu de trois fous, la Taxe du Marchand au deux centiéme denier de fa marchandife, au lieu du centiéme denier, la premiere Claffe d'induftrie à dix livres, au lieu de vingt livres, & les autres Tarifs à proportion, cette Regle ne laiffera pas d'être toûjours la même, & donera toûjours la même conoiffance des biens des Taillables au Confeil, & operera toûjours même proportion entre les familles Taillables : on peut donc choifir ou le fimple ou le double, felon que le Confeil le jugera à propos, pourvû que l'on garde toûjours la même proportion entre tous les Tarifs.

Voici un Projet de Reglement, qui fera beaucoup mieux entendre le Plan propofé.

CHAPITRE IV.

Projet d'Arreſt.

*L E Roy étant informé que le peu de proportion qui s'obſer-
ve dans la Répartition de la Taille, ſur tout entre les Taillables de chaque Paroiſſe, cauſoit divers grands domages
non-ſeulement aux Taillables, mais encore au Clergé, à la
Nobleſſe, &c. SA MAJESTE', &c. a ordoné & ordone
ce qui ſuit.*

I.

Liberté de déclarer.

Privilege du Décla-
rant.

*Il ſera libre à tout Taillable de ſigner la
déclaration de ſon revenu & gain annuel
ſur le Regiſtre à ce deſtiné, dans le tems
preſcrit, & ſuivant le Modéle propoſé,
ou de ne la pas ſigner: celui qui l'aura
ſignée, ne poura être taxé dans le Rôle des Colecteurs, que ſuivant ſa déclaration & ſuivant les diferens Tarifs ci-après, pour
les diferentes ſortes de revenus ou gains annuels: mais ils ſeront reſervez à leur action en fauſſe déclaration contre celui qui
aura omis ou déclaré faux: à l'égard du Taillable non déclarant, les Colecteurs le taxeront comme le déclarant, par ſous-
articles ſeparez, contenant ſes diferentes ſortes de revenus &
gains annuels, ſur le pied des mêmes Tarifs: & comme ils ne
mettront ces diferens ſous-articles dans leur Rôle que ſur les
conoiſſances ou conjectures qu'ils en auront aquis par eux-mêmes, il ne poura ſe plaindre s'ils ont employé des ſous-articles
qui ne ſont pas réels, ou s'ils ont trop eſtimé des articles réels;
de même il ne poura ſe plaindre ſi l'Intendant l'a taxé d'Ofice
plus haut à proportion que le Taillable déclarant.*

ECLAIRCISSEMENT.

1º. La déclaration eſt libre, chacun peut la doner ou ne
la pas doner; elle n'eſt point forcée, elle eſt parfaitement

D ij

volontaire ; ceux qui font fans protection, qui demandent la juftice & la proportion, & qui font au moins neuf contre un, doivent être écoutez ; & le Roy tant par leur déclaration que par les Tarifs, leur done un moyen feur & fimple de fe garantir de l'injuftice & de la difproportion.

2°. A l'égard des non-déclarans, ce font ceux qui avec le fecours des protections gagnent à perpetuer l'injuftice & la difproportion, & ils font de deux fortes ; les uns qui ne craignent ni l'Intendant ni les Colecteurs, ils font à peine quatre dans une Election ; les autres ne craignent point les Colecteurs, mais ils craignent l'Intendant, il y en a à peine cent dans une Election : Ce Reglement contient des Articles qui les interefferont bien-tôt fufifamment tous à défirer comme les autres l'obfervation de la juftice, & par confequent à doner des déclarations & à les doner juftes.

3°. Sur cent Taillables, il y en aura au plus huit ou dix non déclarans : mais comme les biens de ces non-déclarans feront indiquez en détail par les Colecteurs dans leur Rôle, & qu'on les peut eftimer tous l'un portant l'autre au tiers, à la moitié plus qu'ils ne font mis par les Colecteurs, l'Intendant ne laiffera pas de voir dès la premiere année à un vintiéme près, le Total du revenu de la Paroiffe. Or c'eft une conoiffance déja bien exacte du revenu des Paroiffes & des Elections en comparaifon de celle que peuvent doner les autres métodes ; & d'ailleurs c'eft une conoiffance qui ne coûte rien, puifqu'elle ne coûte qu'un Reglement, qui n'ordoné point les déclarations, mais qui les laiffe libres ; & même les années fuivantes, les plus protegez fe trouveront fort hureux, pour éviter les Taxes d'office exceffives & les peines de la fauffe déclaration, de prendre le parti de la juftice, comme les non-protegez, qui eft de déclarer, & de déclarer jufte.

I I.

Tarif pour les Terres, Maifons, Rentes, Moulins, foit en propriezé, foit en ufufruit.

Le Taillable qui a en proprieté ou ufufruit des Terres, des Maifons & des Rentes perpetuelles ou viageres, foit qu'il en joüiffe par fes mains, foit qu'il les baille à ferme, ne poura être taxé que fur un même pied, qui fera de quatre fous pour livre du revenu ; & trois fous pour les Moulins: & si les Colecteurs taxoient le Déclarant au-delà de sa juste déclaration & des Tarifs, il seroit déchargé de cet excedant, sans qu'ils pussent en faire de rejet sur la Paroisse.

ECLAIRCISSEMENT.

1°. L'Article ne dit pas que ces Taillables payeront quatre sous pour livre de leurs revenus, parce qu'effectivement selon les années & les besoins de l'Etat, & selon la Taxe actuelle de leur Paroisse, ils payeront tantôt plus, tantôt moins, & ordinairement moins que quatre sous pour livre : mais l'Article dit *sur le pied*, c'est à dire sur une même proportion, sur un même Tarif.

2°. Avec cette Regle uniforme, tous les Taillables du Royaume qui ont des revenus égaux, & qui auront signé leur déclaration, sont necessairement traitez également ; & ceux qui ont des revenus inégaux, seront traitez avec proportion ; les Colecteurs ne pourront plus à leur fantaisie demander à l'un le douziéme, & à l'autre le quart, le tiers, la moitié de son revenu ; ainsi le Taillable non protegé aura la consolation, moyennant sa déclaration juste & exacte, de n'être point plus maltraité, s'il y a de l'augmentation d'une année à l'autre, & s'il y a de la diminution, de n'être pas moins bien traité que le Taillable le plus protegé, qui aura signé pareille déclaration. Or n'est-ce pas un grand avantage pour les sujets du Roy d'être tous également protegez par une Loy juste, & de n'avoir plus besoin de protections partiales & injustes, qui coûtent beaucoup, qui durent peu, & qui sont cause des disproportions excessives, & par consequent de tous les malheurs qui en resultent tant à l'égard des Particuliers qu'à l'égard de l'Etat ?

3°. Comme il en coûte beaucoup plus aux Proprietaires pour les reparations d'un Moulin que pour celle d'une Ferme ordinaire, il paroît juste d'avoir égard dans la Repartition du Subside à la diference de ces deux sortes de revenus.

III.

Tarif pour les Fermiers.

Les Fermiers ou Méteyers à prix d'argent, & ceux d'entre les Taillables, qui tiennent des Terres à Baux perpetuels, *apelez en quelques Provinces Contrats de Fieffe, ou qui les tiennent à Baux Emphyteotiques, ou à longues années, ne feront taxez que fur un même pied, qui eft de trois fous pour livre du prix de leurs Baux: les Fermiers des Moulins feront taxez feulement fur le pied de deux fous pour livre ; le Locataire d'une maifon ne fera taxé que fur le pied d'un fou du prix du Bail, le Fermier général ou Régiffeur d'une Terre, qui en foufferme les Métairies, ne fera taxé que fur le pied du centiéme denier du prix de fon Bail, ou des revenus qu'il regit, comme porteur de Procuration.*

ECLAIRCISSEMENT.

1°. Sans doute, qu'en établiffant le même Tarif pour les Proprietaires, pour les Fermiers, & pour tous les Marchands dans toutes les Provinces & païs d'Election, il fe trouvera des Généralitez qui payeront moins & d'autres qui payeront plus qu'elles ne payoient : mais n'eft-il pas jufte qu'elles foient traitées toutes également ? Car pourquoi une Provinçe prétendroit-elle porter une moindre part du Subfide qu'une autre, puifqu'elles joüiffent également de la protection du Roy, de la tranquilité publique, & de tous les avantages des Loix de l'Etat, & qu'elles ne font plus qu'un même Corps politique, & une feule & même Monarchie ? La difproportion entre famille & famille, entre Paroiffe & Paroiffe, eft une injuftice criante. Pourquoi cette difproportion cefferoit-elle d'être injuftice, lorfqu'il s'agit de deux Provinces ou de deux Généralitez ?

2°. Je fuis perfuadé que ce Tarif de trois fous pour les Fermiers, eft proportioné non feulement au Tarif de quatre fous pour les revenus des Taillables, mais encore aux autres Tarifs; de forte qu'une efpece de bien ou une efpece de Taillables n'eft pas plus chargée à proportion qu'une autre efpece ; & j'en fuis perfuadé par diferentes confiderations, fondées fur diverfes experiences ; Cependant fi par de meilleures raifons on peut démontrer qu'il eft jufte, & par confequent du bien de l'Etat, d'augmenter d'un vintiéme, d'un dixiéme de plus le Tarif des Proprietaires, & de décharger d'un vintiéme, d'un dixiéme le Tarif des Fermiers; ou au contraire qu'il eft

à propos de diminuer d'un vintiéme, d'un dixiéme le Tarif
des Proprietaires, & d'augmenter d'un vintiéme, d'un dixiéme le Tarif des Fermiers, je m'y rendrai volontiers; car il ne
faut chercher que le parti le plus juste & le plus utile à l'Etat;
il faut se rendre aux démonstrations : mais il est à propos de
ne pas prendre de simples vraisemblances pour de veritables
démonstrations.

3°. Il y a une observation importante à faire sur ces diferens Tarifs ; c'est que quand dans la speculation ils n'auroient pas d'abord toute la proportion qu'ils pouroient avoir
entre eux pour faire payer le Subside sur chaque espece de
revenu avec toute la proportion possible, il ariveroit cependant bien-tôt dans la pratique diverses sortes de compensations, qui remedieroient à ces défauts de proportion, prin-
cipalement quand ils ne sont pas fort sensibles : & d'ailleurs
avec les diverses experiences & avec les diverses observations
des Intendans habiles, on poura dans peu d'années ariver
encore à une plus grande proportion.

4°. Il faut toûjours viser à la proportion la plus exacte,
sur tout quand il en coûte peu pour l'augmenter : mais le but
de ce Memoire n'est que pour garantir les sujets du Roy non
des petites disproportions, qui ne ruinent persone, mais de
ces disproportions excessives, qui ruinent tous les ans un nombre si prodigieux de nos Concitoyens.

5°. Tel Fermier protegé n'est Taxé qu'à un sou pour livre
du prix de son Bail, tandis qu'un autre non protegé est Taxé
à cinq sous & à six sous pour livre du prix du sien ; disproporr-
tion ruineûse. Or par la métode proposée, il est impossible
que l'un soit Taxé sur un plus haut pied que l'autre.

6°. Ces deux Tarifs pour les Proprietaires & pour les Fermiers, regardent les revenus des fonds de Terres, & composent environ les deux tiers du subside de la Taille.

7°. Il paroît juste de ne demander aux Meuniers que deux
sous pour livre du prix de leur Bail ; parce que l'on sait que
communément les Proprietaires sont obligez à beaucoup de
dépenses, & souffrent beaucoup de banqueroutes de la part
des Meuniers ; de même il est certain que le Locataire d'une
maison ne peut pas faire un profit si grand sur son loyer que
le Fermier fait sur sa Ferme : aussi le Locataire Taillable n'a

pas tant de bien en meubles pour meubler sa maison, que le Fermier, qui outre les meubles de sa maison, garnit encore sa Ferme de bled, de bestiaux & d'ustenciles pour le labourage.

IV.

Heritages ocupez & cultivez dans la Paroisse de la non-résidence.

Les Colecteurs mettront sur leur Rôle les Terres, Moulins & Maisons qui font partie de leur Paroisse, quoiqu'elles soient ocupées, cultivées & dépoüillées par le Taillable domicilié dans une autre Paroisse, soit qu'il en joüisse comme Proprietaire ou comme Fermier ; mais ne pourront le taxer que suivant les Tarifs & suivant sa déclaration, inferée au Regiftre de la Paroisse de son domicile, qu'il aura foin de leur faire fignifier ou au Secretaire de leur Paroisse, avant la reception du Mandement de l'Intendant ; ainsi il ne poura être taxé dans la Paroisse de son domicile que pour les terres & maisons qu'il a en propre, & dont il ne joüit point par ses mains, si elles font dans l'étenduë d'une autre Paroisse : mais son Fermier non-résidant sera taxé pour raison de sa Ferme dans la Paroisse où feront lesdits héritages ; & s'il veut éviter la taxe excessive, il aura foin de distinguer dans sa déclaration la valeur annuelle des terres & des maisons qu'il possede ou dont il joüit dans diferentes Paroisses, lors qu'elles seront comprises dans un même Bail, fous un prix commun ; & lors que dans le Bail il n'y aura aucune diftinction de prix pour les terres du terroir de diverses Paroisses, où elles font situées ; & lesdits résidens ne pourront être taxez par les Colecteurs des Paroisses de leur résidence pour raison desdits dépoüillemens dans des Paroisses étrangeres.

ECLAIRCISSEMENT.

1°. La valeur annuelle des Heritages est mieux conuë dans la Paroisse où ils font situez.

2°. Cette Paroisse & ses Colecteurs ont interêt de les estimer autant qu'ils valent ; ainsi la déclaration en sera plus jufte.

3°. Souvent des Marchands de beufs ont des Fermes à trois ou quatre lieuës de leur domicile, & pouroient les cacher

aux

aux Colecteurs de la Paroiſſe où ils demeurent.

4°. Ces Heritages peuvent un jour être mis en valeur par les habitans de la Paroiſſe : ainſi il convient d'attribuer par un Reglement à chaque Paroiſſe le revenu Total de ſon terroir, afin d'éviter les inconveniens des variations paſſageres, qui viennent des Fermiers paſſagers.

5°. Comme j'ai apris que l'uſage de taxer les Taillables non-reſidans dans la Paroiſſe, à cauſe des fonds qu'ils font valoir & qu'ils dépoüillent, n'eſt pas univerſel, il m'a paru à propos d'en faire un Reglement général & uniforme pour toutes les Généralitez.

V.

Tarif pour le Comerce.

Les Marchands de toute eſpece, qui vendent & achetent, les Cabaretiers, qui donent à loger, les Manufacturiers ou autres Négotians faiſant quelque Comerce, qui auront la valeur de deux cens livres en Marchandiſes, Billets & argent ſervant à leur Comerce, déduction faite de leurs dettes paſſives, ne pourront être taxez que ſur un même pied, qui eſt quarante ſous pour chaque ſomme de deux cens livres dans les Elections où la journée du Journalier ſera eſtimée à huit ſous par l'Intendant, & autant de fois quarante ſous qu'ils auront de fois deux cens livres, & cela outre les autres Tarifs où ils ſeront ſujets : mais dans les Elections où la journée du Journalier ſera eſtimée le double, c'eſt à dire ſeize ſous ; leſdits Négotians payeront ſur le pied du cinquantiéme denier de la valeur des Effets qu'ils ont dans le Comerce. Celui qui aura moins de deux cens livres ne payera rien pour le Comerce ; de même celui qui aura moins de quatre cens livres en Comerce, ne payera que comme s'il n'y avoit que deux cens livres.

E C L A I R C I S S E M E N T.

1°. Cet Article & les deux précedens compoſent toutes les ſortes de revenus qui viennent des fonds de terres ou de l'argent en marchandiſes ; de ſorte qu'il ne reſte plus à regler que le Tarif du profit annuel ou revenu, qui vient aux Taillables par leur travail ou induſtrie ; & c'eſt ce qui va être

E

reglé par les cinq autres Articles fuivans, pour les cinq Claffes d'induftrie.

2°. Il faut remarquer, qu'une piftole pour cent piftoles, c'eft le centiéme denier, & que mille livres mifes en rente au Denier vingt, font cinquante livres de rente, dont le cinquiéme ou quatre fous pour livre font dix livres.

3. Il eft évident que dans une Election où la journée du Journalier eft plus chere du double, le comerce y eft plus frequent du double ; & que par confequent un Taillable auprès de Paris, avec deux cens livres en comerce, gagne le double du Taillable qui eft dans une Election dont le comerce eft moins frequent du double. Or ce Tarif pour l'argent mis en marchandifes, doit augmenter à proportion que le prix de la journée du Journalier fe trouve plus fort dans une Election que dans une autre : mais les Intendans dans leurs Mandemens auront foin de rectifier cette forte de Tarif fur le pied de la journée du Journalier.

VI.

Tarif pour les cinq Claffes d'induftrie.

Il y aura cinq Claffes d'induftrie ; & dans les Elections où la journée du Journalier aura été eftimée huit fous par le Comiffaire départi dans fes Mandemens, les Taillables de la premiere & plus haute Claffe ne feront taxez dans les Rôles Paroiffiaux par les Colecteurs que fur un même pied, qui eft de vingt livres ; les Taillables de la feconde Claffe fur le pied de douze livres, les Taillables de la troifiéme fur le pied de quatre livres, les Taillables de la quatriéme fur le pied de quarante fous, & les Taillables de la cinquiéme à cinq fous ; & dans les Elections où la journée du Journalier aura été eftimée un quart moins, le Tarif de chaque Claffe fera d'un quart moins haut ; mais dans les Elections où la journée du Journalier aura été eftimée par le Comiffaire départi à un quart plus, à une moitié plus, le Tarif montera à proportion ; ce qui fera conu par les Mandemens dudit Comiffaire départi.

Le Taillable qui n'aura aucun revenu en Maifons, Terres ou Rentes, ne fera impofé pour fa Taxe d'induftrie, qu'aux trois quarts de cette Taxe ; que s'il a quelque revenu, mais non fuffifant pour payer le total de la Taxe d'induftrie de fa Claffe,

Il ne sera taxé pour son industrie qu'à la moitié de la Taxe de sa Classe.

ECLAIRCISSEMENT.

Cette exception remedie à deux inconveniens ; l'un que le Taillable sans revenu, ou sans revenu sufisant, pourroit être Taxé trop haut pour industrie ; l'autre, que les Colecteurs seroient de ce côté-là chargez de trop de non-valeurs, ils en seroient acablez ; au lieu que ces non-valeurs rejetées sur le Total de la Paroisse, ce fardeau ne sera sensible à aucun Habitant.

VII.

Premiere Classe d'industrie. *Dans la premiere Classe d'industrie feront compris les Juges, Avocats, Grefiers, Notaires, Procureurs, Huissiers & autres Officiers de Justice, Medecins ou gens faisans la Medecine & Chirurgie, Chefs de Manufactures, Habitans vivans de leurs Rentes, Marchands, qui auront la valeur de mille livres dans le Comerce, les Proprietaires de Barques, Régisseurs de Terres, Cabaretiers, qui donent à loger, les Fermiers & Artisans, qui auront cinquante livres de revenu en fonds de Terres, Maisons ou Rentes dans une Election où la journée du Journalier sera de huit sous ; & dans cette Classe seront aussi compris les Veuves des Taillables de cette premiere Classe, qui auront cinquante livres de revenu : mais la Veuve ne payera pour son industrie que la moitié de la somme que payoit son mari.*

ECLAIRCISSEMENT.

1°. Il a fallu chercher un point fixe pour la Taxe de l'industrie : car un Chirurgien, un Notaire, un Charpentier auprès de Paris gagne plus du double de ce qu'il gagne dans une Election, où la journée du Journalier est à huit sous, & où le comerce est beaucoup moindre ; & ce point fixe ne peut être trouvé plus précisément que par l'estimation de la journée du simple Journalier ou Manœuvre.

2°. Il faut remarquer que l'Article ne dit pas que le Taillable de la premiere Classe payera vingt livres pour sa Taxe

d'induſtrie, mais *ſur le pied* de vingt livres ; parce qu'il peut
ariver que par la Répartition de la Taxe actuelle de la Paroiſſe,
il ſoit taxé plus ou moins haut que vingt livres, mais toûjours
également avec ceux de la même Claſſe ; & c'eſt cette égalité qui fait la proportion perpetuelle, & qui empêche que
perſone n'ait jamais lieu de ſe plaindre d'être plus maltraité
qu'aucun de ſes pareils.

3 . Les Taillables de cette Claſſe ont communément ou
des biens de patrimoine, ou de l'argent dans le comerce, ou
des fermages ; mais par les Tarifs précedens ils payent pour
ces trois eſpeces de profits ou revenus annuels : ainſi comme
ils ſont inégalement riches, ils payent inégalement, mais
toûjours ſelon la même proportion, qui eſt reglée par les
Tarifs.

4°. Pour éviter les difficultez qui pouront naître ſur ceux
qui ſeront de la premiere ou de la ſeconde Claſſe d'induſtrie,
il a falu mettre le point fixe de cinquante livres de revenu
en Terres, Rentes & Maiſons, ou la valeur de mille livres en
comerce : peut-être que l'on trouvera dans la ſuite, qu'il ſeroit plus à propos de mettre ce point fixe à une ſomme plus
haute, comme à ſoixante-quinze livres de revenu, ou à
quinze cens livres d'effets : mais quant à preſent je n'en ai pas
de démonſtration.

VIII.

Seconde Claſſé
d'induſtrie.

*Parmi les Taillables de la ſeconde Claſſe
d'induſtrie, ſeront compris les Fermiers,
Laboureurs, Méteyers, Vendeurs de Vin,
de Cidre, de Biere, &c. Merciers, Menuiſiers, Charpentiers,
Maçons, Serruriers, Couvreurs, Meuniers, Maréchaux,
Careyeurs, Platriers, Chaufourniers, Selliers, Chapeliers,
Tailleurs, Cordoniers, Tiſſerans, Sauniers, Boulangers,
Vitriers, Cordiers, Taneurs, Cardeurs, Jardiniers, Voituriers, qui ne ſont point Marchands, & qui ne vendent & n'a-
chetent point les Marchandiſes qu'ils voiturent, Potiers de
Terre ou de Fayance, Tuilliers, Potiers d'Etain, Faiſeurs d'E-
pingles & d'Eguilles, Blanchiſſeurs, Barbiers, Perruquiers,
Charrons, Ecrivains ou Copiſtes, & tous autres Artiſans ou
gens de Métier, qui auront moins de 50 liv. de revenu en fonds,
ou moins que la valeur de mille livres en Effets comerçables.*

ECLAIRCISSEMENT.

1o. Il y a diferens Métiers omis dans le Dénombrement ; mais ils font tous compris fous le terme général d'*Artifans*.

2o. Il y a des Artifans qui ont des Maifons, des Terres & des Rentes ; mais ceux-là payent le cinquiéme du revenu de leurs immeubles, fuivant le premier Article.

3o. La raifon pourquoi on ne fait qu'une Claffe de tous ces Arts & Métiers, c'eft que s'il s'en trouvoit quelqu'un qui gagnât par jour un quart, un tiers plus qu'un autre Métier, tout le monde voudroit aprendre ce Métier fans déliberer : de forte que lorfqu'on voit que les peres & meres déliberent entre les Métiers qu'ils doivent faire aprendre à leurs enfans, c'eft une preuve que tout pefé, les profits que l'on y peut faire ne font pas fort inégaux. Les Métiers fe peuplent à mefure qu'il faut plus d'ouvrage de ce Métier, & que l'Artifan y gagne plus & plus facilement que dans un autre : mais la multitude des Artifans d'un même Métier fait baiffer le prix des ouvrages de ce Métier ; de forte que peu à peu tous les Métiers deviennent égaux ou à peu près égaux pour le profit, eu égard à la peine.

IX.

Troifiéme Claffe d'induftrie.

Dans la troifiéme Claffe d'induftrie feront compris les Journaliers ou Manœuvres, les Valets ou domeftiques Taillables, Garçons de boutique, Compagnons, Aprentifs.

ECLAIRCISSEMENT.

1o. On verra ci-après, que cette Taxe fur le pied de quatre livres eft très-haute pour un Journalier qui a femme & enfans, en comparaifon des autres Claffes.

2o. On verra aufli que par ce Tarif les autres Claffes payeront proportionément au gain qu'elles font chaque année par leur travail.

X.

Quatriéme Claffe d'induftrie.

Dans la quatriéme Claffe d'induftrie feront toutes les Veuves des Taillables, qui ne feront point dans la premiere Claffe.

E iij

ECLAIRCISSEMENT.

1°. Je fai bien qu'il y a des Veuves riches ou par leurs terres ou par leurs rentes ou par l'argent qu'elles ont dans le Comerce, mais elles payent à caufe de ces efpeces de reve-nus; & comme leur travail ne peut pas être confiderable, on ne leur demande qu'à proportion de ce travail; & le travail d'une Fileufe eft même plus grand que celui de la veuve d'un Artifan, lorfqu'elle ne fait point de Métier.

2°. Tout le revenu de l'induftrie & du travail des Tailla-bles eft contenu dans ces quatre Articles; car pour l'Article fuivant, il ne doit être prefque conté pour rien, à caufe des confiderations, qui l'ont fait réduire fur le pied de cinq fous.

X I.

Cinquiéme Claffe d'induftrie.

Dans la cinquiéme Claffe d'induftrie fe-ront les Artifans & autres Taillables de la feconde Claffe d'induftrie, qui auront plus de trois petits enfans, c'eft-à-dire au deffous de dix ans acom-plis, les Journaliers & autres Taillables de la troifiéme Claffe d'induftrie, qui auront plus de deux petits enfans, les Journa-liers qui font Veufs, chargez d'un petit enfant, & les Veuves de la feconde & troifiéme Claffe d'induftrie, qui auront comme ces Journaliers un petit enfant à nourir, les Infirmes, les Sol-dats, qui auront fervi vingt ans, ou qui feront eftropiez, les feptuagenaires autres que ceux de la premiere Claffe d'induftrie, les Maîtres & Maîtreffes d'Ecole.

ECLAIRCISSEMENT.

1°. Il feroit injufte de demander à la Veuve chargée d'un enfant autant qu'à celle qui n'en a point; l'entretien & la nouriture d'un enfant eft une charge auffi réelle qu'une rente paffive, qui fe diminuë fur le revenu en fonds du Taillable, avant que le Roy y leve aucun droit : il eft donc jufte que ceux qui en font plus chargez payent moins, & que ce dont on décharge les plus chargez, foit rejetté fur le total de la Paroiffe.

2°. Il feroit injufte d'atendre le même travail d'une Veuve feptuagenaire que d'une Veuve de trente ans.

3°. Les vingt ans de fervice d'un Soldat valent bien une exemption, cette exemption eft achetée affez cherement.

4°. Les Maîtres & Maîtreffes d'Ecole rendent affez de fervice à la Paroiffe pour être exempts.

Il faut obferver que cette exemption ne s'étend qu'à la Taxe d'induftrie ; car fi ces exempts ont des Terres ou des Rentes ou des Fermes, ils payent leurs Taxes fuivant les Tarifs comme les autres Taillables.

XII.

Excedant du Total des Tarifs.

Si le produit de tous les Articles des Déclarans & des non-Déclarans du Rôle Paroiffial fur le pied des Tarifs, fe trouve exceder d'un cinquiéme, d'un dixiéme, d'un vintiéme ou autre partie, la fomme demandée à la Paroiffe par le Mandement de l'Intendant, les Colecteurs retrancheront de chaque ligne un cinquiéme, un dixiéme, un vintiéme ou autre partie au fou la livre ; & ce qui reftera après ce retranchement fera la fomme exigible de chaque Taillable, qui fera mife en écriture dans le corps du Rôle & en chifre à la premiere marge : on ne metra point de deniers dans l'article Total de chaque Taillable ; & s'il s'en préfente, on les retranchera au profit du Taillable.

ECLAIRCISSEMENT.

Si l'on ôte les deniers, c'eft pour la facilité du calcul ; & comme on repartira fur le Total de la Paroiffe tous les deniers retranchez, il arivera qu'en dix ans perfone ne gagnera & ne perdra à ce retranchement.

XIII.

Excedant du Total exigible.

Si le produit de tous les articles du Taillable fur le pied des Tarifs, fe trouve moins fort d'un cinquiéme, d'un dixiéme, d'un vintiéme ou autre partie que la fomme demandée par le Mandement de l'Intendant, alors les Colecteurs ajoûteront à chaque ligne un cinquiéme, un dixiéme, un vintiéme ou autre partie au fou la livre ; & ce qui fera produit par cette adition, fera la fomme exigible.

ECLAIRCISSEMENT.

La raison de cette augmentation est assez visible ; il faut que la Taxe de la Paroisse soit levée, voila le premier point, & il faut qu'elle soit levée avec proportion sur tous les Taillables ; voila le second point.

XIV.

L'excedant ne passera point le quarantiéme.

Les Colecteurs feront en sorte que le Total des sommes exigibles ne soit jamais plus foible que la somme demandée par le Mandement, y compris les deniers de Colecte ; & que ce Total des sommes exigibles ne surpasse jamais d'un quarantiéme la somme du Mandement, y compris les frais de Colecte ; la somme qui restera au-delà du Mandement & frais de Colecte, sera mise par les Colecteurs en année entre les mains des Colecteurs de l'année suivante, & ainsi d'année en année, jusqu'à ce que l'on puisse faire une Répartition de cet excedant sur le pied de six deniers par livre ou d'un quarantiéme au profit de chaque Taillable.

ECLAIRCISSEMENT.

Ces quatre derniers articles seront faciles à comprendre, par la simple inspection du modéle du Rôle Paroissial, cy joint.

XV.

Contenu des déclarations.

Il sera permis à chaque Taillable de signer dans les mois de May & de Juin de chaque année sa déclaration dans un Registre, dont le Secretaire de la Paroisse sera dépositaire, où seront tous les noms des Habitans par Alfabet ; premierement des noms de Batême, & ensuite des noms propres.

Cette déclaration contiendra par diferens articles son Métier ou Profession, le revenu annuel des Terres & Maisons & autres immeubles, dont il est proprietaire ou usufruitier, & dont il joüit par ses mains, les Rentes qu'il doit, & à qui, & celles qui lui sont dües, & par qui, le prix de chaque Bail des immeubles, qu'il baille & qu'il tient à loüage d'un ou plusieurs particuliers,

*particuliers, qu'il nomera ; & s'il y a contre-lettre, il en fera
mention, le tout à peine de fauſſe déclaration.*

*Si ce Taillable eſt Marchand ou Négociant, ou faiſant quel-
que eſpece de comerce, il déclarera de quel rang il eſt, c'eſt à
dire combien de fois il a la valeur de deux cens livres en argent
& effets dans le comerce. S'il a la valeur de quatre cens livres,
il ſera du ſecond rang ; s'il a la valeur de ſeize cens livres, il
ſera du huitiéme rang ; & ſi les Colecteurs croyent qu'il ne déclare pas vrai, ils pourront l'obliger à doner ſa déclaration en
détail devant le Juge, & à l'afirmer véritable, ils ſeront reçûs
à la conteſter ; & ſi par l'évenement du Procès il eſt convaincu
de fauſſe déclaration, il payera le quadruple de l'omiſſion par lui
conteſtée, & deux cens livres d'amende ou de domages & interêts ; le tiers au profit de la Paroiſſe, les deux tiers au profit des
Colecteurs qui auront pourſuivi : mais s'il eſt abſous de l'acuſation de fauſſe déclaration, les Colecteurs ſeront condanez envers lui à deux cens livres d'amende ou domages & interêts,
payables par les Colecteurs.*

*Le Regiſtre des Déclarations contiendra tous les noms des
Taillables de la Paroiſſe, ils ſeront pris ſur le Rôle, qui lui ſera
comuniqué par les Colecteurs en anée. Le Secretaire de la
Paroiſſe chargé du Regiſtre des Déclarations, ſera nomé par
les Habitans, ou à leur défaut par le Subdelegué, il lui ſera
payé un ſou par chaque ſous-article pour l'enregiſtrement de
chaque déclaration & pour les frais des Regiſtres : & afin d'éviter autant qu'il ſera poſſible les ratures & les tranſpoſitions dans
le Regiſtre Original, qui ſera ſigné, le Secretaire avant que d'é-
crire la déclaration ſur cet Original, l'écrira ſur un autre Regiſtre, & donnera enſuite copie du Regiſtre Original, de lui certifiée, aux Colecteurs de l'anée ſuivante.*

ECLAIRCISSEMENT.

1°. Dans les Villes où l'on paye le ſubſide de l'Etat par les
Entrées, le Bourgeois n'a point beſoin de faire de déclaration
de ſon revenu pour éviter la diſproportion de la Taxe : c'eſt
que l'on ſupoſe, avec aſſez de vrai-ſemblance, que plus il a
de revenu, plus il dépenſe & conſomme de denrées, dont il
paye les droits d'Entrée ; & que s'il y a des peres avares, qui

F

ne dépenfent pas tout leur revenu, il y a fouvent en récompenfé des enfans prodigues, qui dépenfent plus que le leur, & qui payent volontairement à la porte de la Ville ce que devroient payer les avares : de forte que fi quelques prodigues payent plus par les Entrées à proportion que les autres Habitans, cette difproportion étant de leur part très-volontaire, ils n'ont pas fujet de fe plaindre.

2°. Qu'y a-t-il de plus jufte dans les vûës du Confeil, que de tâcher d'éviter de charger trop une famille, une Paroiffe, une Election, une Province, & trop peu une autre ? Or comment s'en empêcher, fi celui qui a droit de répartir la Taxe, n'a pas une conoiffance fufifante des biens de chaque famille ? Or pour avoir cette conoiffance fufifante, que peut-on faire de mieux que de doner la liberté à chaque Taillable de doner par une déclaration jufte la conoiffance qu'il a lui-même de fon revenu, de l'intereffer fufifament à la doner, de peur des Taxes exceffives, & de l'intereffer fufifament à la doner jufte, de peur de la punition de fauffe déclaration ; & d'intereffer tous les Habitans, qui conoiffent tous fes revenus, à découvrir la fauffeté, s'il avoit caché une partie de fes revenus.

3°. Il n'y a aucun Taillable, de ceux qui craignent l'injuftice des Colecteurs, qui ne done volontiers quelque fou, & qui ne figne volontiers fa déclaration, pour être feur de ne point être taxé au-delà de fon revenu ou de fes forces.

4°. S'il fe trouve quelqu'un qui refufe de doner fa déclaration, c'eft une preuve convaincante qu'il croit payer moins qu'il ne doit payer, & qu'il veut toûjours payer moins, & faire porter fon fardeau à fes voifins ; injuftice que le Roy veut réprimer pour l'interêt de l'Etat.

5°. Le Secretaire poura faire favoir au Prône, que tel jour après Vêpres, il recevra les déclarations de tel nombre de Taillables par ordre Alfabetique ; il évitera ainfi les murmures de ceux qui pouroient fe plaindre ou d'être apelez les derniers, ou d'atendre trop long-tems : cela n'empêchera pas chaque Taillable de figner fa déclaration en particulier, fans témoins, les autres jours de la femaine ; il faut doner des facilitez à tout le monde, & fur tout aux pauvres, pour finir leur afaire le jour de Fête après Vêpres ; mais il ne faut contraindre perfone fans raifon fufifante.

TARIFE.

XVI.

Punition du faux déclarant.

Le Taillable qui aura signé sa déclaration sur le Regiſtre, & qui l'aura donée fauſſe ou incomplette, poura être un jour apelé en Juſtice, & ſera condané au quadruple en ſus de ce qu'il auroit dû payer, avec l'interêt du Total, & à deux cens livres d'amende ou domages-interêts par chaque fauſſe déclaration; le tiers au profit de la Paroiſſe, & les deux autres tiers au profit des Colecteurs pourſuivans; & l'action n'en poura être preſcrite que par dix ans. Le Secretaire de la Paroiſſe envoyera au Subdelegué & au Receveur dans le quinze de Juillet de chaque année la Liſte des non-déclarans, & le Subdelegué en envoyera copie à l'Intendant.

ECLAIRCISSEMENT.

1°. La plûpart des Taillables craindront ſufiſament d'être taxez trop haut par les Colecteurs, s'ils ne faiſoient pas leur déclaration, & craindront la condanation de deux cens livres & du quadruple s'ils ne la faiſoient pas juſte; ainſi on peut être ſeur que preſque perſone n'y manquera: & ſi quelqu'un par incomodité, ne pouvoit aler chez le Secretaire, celui-ci poura aiſément lui porter ou faire porter le Regiſtre.

2°. Ceux qui ne craignant point les Colecteurs manqueroient à faire leur déclaration, ſe trouvant un peu plus taxez par les Taxes d'Office à proportion que les autres, ne manqueroient pas l'anée ſuivante à la doner; & en atendant, ce qu'ils payeroient de trop iroit à la décharge de ceux qui auroient déclaré, & ſeroit une eſpece de réparation envers la Paroiſſe du tort qu'ils lui auroient cauſé par l'abus de leur crédit.

3°. La crainte de la Taxe d'Ofice, la crainte de la punition du quadruple & de l'amende ſufira pour obliger tous les Taillables acreditez & protegez à faire leur déclaration, & à la faire juſte; & les Receveurs auront ſoin de s'informer par les Colecteurs & autres des revenus des non-déclarans, pour en inſtruire l'Intendant lors de l'impoſition des Tailles, dans ſa tournée.

4°. Quand quelque pauvre Journalier ou autre pauvre

Taillable manqueroit à signer sa déclaration, les Colecteurs y supléront facilement, par la conoissance qu'ils ont de ses facultez ; ainsi le Registre n'en seroit pas moins complet.

5°. Cet Article fera que le Receveur particulier aura avant trois ans toutes les déclarations de son Election ; & les Articles suivans feront qu'on les aura toutes justes.

6°. Trois choses concourent à former la Taxe du Taillable déclarant. 1°. La déclaration constatée de son revenu, 2°. la loi des Tarifs, 3°. le calcul du Colecteur. Il a falu faire en sorte d'un côté, que le Colecteur n'eût plus le pouvoir de faire à sa fantaisie la Répartition du Subside sur le Taillable, qui doneroit sa déclaration ; parce qu'il étoit impossible qu'il n'abusât de son pouvoir : ainsi rien de mieux que de faire en sorte par les diferens Tarifs, que la Loy fasse elle-même la Répartition sur les déclarans, afin qu'ils n'ayent plus à craindre ni les haines, ni les vengeances, ni les menaces, qui produisoient l'injustice & la disproportion : ainsi le Colecteur n'a plus d'autre part à la taxe des Taillables déclarans, que le soin de la calculer & d'en faire le Recouvrement.

7°. Il reste toûjours à savoir, si l'on peut faire en sorte que tous les articles des déclarations soient fidelles, c'est à dire justes & entiers. Or à l'égard de la Classe d'industrie & des Fermages ou Loyers & des Rentes, il n'est pas possible que la déclaration ne soit juste ; car le Métier ou la Profession d'un Taillable sont conuës de tout le monde ; & la representation des Baux & Contrats fera foi des revenus : L'Article suivant va pourvoir à l'estimation de la valeur anuelle des Maisons & fonds de Terres ; dont le Taillable est Proprietaire, & dont il joüit par ses mains, & des Heritages baillez à moitié de fruits.

XVII.

Déclaration de la valeur des fonds qui ne sont point afermez, ou qui sont afermez à moitié de fruits.

Si celui qui joüit de sa Terre, de sa Maison, &c. ou le Méteyer qui tient sa Méteyrie à moitié, craint d'être trop taxé par les Colecteurs, il poura en déclarer la valeur anuelle, selon son estimation, & alors il ne poura être taxé par eux que sur le pied de son estimation, sauf aux Colecteurs à prouver par Experts que cette estimation est trop foible ; & en ce cas il sera sujet à la peine de fausse déclaration, qui est de deux cens livres de domages & interêts, & du quadruple de l'omission ; le tiers envers la Paroisse, les deux tiers envers les Colecteurs ; & la déclaration ne sera point censée sujette à ladite peine, si elle n'est trouvée d'un dixiéme trop foible ; que si elle est trouvée trop foible, mais de moins d'un dixiéme, il sera condané aux frais de l'estimation & aux dépens ; mais si elle n'est point trouvée trop foible, les Colecteurs seront condanez envers lui à pareille peine de deux cens livres de domages & interêts pour fausse acusation ; & ces Procès d'Estimation seront jugez en dernier Ressort & sans apel par les Elûs.

Que si ledit Proprietaire ou ledit Méteyer ne déclare aucune estimation desdits Heritages non afermez à prix d'argent, les Colecteurs demeurent en droit de le taxer selon l'estimation qu'ils feront desdits Heritages, sauf à lui à intenter action en surtaux ou condescente sur les Taillables de la Paroisse, qui n'anront point fait de déclaration ; car pour les autres, qui auront déclaré, ils ne pourront point être assignez pour ce sujet, parce qu'ils se sont mis par leurs déclarations sous la protection de la Loy.

ÉCLAIRCISSEMENT.

1º. Ce Réglement ne fait point de tort à celui qui ne done point de déclaration ni d'estimation, en le laissant dans le même état qu'il étoit, c'est à dire à la discretion des Colecteurs & des Taxes d'Office ; ce Reglement lui done au contraire un moyen seur de sortir de cette fâcheuse situation, & de se mettre à couvert de l'excès de ces Taxes.

2º. On ne lui fait point de tort pour le mettre à couvert de cet excès, d'imposer une peine contre la fausse déclaration, puisqu'on ne le contraint pas d'en faire aucune : mais la Loy sage le pousse peu à peu, par la consideration de son vrai interêt, à choisir volontairement le parti de dire la verité, & de pratiquer la justice.

3º. Il est évident que la crainte de perdre inévitablement vingt pistoles & le quadruple, préservera seurement tout Taillable de la tentation de friponer une pistole plus ou moins aux autres Habitans de la Paroisse. Or la Loy ne peut aller gueres plus loin, que lorsqu'elle rend les hom-

E iij.

mes juftes & finceres par la confideration de leur propre interêt.

4º. Le Taillable feroit peut-être affez injufte pour vouloir faire porter à fes voifins une grande partie de fon fardeau : or il n'en fera plus tenté, à caufe de la punition fufifante & inévitable : mais en récompenfe cette punition inévitable & fufifante lui done feureté entiere, que fes voifins les plus injuftes & les plus protegez ne feront jamais tentez de lui faire rien porter de leurs Taxes par de fauffes déclarations.

5º. Il y a des Cantons où beaucoup de Fermiers ne payent pas en argent, mais en denrées, c'eft à dire où les terres font baillées à moitié de fruits ; c'eft un refte des tems barbares, où il n'y avoit prefque point d'argent dans le comerce : mais il fera facile de conduire peu à peu les Fermiers à ne plus prendre les Fermes qu'à l'argent, & le Proprietaire n'y perdra rien, puifqu'avec de l'argent il a des denrées au Marché, & que fon Méteyer même peut lui en fournir en déduction de fon Bail, au prix du Marché.

6º. Ces fortes de Fermiers lorfqu'ils ne donent par leur déclaration aucune eftimation du revenu annuel des Heritages qu'ils tiennent à Ferme, font dans le cas de ceux qui ne donant point de déclaration, laiffent la liberté aux Colecteurs d'impofer la Taxe felon la conoiffance qu'ils peuvent avoir de fes revenus ou gains annuels.

7º. Il arivera que ces Méteyers fe trouvant taxez un peu plus haut qu'ils ne feroient, fi le prix de leur Bail étoit en argent, ils feront en forte que les Proprietaires mettent dorénavant leur Bail à prix d'argent, & cela même fera ceffer un grand nombre de conteftations pour la livraifon des denrées, & pour l'execution des autres claufes de pareils Baux.

8º. Il n'eft pas jufte de laiffer ce Fermier à moitié à l'entiere difcretion des Colecteurs, qui pouroient lui demander le double plus qu'il ne doit.

XVIII.

Baux feront écrits.

Tous les Baux faits aux Taillables feront par écrit, & fignez, autrement feront déclarez nuls.

ECLAIRCISSEMENT.

Cet Article épargnera bien des procès & des contestations sur le prix, sur le tems, & sur les autres conditions des Baux; & tant le Fermier que le Proprietaire auront soin d'arêter le Bail par les signatures; & d'en faire un double pour les deux Parties.

XIX.

Copie du Bail au Coleéteur.

Le Taillable sera tenu de comuniquer son Bail au principal Coleéteur, & de lui en doner copie, quand il en sera requis.

ECLAIRCISSEMENT.

Rien n'est plus necessaire pour verifier la déclaration du Fermier, que la representation de son Bail.

XX.

Déclaration ou signification des Contre-lettres.

Les Contre-lettres, par lesquelles le prix du Bail fait au Taillable est augmenté, ou autres promesses équivalentes, seront nulles & de nul effet, si elles ne sont ou déclarées dans le Regiftre des Déclarations, ou signifiées au principal Coleéteur avant la Répartition; & le Fermier qui ne les déclarera pas, sera puni par amende arbitraire.

ECLAIRCISSEMENT.

1o. Tout le monde sait que les Contre-lettres ne se font que pour faire préjudice à un tiers absent, ce que les bonnes Loix ne doivent pas soufrir : mais ici elles feroient encore tort à la Comunauté ou à la Paroisse, qui porteroit le fardeau que le Fermier seul devroit porter, si la Contre-lettre n'étoit pas conuë des Coleéteurs avant la Répartition. Or le Proprietaire ne manquera pas de la faire conoître, de peur d'en perdre l'effet à l'égard de son Fermier ou des heritiers de ce Fermier.

2o. Dès que les Contre-lettres seront conuës, & les Baux comuniquez, le Fermier ne peut plus rien cacher; & les

meilleures Loix sont celles qui mettent les Sujets dans l'im-
possibilité de faillir.

CHAPITRE V.

Modelle du Regiſtre des Déclarations.

PAROISSE D
ELECTION D
GENERALITE' D
ANNE'E 17

O N mettra dans ce Regiſtre le nom de tous les *Taillables.*
1°. *Par Alfabet du nom de Batême, 2°. par Alfabet du nom
de famille ; & à cette fin les Colecteurs en année comunique-
ront leur Rôle au Secretaire de la Paroiſſe.*

  *La déclaration ſe comencera par le Métier ou Profeſſion,
pour faire conoître la Claſſe d'induſtrie.*

  *La Maiſon qu'il ocupe, & dont il eſt Proprietaire ou uſu-
fruitier, avec l'eſtimation.*

  La Maiſon qu'il baille à loüage, avec le prix.

  La Maiſon qu'il tient à loüage, avec le prix.

  *Le Moulin dont il joüit, & dont il eſt Proprietaire, avec
l'eſtimation.*

  *Le Moulin ou les Moulins qu'il baille à loüage, & autant de
ſous-articles que de Baux, avec le prix.*

  *Le Moulin ou les Moulins qu'il tient à loüage, & autant de
ſous-articles que de Baux, avec le prix.*

  *Les Terres dont il joüit, & dont il eſt Proprietaire ou uſu-
fruitier, avec l'eſtimation.*

  *Les Terres qu'il baille à Ferme & le prix, & faire autant de
ſous-articles que de Baux.*

  *Les Terres qu'il tient à Ferme & le prix, & autant de
ſous-articles que de Baux.*

  *La Rente ou les Rentes dont il eſt Proprietaire ou uſufruitier,
& les noms des débiteurs, & autant de ſous-articles que de
Rentes.*

Il fera auffi mention de la rente ou des rentes qu'il doit, & à qui.

La valeur en gros de l'argent & efets qu'il a dans le comerce, en déclarant de quel Rang il eft. A compter pour premier Rang, celui qui n'a que la valeur de deux cens livres & au deffus: Pour fecond Rang, celui qui a quatre cens livres; & autant de fupériorité de Rang que de fois deux cens livres, en déduifant ce qu'il doit.

Enfin de quel prix eft fon Bail général, ou de quel revenu eft la Terre qu'il a régie.

La déclaration du Taillable, qui ne faura point figner, fera certifiée par la fignature de deux Témoins & par la fignature du Secretaire.

Le Secretaire gardera ce Regiftre Original, & en donera copie de lui certifiée au principal Colecteur, qui lui en donera fon Récepiffé.

Il fera doné au Secretaire pour fon droit, par le Taillable, un fou par chacun des fous-articles, pour fa vacation & frais de Regiftres.

Le Secretaire donera avis dans le quinziéme Juillet au Subdelegué & au Receveur du nombre des déclarations, & leur envoyera la Lifte des non-déclarans.

Dans la Paroiffe au-deffus de cinq cens feux, le Secretaire comencera à recevoir les déclarations dès le mois d'Avril.

Le Secretaire pour éviter les ratures fur le Regiftre Original, écrira les déclarations fur un cahier de papier avant que de les tranfcrire fur l'Original, du moins pour la premiere anée.

Le Regiftre d'une anée fera d'un grand ufage, pour former plus facilement & plus promptement le Regiftre de l'année fuivante; parce qu'il n'y aura rien à ajoûter ni à retrancher à la plûpart des Articles, & que les aditions & les retranchemens arivez d'une année à l'autre, font faciles à metre fur le nouveau Regiftre.

Le Secretaire obfervera de metre les fommes en écriture, & non en chifre.

Si après le dernier Juin un Taillable fignifie fa déclaration au Secretaire par un Huiffier, il enregiftrera cette fignification à l'article de ce Taillable.

Si un Taillable étoit malade vers la fin de Juin, & qu'il

G

demandât à y ſigner ſa déclaration, le Secretaire ira chez luy la recevoir.

Abraham Tirel Notaire,

Proprietaire de la Maiſon qu'il ocupe, de valeur annuelle de trente livres.

Maiſon qu'il baille à loüage pour vingt livres.

Proprietaire ou Uſufruitier des Terres qu'il cultive, tant en Pré, Vigne, que Terre labourable, de valeur annuelle de deux cens cinquante livres.

Terres qu'il cultive dans la Paroiſſe de B. de cinquante livres de valeur annuelle.

Terres qu'il tient à Ferme du Sieur de Premont, dans la Paroiſſe de P. par le prix de cent livres.

Ferme générale, ou Régie de la Terre de M. du Sauſſay, de valeur annuelle de cinq mille livres.

Je certifie cette déclaration complete & juſte, ce May 17 Signé, T I R E L.

Bernard la Marche Marchand,

Proprietaire de la Maiſon qu'il ocupe, de valeur annuelle de trente livres, ſur quoi il doit dix livres de rente à M. Bar.

Proprietaire de cinquante-cinq livres de rente ſur P. Biton.

Effets dans le comerce, déduction faite de ce qu'il doit, de valeur totale de mille livres, ou du cinquiéme Rang.

Je certifie cette déclaration complete & juſte, ce Juin 17 Signé, L A M A R C H E.

Charles Hoſtein Cabaretier, donant à loger.

Proprietaire de la Maiſon qu'il ocupe, de valeur de ſoixante & quinze livres.

Effets dans le comerce, déduction faite de ce qu'il doit, de valeur totale de huit cens livres, ou du quatriéme Rang.

Tient des Terres à moitié de fruits de M. Bar, de valeur annuelle de trois cens livres.

Je certifie cette déclaration complete & juſte, ce May 17 Signé, H O S T E I N.

Denis Moulin Chirurgien.

Tient à loüage la Maiſon qu'il ocupe par vingt livres.

[Proprietaire de foixante & quinze livres de Rentes fur Jacques Bari.

Tient des Terres de la Damoifelle Chambon, par cent cinquante livres, dont il y en a pour cinquante livres ou environ fur la Paroiffe de P.

Je certifie cette déclaration jufte & complete, ce Juin 17   Signé, MOULIN.

Etienne Fantôme Maréchal, Proprietaire de la Maifon qu'il ocupe, de valeur annuelle de quinze livres.

Je certifie cette déclaration jufte & complete, ce May 17   En préfence de René Motin & de Simon le Franq.   Marque dudit Fantôme. Signé, MOTIN & LE FRANC.

CHAPITRE VI.

Rôle Paroiffial.

PAROISSE D
ELECTION D
GENERALITE' D
ANNE'E

JOurnée du Journalier à huit fous. Premiere Taille quinze cens livres, Capitation, Fourage, &c.

Total des Taxes de la Paroiffe, contenuës au Mandement de M. l'Intendant, du   jour de 1722. compris les deniers de Colecte.   2090 liv.

Réfidens Exemts.

On mettra ici, comme à l'ordinaire, les Réfidens Exemts.

Résidens Taillables.

Total exigible.

On fera, s'il est possible, le Rôle par Alfabet, des noms de Batême, en suivant aussi l'ordre Alfabetique des noms de famille après le même nom de Batême, & mettant par exemple, Pierre Bellon devant Pierre Camus.

Total des Tarifs.

On mettra toutes les Veuves à la fin du Rôle, & observant le même ordre Alfabetique dès noms de leurs maris : de sorte que par cet ordre on trouvera aisément dans le Rôle le nom de celui ou de celle que l'on cherchera.

Après le nom on mettra le Métier ou Profession ; on mettra les autres motifs des diferentes Taxes par diferens sous-articles, suivant les Tarifs ; on mettra aussi le Total du produit des Tarifs, à la seconde marge : & à l'égard du Total exigible, que je supose ici moindre d'un dixiéme que le Total des Tarifs, on le mettra à la premiere marge de chaque page, ce seront ces Totaux qui seront exigibles, & qui composeront le Total général exigible demandé par le Mandement de l'Intendant.

Après tous les sous-articles d'un Taillable, & son Total produit par les Tarifs & le Total exigible, on laissera en blanc l'espace de plusieurs lignes, pour mettre les payemens en écriture : on mettra à la fin de chaque article d'un Taillable le Total exigible en écriture & non en chifre.

Comme ce modelle de Rôle a été fait pour les Paroisses ou Elections où la journée du Journalier est estimée huit sous, il faudra doubler l'Industrie & le Comerce dans la Paroisse où la journée du Journalier est estimée le double, &c.

Totaux exigibles.

Abraham Tirel Notaire, Industrie 20 liv.
Sa Maison 6 liv.
Terres qu'il cultive 50 liv.
Maison qu'il baille 4 liv.

Totaux des Tarifs.

Ferme générale qu'il tient 50 liv.
Total des Tarifs 140 liv.
Total exigible, cent vingt-six livres.

Bernard la Marche Marchand, Induftrie
20 livres.
Sa Maifon eftimée 30 liv. fur quoi déduction
de 10 liv. de Rente, qu'il doit à M. Bar, refte
20 liv. partant 4 liv.
Rente fur P. Biton 11 liv.
Effets dans le comerce 10 liv.
Total des Tarifs 45 liv.
40 l. 10 f. Total exigible, quarante livres dix fous.

45 liv.

Charles Hoftein Cabaretier, Induftrie 20 liv.
Sa Maifon 15 liv.
Marchandifes ou argent en comerce, Terres
à moitié de fruits 45 liv.
Total des Tarifs 88 liv.
79 l. 4 f. Total exigible, foixante-dix-neuf livres quatre
fous.

88 liv.

Denis Moulin Chirurgien, Induftrie 20 liv.
La Maifon qu'il tient à loüage 2 liv.
Rente fur Jacques Bari 15 liv.
Terre qu'il tient de la Damoifelle Chambon 15 l.
Total des Tarifs 52 liv.
45 l. 4 f. Total exigible, quarante-cinq livres quatre fous.

52 liv.

Etienne Fantôme Marêchal, Induftrie 2 liv.
Sa Maifon 3 liv.
Total des Tarifs 15 liv.
13 l. 10 f. Total exigible, treize livres dix fols.

15 liv.

François Tardif Journalier, Induftrie 4 liv.
Sa Maifon 2 liv.
Rente à caufe de fa femme 1 l.
Total des Tarifs 7 liv. cy
6 l. 6 f. Total exigible, fix livres fix fous.

7 liv.

Totaux exigibles.		Totaux des Tarifs.

Guillaume Leger Meunier , Induſtrie 12 livres.
Moulin qu'il tient 10 liv.
Terre qu'il tient de Jean le Sage 3 liv.
Total des Tarifs 25 liv. cy   25 liv.
22 l. 10 ſ. Total exigible , vingt-deux livres dix ſous.

Jean le Sage Menuiſier , Induſtrie 12 liv.
Terre qu'il baille 4 liv.
Maiſon qu'il tient 1 liv. 10 ſ.
Total des Tarifs 17 liv. 10 ſ.   17 l. 10 ſ.
15 l. 15 ſ. Total exigible , quinze livres quinze ſous.

Veuve Pierre Liot , Induſtrie 2 liv.
Sa Maiſon 2 liv.
Total des Tarifs 4 liv.   4 liv.
3 l. 12 ſ. Total exigible , trois livres douze ſous.

Veuve Thomas Boury Charpentier , chargée de petits enfans , pour Induſtrie cinq ſous.
Sa Maiſon 2 liv. 5 ſ.
Total des Tarifs 2 liv. 10 ſ.   2 l. 10 ſ.
2 l. 5 ſ. Total exigible , quarante-cinq ſous.

Veuve Loüis Juitet , domicilié en la Paroiſſe de P.
Tient à Ferme un Pré dans nôtre Paroiſſe , par 100 liv. du Sieur de
Total des Tarifs 15 liv. cy   15 liv.
13 l. 10 ſ. Total exigible , treize livres dix ſous.

Mathieu Cornet Laboureur , Induſtrie 12 livres.
Terre qu'il tient de M. de Lauſi 120 liv.
Terre qu'il baille à Ferme 6 liv.
Total des Tarifs 138 liv. cy   138 liv.
124 l. 4 ſ. Total exigible , cent vingt-quatre livres quatre ſous.

		Total des Tarifs.

Total exigible. Nicolas Campion Journalier, chargé de trois petits enfans, Induſtrie cinq ſous.

Sa Maiſon 3 liv.

Total des Tarifs 3 liv. 5 ſ.   5 l. 5 ſ.

2 l. 14 ſ. Total exigible, deux livres quatorze ſous.

Pierre Tardif Menuiſier, demeurant en la Paroiſſe de P. eſt Proprietaire dans nôtre Paroiſſe de Terres, dont il joüit, de valeur anuel-
le de cinquante livres.   10 liv.

9 liv. Total exigible, neuf livres.

Total général des Tarifs,   2232 liv.
Total général exigible,   2123 liv.
Sur quoi tirant   2090.
contenus au Mandement, reſte trente-trois liv.
que les Colecteurs de cete anée metront aux
mains des Colecteurs de l'anée ſuivante, pour
être répartie alors au profit de la Comunauté.

Fait & arêté ce   jour de   par
les Colecteurs ſouſſignez ; ſavoir Guillaume, &c.

CHAPITRE VII.

Eclairciſſemens généraux.

1º. DANS quelques Généralitez les Intendans ont ſage-
ment ordoné, que le Taillable, qui peut être taxé
pour pluſieurs conſiderations, ſeroit taxé par autant de diferens ſous-articles, afin qu'il puiſſe voir de quel ſous-article il
peut ſe plaindre avec juſtice ; ainſi ce que je propoſe pour
toutes les Généralitez eſt déja executé avec beaucoup de
raiſon en quelques-unes : mais à dire la verité, comme il n'y
avoit aucune regle établie par aucun Tarif, les Intendans
renvoyoient en vain les diſproportions à juger aux Elus ; les
Colecteurs reſponſables des deniers du Roi, avoient le privilege de ne pouvoir jamais être condanez pour l'excès des
Taxes qu'ils impoſoient.

2º. On peut faire deux ſortes d'eſſais de ce Projet ; l'un

volontaire dans quelques Paroiffes de quelques Elections ;
l'autre en faifant faire réellement la Répartition par l'autorité d'un Arrêt dans une Election : La Répartition volontaire
fe peut faire par déliberation entre les Paroiffiens, qui conviendroient des principaux Articles mis dans le Projet de Reglement, en fe conformant aux Tarifs.

3°. Mais l'effai fait par Arrêt dans une Election ou dans
une Généralité, auroit un avantage, que l'effai dans une Paroiffe n'auroit pas : ce feroit de montrer avec évidence quelles Paroiffes de l'Election font trop chargées, & de combien ;
quelle Election de la Généralité eft trop chargée, & de combien ; & quand on auroit fait obferver le même Reglement
dans toutes les Généralitez, on verroit clairement quelles Généralitez font trop chargées, & de combien.

4°. Il ne fera pas inutile de doner ici un exemple de l'operation Arithmetique, qui conduira *démonstrativement* les
premiers Répartiteurs à une Répartition proportionée fur les
Généralitez, fur les Elections & fur les Paroiffes, comme
les Tarifs conduiront *nécessairement* les Colecteurs ou derniers Répartiteurs à une Répartition proportionée fur les familles.

Je fupofe que dès cette anée, de cent familles Taillables
d'une Paroiffe, il y en ait quatre-vingt-dix, qui de peur de la
Taxe exceffive des Colecteurs, fe foient réfoluës à payer ce
qu'elles doivent, mais rien de plus ; qu'elles ayent doné leur
déclaration jufte de leurs revenus ou gains annuels ; & que
dans un an les autres dix familles, de peur des Taxes exceffives d'Ofice de la part de l'Intendant, fe foient réfoluës à la
Répartition proportionelle, que produit la déclaration veritable & entiere, alors l'Intendant conoîtra au vrai le revenu
en détail de chaque Taillable, & par confequent le revenu
veritable & entier des Taillables en Total de chaque Paroiffe,
& par confequent le revenu veritable & entier des Taillables
en Total de chaque Election ; ainfi à la fin de chaque Rôle
Paroiffial les Colecteurs mettront deux Totaux, le Total que
produifent les Tarifs pour tous les articles des Taillables, &
le Total exigible de l'Impofition, qui eft précifément ce que
produifent tous les articles du Rôle, pour remplir la fomme
demandée à la Paroiffe, & contenuë dans le Mandement
de

de l'Intendant ; cela fe poura plus facilement entendre par le projet de Rôle Paroiffial cy joint.

Il n'importe pour l'operation, que le Total exigible foit dans toutes les Paroiffes ou plus foible ou plus fort que le Total des Tarifs, ou plus foible pour quelques Paroiffes & plus fort pour quelques autres, cela reviendra au même pour le Réfultat de l'operation : mais ici pour la comodité de l'exemple, je fupofe que le Total des Tarifs foit plus fort dans toutes les Paroiffes de l'Election de Valogne, Généralité de Caën, que n'eft le Total exigible fait pour remplir ledit Mandement.

Je fupofe que l'Election de Valogne foit taxée à deux cens cinquante mille livres pour tous les articles du Mandement, que levent les Colecteurs, le Total du produit exigible des Rôles Paroiffiaux montera à pareille fomme de deux cens cinquante mille livres, quelque chofe paffant ; mais cette paffe ou excedant fera au-deffous d'un quarantiéme, comme j'ai dit ailleurs : & comme cet excedant demeure au profit de chaque Comunauté pour l'anée fuivante, il n'entre point dans le calcul.

Je fupofe que le Total produit par les Tarifs dans cette Election monte environ à deux cens foixante-quinze mille livres, l'Intendant voit de même les Totaux exigibles & les Totaux des Tarifs des huit autres Elections, & que l'Election de Valogne à proportion eft plus chargée que les autres.

Il aditione les neuf Totaux exigibles des neuf Elections, qui compofoient la fomme demandée par le Roi à fa Généralité ; laquelle fomme je fupofe de deux millions cinq cens mille livres, il aditione auffi les neuf Totaux des Tarifs pour les neuf Elections de cette Généralité. Or fupofé que par cette adition il trouve que le Total des Tarifs monte à trois millions ou environ, de là il conclut démonftrativement que le Total des Tarifs furpaffe le Total exigible d'environ cinq cens mille livres, c'eft à dire environ d'un cinquiéme en fus, ou d'un fixiéme au Total ; & que s'il avoit l'anée fuivante pareille fomme de deux millions cinq cens mille livres à répartir proportionément fur ces neuf Elections, il n'auroit qu'à taxer chacune à un fixiéme de moins que fon Total des Tarifs.

H

L'Intendant de Caën envoye au Conseil en Résultat les
deux Totaux de sa Généralité, par lequel on voit que la somme qui fait la diference, qui se trouve entre le Total exigible & le Total des Tarifs, est un cinquiéme en sus, ou un
sixiéme au Total, les autres Intendans font pareil envoi chacun pour sa Généralité; & le Conseil voit par là qu'il y a des
Généralitez trop chargées, & les autres trop peu : Mais pour
voir précisément de combien il faut charger chacune d'elles,
le Ministre des Finances aditione tous les Totaux exigibles
de toutes les Généralitez, qui par la suposition montent à
soixante millions, il aditione les Totaux des Tarifs, que je
supose monter à un peu plus de soixante & quinze millions :
de là il conclut *démonstrativement*, que pour répartir l'anée
suivante proportionément soixante millions sur vingt Généralitez, il faut que chacune porte précisément un cinquiéme
moins que la somme à laquelle monte son Total des Tarifs.
Or comme le Total des Tarifs de la Généralité de Caën est
suposé de trois millions, & que le cinquiéme de trois millions
est six cens mille livres, cette Généralité ne sera taxée l'anée
prochaine qu'à deux millions quatre cens mille livres, au lieu
qu'elle étoit taxée cette anée à deux millions cinq cens mille
livres.

De là il suit que les neuf Elections de la Généralité de Caën
seront taxées à un cinquiéme moins que leur Total des Tarifs,
c'est à dire aux quatre cinquiémes de ce Total. Or comme
le Total des Tarifs de l'Election de Valogne, Généralité de
Caën, est suposé de deux cens soixante & quinze mille livres,
dont les quatre cinquiémes font deux cens vingt mille livres,
par conséquent l'Election de Valogne au lieu de deux cens
cinquante mille livres, ne portera que deux cens vingt mille
livres pour porter sa part proportionée des soixante millions.

De là il suit que chaque Paroisse de l'Election de Valogne
sera de même taxée environ aux quatre cinquiémes de son
Total des Tarifs : & comme les diferens Tarifs répondent
précisément aux diferentes especes de revenus, chacun ne
portera des soixante millions qu'une part proportionée à la
grandeur de ses diferentes especes de revenus ; ainsi par le

Résultat de la Taxe des Tarifs on conoîtra précisément le
Total des revenus Taillables de chaque Paroisse : Ainsi la
Paroisse de saint Pierre-Eglise, qui est de cette Election, qui
porte trop en portant plus de quatre mille cinq cens livres,
sera soulagée, & portera mieux son fardeau, 1°. parce qu'il
sera moindre, 2°. parce qu'il sera distribué sur chaque famille
avec plus de proportion.

De là il suit enfin, que chaque famille sera taxée aussi environ aux quatre cinquièmes de la somme produite par la
Taxe des Tarifs, qui est elle-même produite par la somme
des déclarations ; & qu'ainsi chacun ne portera des soixante
millions qu'une part proportionée à la grandeur ou à la peti-
tesse des diferentes sortes de revenus déclarez.

Par le moyen des dix-sept points fixes ou Tarifs, les Particuliers & le Conseil n'éviteront pas à la verité les très-peti-
tes disproportions, mais ils éviteront les terribles inconveniens
des disproportions excessives, qui est précisément ce que nous
cherchons.

5°. Si le subside de la Taille peut ariver à des Tarifs fixes,
on poura dans la suite se servir de ce seul Subside, pour lever
à beaucoup moindre frais les mêmes sommes, que l'on tire
de la Gabelle & des Aides ; les dificultez n'en sont pas insur-
montables, & les avantages en seroient très-considerables tant
pour le Roy que pour ses Sujets.

Les Droits d'Entrées pour les Villes fermées, est de tous
les Subsides, à tout prendre, le plus parfait ; la Taille Tarifée est pour les habitans des Vilages, ils sont tous deux
proportionez, avec cette importante diference, que les
Entrées se levent en causant moins de peine aux Sujets,
sur tout quand on en retranche les minuties : mais il est
bon d'observer, que cette proportion du Subside que payent
les Villes, vient aussi par l'heureux secret des Tarifs mis non
sur les revenus ou gains annuels, mais sur les Marchandises
& Denrées qui se consomment par ceux qui ont des revenus
ou gains annuels.

6°. Les restes, dont le Roy a fait remise en 1720. montoient
à près de quatre-vingt-trois millions ; de ces quatre-vingt-trois
millions, il y en avoit environ soixante millions sur les Tailles

impoſées depuis quatre ou cinq ans ; de ces ſoixante millions, il y en avoit à peu près vingt millions dont le Roy auroit pû être payé, en faiſant aux débiteurs pendant pluſieurs années pour plus de vingt millions de frais ; mais il en ſeroit reſté quarante millions dont le Roy n'auroit jamais rien touché, & qui n'auroient ſervi qu'à faire gagner les Huiſſiers & les Receveurs, qui auroient multiplié les frais ſur des débiteurs, à qui il ne reſtoit que de quoi payer ces frais, & rien ſur le principal.

7°. On comprend de là, que dans les ſoixante millions de Taille arbitraire répartie avec une diſproportion ruineuſe, il y a toûjours au moins ſix millions de frais, que l'on épargneroit au peuple, ſi elle étoit répartie avec proportion ; & que le Roy y perd au moins tous les ans ſix millions de mauvais deniers, qu'il ne perdroit point, s'il n'y avoit plus de diſproportions exceſſives & ruineuſes.

8°. Si le Roy demandoit *recta* à chaque Taillable une certaine partie de ſon revenu ſuivant les Tarifs, ils déclareroient preſque tous leurs revenus ; les uns un tiers, les autres la moitié moindres qu'ils ne ſont ; & tous les habitans de la Paroiſſe, par un interêt commun, ſe prêteroient la main pour empêcher le Roy de conoître la verité : il a donc falu trouver un moyen de les intereſſer tous ſuffiſamment à faire conoître eux-mêmes la verité. Or ce moyen, c'eſt de taxer non chaque particulier de la Paroiſſe, mais la Paroiſſe elle-même en corps, & obliger les Habitans de faire entre eux la Répartition en détail de la Taxe générale, mais en leur donant par les Tarifs des regles fixes à ſuivre dans cette Répartition.

Par ce moyen les Habitans ſont tous ſuffiſamment intereſſez à découvrir & à punir toutes les omiſſions & toutes les fauſſes eſtimations. Or la Loy qui intereſſe ſuffiſamment les hommes d'un côté à dire la verité, & à découvrir & à punir le menſonge des menteurs ; & de l'autre à pratiquer la juſtice les uns à l'égard des autres, eſt une Loy qui aproche fort de la perfection : cette obſervation eſt toute des plus importantes.

9°. Il y a des Elections le long des côtes de la Mer, où les Taillables n'uſent que de Sel blanc ou petit Sel, ſur lequel l'Impôt de la Gabelle est beaucoup moindre que sur le gros Sel ou Sel gris ; & dans les Elections voisines, les Taillables sont assujetis au Sel gris, qui vient de Broüage & d'ailleurs ; ils sont même forcez d'en prendre tant par feu de tant de personnes : Il y a dans la Généralité de Caën de ces deux sortes d'Elections.

Or comme l'intention du Roy est que les Elections ne soient pas plus chargées les unes que les autres, à proportion de leurs revenus Taillables, si l'Election qui paye plus du subside de la Gabelle, payoit du subside de la Taille en même proportion que l'Election qui paye moins du subside de la Gabelle, leur fardeau ne seroit plus proportioné à leurs revenus.

Il est donc juste que l'Election qui paye moins de Gabelle, paye à proportion plus de Taille que l'Election qui paye plus de Gabelle ; & c'est une consideration à laquelle le Conseil & l'Intendant doivent avoir égard dans la Répartition des Elections : de sorte que si cette diference de Gabelle est d'un dixiéme, d'un huitiéme, &c. il faut aussi que la diference de la Taille au Total produit par les Tarifs, qui est le point fixe, se trouve aussi entre ces Elections d'un dixiéme, d'un huitiéme, &c. Mais aparemment que cette vûë est déja venuë depuis cent ans à ceux qui ont fait comme les Intendans les Répartitions entre Election sujette à la grande Gabelle, & Election sujette seulement à la petite Gabelle ou quart boüillon ; & qu'il ne s'agit plus que d'en continuer l'usage, & de le rectifier par la métode de la comparaison entre les Totaux produits par les Tarifs.

Cette consideration conduit naturellement à une autre, qui regarde les Provinces & Elections où le Roy ne leve point le subside de l'Etat par la métode de la Gabelle : car alors pour faire sur toutes les Provinces une Répartition proportionée du subside de l'Etat, il est necessaire de faire l'adition de la Gabelle & de la Taille d'une Election, d'une Généralité sujette à la Gabelle, & de voir par la métode des Tarifs & des Déclarations & des Rôles nouveaux, quelle proportion il a avec les revenus des Taillables, & faire ensuite que l'on trouve la même proportion du Subside avec le revenu des Taillables d'une Généralité exemte de Gabelle.

Je tiens cette judicieuse observation d'un Conseiller d'Etat, Intendant d'une grande Généralité, qui a fort étudié la matiére de la Taille, & qui a lui-même travaillé sur la métode des Tarifs, comme la meilleure de toutes, pour garantir l'Etat en général, & les Taillables en particulier, des grands inconveniens des disproportions excessives.

Fin de la premiere Partie.

PROJET

DE

TAILLE TARIFÉE.

SECONDE PARTIE.

Réponſes aux Objeƈions.

L E Leƈeur éclairé jugera peut-être, que je m'ar-
rête à des Objeƈions peu dignes de Réponſe,
& jugera bien, mais c'eſt en faveur des moins
habiles, qui font le plus grand nombre ; il peut
d'ailleurs s'épargner la peine de lire les Répon-
ſes : au reſte je ſuis volontiers la maxime, que *dans une matiére
importante, il ne faut jamais rien laiſſer à éclaircir.*

J'ay répeté quelques Obſervations, mais pour la plûpart
des Leƈeurs, qui font peu atentifs & peu au fait ; elles
étoient neceſſaires à répeter.

J'aurois pû mieux aranger ces Objeƈions, au lieu de les
laiſſer dans l'ordre qu'on me les a propoſées ; mais le Leƈeur
ſuplée facilement à ce défaut d'arangement, le neceſſaire eſt
de tout éclaircir.

OBJECTION PREMIERE.

Je conviens que c'eſt un avantage conſiderable de faire en ſorte que tous les Taillables d'une même eſpece ; par exemple, les Fermiers ſoient tous & toûjours & neceſſairement traitez également dans toutes les Paroiſſes & dans toutes les Généralitez avec égalité, ſi les Baux ſont d'un prix égal, & avec proportion, ſi les Baux ſont d'un prix inégal ; mais vous ne traitez pas les Claſſes entre elles avec proportion : par exemple, vous ne mettez la Claſſe d'induſtrie du Journalier que ſur le pied de quatre livres ; or ne doit-il pas payer ſur un plus haut pied à proportion des autres Claſſes d'induſtrie, ou à proportion du Tarif des quatre ſous pour livre du revenu du Proprietaire ?

REPONSE.

1°. Quelque bon ménager que ſoit un ſimple Journalier, dont la Journée ne vaut que huit ſous, lui & ſa femme ne ſauroient amaſſer vingt livres au bout de l'anée, leur ſubſiſtance prélevée ; le cinquiéme de ces vingt livres c'eſt quatre livres, qui valent aujourd'hui le poids de cent livres de froment, là où la journée du Journalier vaut huit ſous, c'eſt donc plus que le cinquiéme de ſon gain annuel.

2°. Il ne ſauroit même avoir tout ſon neceſſaire : je ſai bien que ſes journées du Printems ſont plus cheres que celles d'Hyver, & qu'il gagne le mois d'Août le triple des autres mois ; mais ſupoſons toutes ſes journées à huit ſous l'une portant l'autre : il y a environ quatre-vingt Fêtes, durant leſquelles il ne gagne rien, parce qu'il ne travaille point, & dans leſquelles cependant il faut qu'il dépenſe pour vivre : on peut compter encore vingt-cinq jours par an, durant leſquels il ne travaille point, ſoit à cauſe de maladie, ſoit faute d'ouvrage ; il reſte deux cens ſoixante jours, qui à huit ſous font cent quatre livres, c'eſt moins de ſix ſous par jour, pour habiller & nourir, lui, ſa femme & un enfant, ce n'eſt pas deux ſous pour chacun : car en ſupoſant qu'ils ayent ſix livres de rente, c'eſt preſque tout ce qu'ils peuvent faire de payer

le

le loyer de leur maifon, & entretenir leurs meubles les plus neceffaires : on peut donc dire, que lorfque le Roy demande à ce Journalier quatre livres d'induftrie, il lui demande plus du cinquiéme de ce qu'il peut amaffer par an avec la plus grande économie, en prélevant la miferable fubfiftance de fa famille, qui eft une dette privilegiée avant la dette du Roy ; & qu'ainfi en obligeant le Journalier de payer fur le pied de quatre livres, c'eft l'obliger à payer autant qu'il peut, par proportion aux autres Claffes d'induftrie, & par proportion aux revenus du Proprietaire.

3º. Je fupofe que l'Artifan qui a quinze livres de rente, paye fur le pied de douze livres, c'eft à dire trois fois plus que le Journalier.

Sur ces quinze livres il en paye trois livres de Tarif, il paye une livre pour fa maifon, qu'il tient à loyer par dix livres, il ne lui refte qu'onze livres.

Le Tifferan, par exemple, gagne douze fous par jour ; s'il ne travaille que deux cens foixante-quinze jours par an, c'eft cent foixante-une livres par an, qui font environ huit fous & demi par jour, fi l'on en fupofe fept fous pour habiller, nourir & chaufer quatre perfones ; ce n'eft que trois fous pour le pere, deux fous pour la mere, & deux fous pour les deux enfans par jour : Il n'y a point d'Hôpital de campagne, fi pauvre qu'il foit, où ils ne coûtaffent le double ; il ne leur refte donc qu'un fou & demi par jour, qu'ils peuvent épar-gner, c'eft vingt-fept livres, qui avec les onze livres reftans, font trente-huit livres, fur quoi il faut qu'ils loüent une maifon de dix livres, refte vingt-huit livres. Or de ces vingt-huit livres prendre douze livres, c'eft prendre prefque la moi-tié du revenu de l'Artifan, fa famille très-pauvrement fuftan-tée : jufques-là il n'y a pas grande difproportion entre la Taxe du Journalier & celle de l'Artifan.

Ces confiderations me font même penfer, qu'il feroit rai-fonable de diminuer le Tarif de l'Artifan, & le Tarif du Journalier.

Je conviens que la fortune, que la condition du fimple Ar-tifan refte encore un peu meilleure que celle du fimple Jour-nalier ; mais le but d'une Loy jufte n'eft pas d'ôter à une con-dition pour doner à l'autre, ni de rendre égales les conditions

I

les plus inégales, ce seroit une injustice criante ; son but est
de laisser, en levant le Subside, la même proportion entre les
conditions qu'il y avoit entre elles avant la levée du Subside.

4°. A l'égard de la Classe de quarante sous pour une Veuve
sans enfans, on voit assez par le peu qu'elle gagne, qu'elle ne
peut payer davantage, par proportion à la Taxe de quatre livres
du Journalier.

5°. Il ne reste plus que le Tarif d'industrie de la haute
Classe, qui est des Professions plus lucratives, & que l'on supose à vingt livres, c'est à dire cinq fois plus fort que le Tarif
du Journalier. Or si l'on supose que ceux de cette Classe ont
du bien en propriété, ils en payent le cinquiéme ; s'ils ont de
l'argent en comerce, ils en payeront le centiéme denier ; on
verra bien que quoi qu'ils soient beaucoup moins mal que la
Classe du Journalier, ils se trouveront encore trop chargez ;
car enfin peu d'entre eux gagnent plus de vingt sous par jour
par leur travail dans la Paroisse, où l'Artisan ne gagne que
douze sous & le Journalier huit sous. Je sai bien que la famille de la haute Classe en payant cinq fois plus que le Journalier, ne laisse pas d'être beaucoup mieux nourie & ha-
billée que la famille du Journalier, mais cela doit être ainsi,
puisqu'il est juste de conserver chacun dans sa condition ; &
que ce seroit une grande injustice de vouloir ôter à l'un pour
doner à l'autre, & rendre ainsi tous les Taillables également
pauvres : & effectivement il n'est pas moins de l'équité de
traiter inégalement, mais toûjours proportionellement les
conditions inégales des hommes, qu'il est de l'équité de les
traiter également, lorsqu'elles sont égales.

Et d'ailleurs pour doner aux sujets Taillables cette émula-
tion si necessaire pour augmenter leur travail, leur aplication
& leur industrie, qui enrichissent l'Etat, il faut absolument
établir, & même établir comme un point inébranlable, que
la Répartition du Subside ne contribuë jamais à rendre égales
les conditions inégales par l'inobservation de la proportion ;
car cette inobservation décourageroit en Europe tous les Sujets libres, comme elle décourage en Orient tous les esclaves,
qui n'ont jamais rien en propre, & qui sont toûjours traitez
également, soit qu'ils travaillent beaucoup, soit qu'ils travaillent peu.

Il y a le double de travail & d'induſtrie à atendre des Sujets, qui ſont ſeurs de conſerver ce qu'ils aquierent comme dans les Villes, en comparaiſon de ceux qui à cauſe des Sub-ſides arbitraires, n'ont de ce côté-là aucune ſeureté dans les campagnes.

6°. Le Fermier qui payera ſur le pied de trois ſous pour livre de ſon Fermage, paroît plus chargé à proportion que l'Artiſan, mais il ne l'eſt pas plus en effet ; c'eſt l'Ecleſiaſti-que ou le Gentilhomme Proprietaire ſur qui tombe une par-tie de ce fardeau ; car ſi ſur une Ferme de ſix cens livres il paye quatre-vingt-dix livres, comme il fait communément dans la Généralité de Paris, on peut dire qu'il prend le Bail à d'autant moindre prix, qu'il prévoit qu'il ſera obligé de payer quatre-vingt-dix livres en conſideration de la Ferme, & il en di-minuë le prix de ſon Bail au moins de trente livres, aux dépens du Proprietaire.

7°. Les objeſtions qui prouveroient qu'il faut mettre une autre proportion entre les Tarifs que celle que je propoſe, ne prouvent pas qu'il eſt à propos de ne pas mettre en uſage la métode des Tarifs en général ; elles ne prouveroient autre choſe, ſinon qu'il faut modifier ceux que j'ai propoſez, aug-menter les uns & diminuer les autres. Or loin de prétendre avoir trouvé tout d'un coup la perfeſtion de cette proportion ſi deſirable, je croi au contraire, que les Intendans habiles & atentifs peuvent la perfeſtioner de tems en tems par des obſervations fondées ſur l'experience de quelques anées ; le Conſeil ne peut-il pas chaque anée profiter de leurs ſages avis ? Tout ce que j'ai prétendu prouver dans ce Mémoire, eſt que l'on ne peut ariver à aucune proportion entre les Taillables ſans l'uſage des Tarifs ; bien entendu que cet uſage peut apro-cher tous les jours d'une plus grande perfeſtion.

OBJECTION II.

Si le Fermier de Canteleu, Eleſtion de Roüen, où la jour-née du Journalier eſt ſupoſée à ſeize ſous, ne paye que ſur le pied de trois ſous pour livre du prix de ſon Bail de mille livres, le Fermier de ſaint Pierre-Egliſe, Eleſtion de Valogne, où la journée du Journalier eſt ſupoſée à huit ſous, qui a une

Ferme de pareille fomme de mille livres, devroit payer fur un moindre Tarif ; 1°. parce que le Fermier de faint Pierre vend moins & moins facilement fes denrées, 2°. comme il a plus de terres à cultiver pour mille livres que celui de Canteleu, il fait auffi plus de dépenfes en charuës, en femence & en fumier.

REPONSE.

1°. Les deux Fermiers vendent leurs denrées le long de l'anée à leurs voifins, & aux Foires & Marchez ; le Fermier de Canteleu vend les fiennes le double à Roüen ; mais le Fermier de faint Pierre en vend une quantité double, parce qu'il a le double de Terres & de Récolte ; le Fermier de Canteleu a moins de terres, moins de valets, moins de chevaux, mais ils lui coûtent le double à nourir & à entretenir ; le fumier ne lui coûte qu'à charier, mais la nouriture & l'entretien de fa famille lui coûte le double qu'à celui de faint Pierre ; l'un a plus de denrées à vendre, mais il les vend moins cher ; l'autre en a moins à vendre, mais il les vend plus cher ; jufques-là tout eft égal, ou plutôt tout eft proportioné.

2°. Ce qui prouve invinciblement que tout eft compenfé, c'eft que le Fermier de Canteleu & celui de faint Pierre ont des voifins, qui font auffi Fermiers, & qui eftiment le bien & le mal, le fort & le foible, toutes les dépenfes & tous les profits petits & grands de leurs Fermes : or ces voifins jugent que tous frais faits, on ne peut pour y vivre, en doner au Propriétaire que mille livres. Je fai bien que mille livres à Canteleu ne valent en denrées pour la vie que cinq cens livres à faint Pierre : mais par raport à la Taxe ou au Tarif, dont il s'agit, mille livres de Ferme à Canteleu ne doit pas porter plus que mille livres à faint Pierre, c'eft que le Tarif fur un revenu en argent eft très-proportioné, quand il eft proportioné à la fomme, comme une Taxe en denrées eft très-proportionéé, quand elle eft proportionée au revenu en denrées.

3°. Si le Subfide fe payoit en Gerbes, le Tarif de la dixiéme Gerbe fur le Fermier de Canteleu, ne lui feroit pas plus à charge qu'au Fermier de faint Pierre ; parce que ce Subfide n'eft jamais plus proportioné que lorfque chacun paye à proportion de ce qu'il recueille : Supofons, par exemple, le droit du Roy au dixiéme, celui qui recueille quatre cens Gerbes, payera quarante Gerbes; s'il recueille quatre cens livres, il paye quarante livres, la proportion du dixiéme se conserve toûjours dans les deux cas : ainsi le Tarif sur le prix du Bail en argent près de Roüen, & sur le prix du Bail en argent près de Valogne, doit être le même; & c'est ce qu'il faloit prouver.

Cette matiére est encore traitée Objection 28.

OBJECTION III.

Ôter l'usage des Contre-lettres sur le prix des Baux, est une maniére de gêner & de contraindre le comerce.

REPONSE.

1º. On ne propose point d'ôter l'usage des Contre-lettres, qui enflent le prix effectif des Baux, quoi que la Loy dût y pourvoir aussi en faveur de ceux que l'on veut tromper; on ne propose de l'ôter que pour celles qui paroissent diminuer le prix veritable.

2. De dix mille Baux à peine y en a-t-il un seul où le Bailleur stipule le prix du Bail moindre qu'il n'est en effet; donc la contrainte qu'en souffrira le comerce sera très-rare, & par consequent très-peu considerable.

3º. On ne voit jamais de Contre-lettres pour diminuer le prix d'un Bail, que lorsque le Bailleur veut friponer impunément, & ne point tenir compte de tout ce qu'il reçoit, comme dans les Baux Judiciaires des Terres saisies ou de Tutelle, au préjudice ou des Creanciers légitimes absens, ou de Mineurs indéfendus : Or n'est-il pas du devoir du Législateur de viser à diminuer les friponeries, & à soûtenir les interêts des Creanciers absens & des Mineurs mal défendus; ce n'est donc pas gêner ni contraindre le comerce en général, ce n'est que gêner & contraindre le comerce de la friponerie, & diminuer les profits des fripons; ce qui loin d'être nuisible au comerce, est au contraire très-avantageux à la bonne Police, & par consequent à l'Etat. Un pareil Reglement est en efet une maniere de perfectioner le comerce en général, puisqu'il

tend à y établir la verité, l'équité, la bonne foy, & à en banir
la tromperie : & il faut bien remarquer que celui qui profite
aujourd'hui injuſtement, comme coupable de l'iniquité des
Contre-lettres, en ſoufrira dans peu lui ou ſon fils comme
Creancier ou comme Mineur ; ainſi l'obſervation de l'équité
eſt utile même aux injuſtes.

OBJECTION IV.

Il eſt à craindre que celui qui aura plus de deux mille
frans de marchandiſes, d'efets ou d'argent en comerce, ne
ſe déclare de la Claſſe de mille livres ; & que celui qui en a
pour plus de quatre cens livres, ne ſe déclare de la Claſſe de
deux cens livres. Or contre cette fauſſeté de déclaration il
n'y a point de préſervatif qui ne ſoit pire que le mal : car
d'un côté ſi vous obligez un Marchand Taillable à doner devant le Juge la déclaration en détail de ſes Marchandiſes,
Billets & Argent, lorſqu'il ſera mis en Juſtice, ce ſeroit trop
gêner le comerce ; & de l'autre, ſans une pareille déclaration détaillée, on ne peut jamais le convaincre de fauſſe déclaration.

RE'PONSE.

1°. On peut ſtatuer, que le Marchand ſera obligé à la ré-
quiſition des Colecteurs, d'afirmer devant les Juges, que la
déclaration qu'il fait d'être du cinquième Rang, eſt véritable,
& qu'il n'a que la valeur de mille livres dans le comerce.
Or de vint Marchands, qui ont tous interêt de conſerver leur
crédit & leur réputation de bonne foi pour leur comerce,
il y en aura à peine un qui veüille faire une déclaration, qu'il
ne poura ſoûtenir que par un parjure ſolennel ; & cela pour
gagner quarante ſous, quatre francs, ou au plus une piſtole,
s'il n'a dans le comerce que mille livres plus que ſa déclaration.

2°. Le Marchand acuſé de fauſſe déclaration, ſera tenu de
doner devant le Juge ſa déclaration détaillée, avec cette
clauſe, que ſi les Colecteurs perdent leur procès, ils payeront
deux cens livres d'interêt au Marchand ; & que ſi le Marchand perd, il payera pareille ſomme aux Colecteurs, dont

le tiers aux Habitans. Or avec cette clause on peut compter
que de cent Marchands il n'y en aura peut-être pas un, qui
pour quarante fous de plus ou de moins, ni même pour une
piftole de plus ou de moins, veüille rifquer de perdre deux
cens livres & fa réputation.

On peut en dire autant des Colecteurs, qui ne rifqueront
jamais de perdre deux cens livres fans un grand fondement,
ainfi il n'y auroit fur cet article prefque jamais de procès;
& les Marchands qui fe feroient juftice, n'auroient jamais à
craindre d'être forcez à doner devant le Juge leur déclaration
détaillée ; ainfi le Comerce n'en feroit point gêné.

3. En général le Marchand, le Comerçant, *quand il n'a
point à craindre la Répartition exceffive & ruineufe du Subfide,*
a plus d'inclination & plus d'interêt de paffer pour plus riche,
que pour moins riche que fon voifin, il en eft plus confideré,
& en a plus de crédit ; & l'on fait que le crédit eft un bien qui
fert à augmenter le revenu : ainfi tel petit Marchand, loin de
payer moins qu'il ne doit, payera volontiers fix livres de plus,
afin de paffer pour plus riche de fix cens livres que fon voifin,
mais du moins il payera fans peine felon la verité, fur tout
quand il fera feur par l'établiffement des Tarifs, *qu'il ne
poura jamais foufrir aucune Répartition exceffive en déclarant
la verité :* cette confideration diminuera encore le nombre
des faux déclarans.

4. Il y a une autre obfervation à faire, qui diminuera
encore le nombre des fauffes déclarations des Comerçans ;
c'eft qu'un Marchand qui voudroit gagner une piftole fur fa
Taxe, en eftimant fes efets cent piftoles moins qu'ils ne valent, ne fauroit faire perdre un fou au Roi ; la perte en tom-
beroit toute entiere fur tous les autres habitans de fa Paroiffe,
qui porteroient tous leur part de cette piftole ; ainfi ce feroit
leur voler une piftole & aux pauvres comme aux riches : Or
il ne peut jamais en ufer de la forte fans foufrir des reproches de fa confcience, fans fe rendre odieux, & fans fe faire
montrer au doigt par les Paroiffiens comme une efpece de
voleur du public ; c'eft ce qui fait croire que de quarante
Marchands il y en aura à peine un feul, qui pour un fi petit
profit, qu'il conoit ilicite & injufte, voulût dans la Paroiffe
où il demeure devenir l'objet de la haine publique, & être

regardé comme voleur du public ? C'eſt ce qui me fait penſer que les fauſſes déclarations des Marchands ſeront ſi rares, que la Loy n'auroit peut être pas beſoin de ſtatuer de punition pour les faire éviter.

5°. A l'égard du tort que la fauſſe déclaration d'un Marchand peut faire à une Paroiſſe en déclarant deux cens livres, quatre cens livres, huit cens livres, mille livres de moins qu'il n'a en argent & marchandiſe dans le comerce, il faut conſiderer que ce tort eſt bien moins grand qu'on ne penſe. 1°. Il n'y a point de Marchands dans les Vilages, il n'y en a gueres que dans les Bourgs où il y a Marché, & ce n'eſt pas la vintiéme partie des autres Paroiſſes Taillables du Royaume ; 2°. les moindres de ces Bourgs ou groſſes Paroiſſes payent au Roy une groſſe ſomme de Taille ; comme deux, trois, ou quatre cens piſtoles ; 3°. il eſt vrai qu'en ſuivant une proportion exacte, ce Marchand que l'on ſupoſe ne point craindre le remords ni de ſa conſcience, ni les reproches des autres Paroiſſiens, ni le faux ſerment, ni la peine des fauſſes déclarations, portera quatre francs, huit francs, une piſtole de moins à proportion qu'il ne devroit porter, & que le reſte de la Paroiſſe portera ces quatre francs, ces huit francs, cette piſtole de plus qu'elle ne devroit porter ; il eſt vrai que c'eſt une diſproportion dans ce ſyſtême, j'en conviens : mais d'un autre côté, ſi l'on conſidere que cette piſtole n'eſt que la trois centiéme partie de trois cens piſtoles, que paye la Paroiſſe, & que ce ne ſeroit point une diſproportion exceſſive & ruineuſe, ſi l'on conſidere que dans le ſyſtême de la Taille arbitraire, un Colecteur ôtoit injuſtement une piſtole à un de ſes amis, & la mettoit toute entiere ſur un de ſes ennemis, qui au lieu de deux piſtoles qu'il auroit dû payer ſelon la juſtice, en payoit trois, ce qui étoit une diſproportion exceſſive & ruineuſe : Enfin ſi l'on compare la diference de trois à un, & celle de trois cens à un, on verra que même dans le côté foible du nouveau ſyſtême, les inconveniens de la diſproportion ſont infiniment moindres que ceux du ſyſtême ancien ; on verra que par tout où le Tarif peut ateindre pleinement & facilement comme dans les Baux, il en chaſſe pour toûjours toute diſproportion ; & que là où il ne peut ateindre que foiblement & dificilement, comme dans les efets qui ſont en

comerce,

comerce, il n'y laiſſe que des diſproportions ou paſſageres ou inſenſibles, & qui ſont ſouvent même compenſées entre elles, ſinon de perſone à perſone, du moins de famille à famille, comme nous l'avons marqué quelque part.

Cette diſproportion ne porte ni ſur la vintiéme partie des Paroiſſes, ni ſur la vintiéme partie des habitans de la Paroiſſe où il y a des Marchands, ni ſur la vintiéme partie des Marchands mêmes ; & d'ailleurs elle ne fait porter à la Paroiſſe trop chargée qu'une trois centiéme partie du fardeau de trop, tandis qu'elle-mê ne & vingt-quatre mille autres Paroiſſes reſſentent les efets précieux & ineſtimables de la proportion.

Un Taillable qui dans cette Paroiſſe paye quinze francs ou trois cens ſous de Taille, en portant ſa part de cette piſtole, dont le Marchand faux-déclarant fait tort à la Paroiſſe, ne porte de cette perte qu'un ſou pour ſa part ; or quelle diference entre les deux ſyſtêmes ? Dans l'un il paye ſouvent, ou du moins il eſt toûjours dans un danger prochain de payer cent ſous, deux cent ſous, trois cent ſous plus qu'il ne devroit payer ; & dans l'autre ſouvent il ne paye rien de plus, & n'eſt jamais en danger que de payer au plus un ſou, deux ſous, trois ſous plus qu'il ne devroit payer, & cela par quelques fauſſes déclarations très-rares entre les Paroiſſes, très-rares entre les habitans des Paroiſſes où il y a des Marchands, & très-rares entre les Marchands mêmes. Or n'eſt-il pas évident que l'une de ces diſproportions eſt ruineuſe, & que l'autre n'eſt preſque pas ſenſible.

On parle encore de cette matiére dans l'Objection 23. mais cette derniere conſideration me paroît déciſive.

OBJECTION V.

Les Tarifs que vous propoſez, opereront à la verité de la proportion entre les diverſes eſpeces de biens en fonds de Terre, en Fermages & en Marchandiſes ; mais vous avez beau vous tourmenter, vous ne trouverez jamais le moyen d'établir une proportion ſufiſante entre les Taillables ſur ce qui regarde leur induſtrie : Entre les Juges, entre les Avocats, entre les Cabaretiers, entre les Marchands, entre les

K

Artifans., les uns gagneront toûjours le double, le triple plus que les autres : or comment ferez-vous pour les Taxes à proportion de leur gain annuel ?

REPONSE.

1°. Je conviens que l'un a plus d'esprit & d'induſtrie du double que l'autre, & fait un gain annuel double de celui de fon voiſin : je conviens qu'il feroit à fouhaiter de trouver un moyen de mettre, fans fe tromper, des Tarifs diferens aux diferens degrez d'induſtrie ; mais dans l'impoſſibilité où nous fommes d'avoir une meſure pour les eſprits comme nous en avons pour les corps, le plus ſage Légiſlateur en fait de Répartition de Subſide, ne peut rien faire de plus juſte, de plus humain, que de ne demander à toute la Claſſe des Avocats, à toute la Claſſe des Cabaretiers, à toute la Claſſe des Marchands que ſur le pied du gain annuel du moins induſtrieux, de peur de lui demander plus qu'il ne peut payer.

2°. Il eſt vrai que le plus induſtrieux profite de cette impoſſibilité où nous fommes d'avoir une regle certaine pour meſurer juſte la fupériorité de fon induſtrie ſur ſes camarades : Mais que l'on y prene garde, cet excedant de gain annuel qu'il fait, ſe réſout bien-tôt ou en achat d'un fonds, ou en achat d'une Rente, ou en augmentation de Marchandiſes, toutes choſes qui font en évidence, & qui payent une partie du Subſide : ainſi en amaſſant de quoi acheter dix livres de rente, il amaſſe de quoi payer à l'Etat quarante fous par an plus que fon camarade ; & j'ai obſervé dans la levée des Subſides de la Province de Holande, où il y a tant d'argent, tant de richeſſes, qu'à la verité les fonds de terre & les rentes font plus chargées qu'en France, mais qu'on n'y leve rien ſur l'induſtrie des Habitans, ni même ſur les efets qu'ils ont en comerce ; & c'eſt la grande cauſe de la multiplication de leur comerce & de l'augmentation de leurs richeſſes.

3°. Quelque ſyſtême que l'on imagine, on ne trouvera jamais de métode qui remédie à cet inconvenient, qui vient de l'inégalité d'eſprit & d'induſtrie ; ainſi il ne faut pas rejeter celui-ci, parce qu'il ne ſurmonte pas une dificulté inſurmontable à tous les ſyſtêmes : mais, comme j'ai dit, l'inconvenient n'eft pas grand , puifque le gain annuel de l'induftrie devient bien-tôt une forte de bien , fur lequel fe peut établir la proportion du Subfide ; & c'eft toûjours beaucoup d'empêcher les difproportions exceffives & ruineufes , qui étoient non-feulement entre les diverfes efpeces de revenus , mais encore entre les individus de la même efpece.

4°. Il y a fur ce gain même une compenfation naturelle entre famille & famille ; c'eft que la fupériorité d'efprit ne demeure pas toûjours dans une même famille : Le fils d'un habile Avocat ne fera qu'un efprit médiocre , & le fils de l'Avocat médiocre fera un efprit excellent : il en eft des autres Profeffions à proportion ; & ces fortes de compenfations infenfibles , qui remédient aux difproportions fenfibles , font en plus grand nombre que l'on ne penfe.

OBJECTION VI.

Deux Taillables de la premiere Claffe d'induftrie ont chacun cent livres de rente en fonds de terre ; or par vôtre Tarif ils doivent payer tous deux également fur le pied de vingt livres d'induftrie ; & fur le pied de vingt livres pour leur fonds, cela feroit jufte & proportioné, s'ils étoient tous deux également laborieux , également économes ; mais l'un travaille peu & dépenfe au cabaret ; l'autre travaille beaucoup , & vit fobrement chez lui , c'eft une grande inégalité ; cependant vôtre Tarif n'a aucun égard à cette inégalité.

REPONSE.

1°. Voudriez-vous que l'on demandât moins à l'yvrogne & au pareffeux qu'à l'homme fobre & laborieux ? Ne feroit-ce pas un moyen de porter les Sujets à l'yvrognerie & à l'oifiveté ? N'eft-il pas au contraire de l'interêt de l'Etat & des Sujets mêmes, que la Loy puniffe ces vices volontaires , & qu'elle engage les Sujets, pour leur propre bonheur , à être à l'envi plus laborieux dans leur Métier, & plus reglez dans leur dépenfe ?

2°. Le fils du pareffeux devient laborieux , le fils du laborieux devient pareffeux , donc il y a compenfation de

K ij

famille à famille ; & l'inégalité qui est entre les peres, se trouve compensée par une inégalité semblable, qui se rencontre entre les enfans.

OBJECTION VII.

Je supose que ces deux Taillables soient également laborieux & également sobres ; mais l'un doit cent francs de dettes mobiles, & l'autre ne doit rien, & même il a cent francs d'argent comptant, ce qui met une grande inégalité dans leur situation : Or votre Tarif ne met aucune diference dans leur traitement ; tous deux sont taxez à vingt livres d'industrie, tous deux sont taxez à vingt livres pour le revenu de leur fonds.

REPONSE.

1º. Le Débiteur peut s'aquiter de diferentes manieres, en constituant le fonds à ses Creanciers, en empruntant à constitution pour les payer ; enfin en vendant partie de son fonds, à charge de payer ses dettes ; il est vrai qu'il sera peut-être obligé de vendre à bon marché : mais enfin, suposé qu'il n'ait plus que quatre-vingt-dix livres de revenu, il payera quarante sous de moins, & il ne tient qu'à lui d'etre quite, & de ne payer plus que dix-huit livres. Or un inconvenient, que le Taillable peut faire cesser, en vendant la dixiéme partie de son fonds, ou en déleguant pendant deux ou trois ans une partie de son revenu, n'est pas un inconvenient considerable & sans remede ; & d'ailleurs il est inconvenient pour tous les systêmes proposez.

2º. Tout l'inconvenient qu'on peut reprocher au nouveau plan, c'est de faire payer vingt sous, quarante sous de trop à ce Taillable débiteur durant deux ou trois ans : or quelle comparaison entre cet inconvenient & le danger où il est dans le systême ancien de payer durant sa vie dix francs, vingt francs plus qu'il ne devroit, selon le caprice & les diferentes passions des Colecteurs ou derniers Répartiteurs, à qui il aura eu le malheur de déplaire ; le sistême nouveau ne porte donc pas une proportion parfaite par tout, parce que les choses humaines ne comportent pas une si grande perfection ; mais il empêche toutes les disproportions ruineuses, & met par conséquent tous les Taillables en seureté de n'être jamais beaucoup plus chargez que leurs pareils, & de n'être plus ruinez.

OBJECTION VIII.

De ces deux Taillables, l'un aura un Procès, l'autre n'en aura point : or l'on sait combien un Procès coûte de tems & d'argent ; cependant le Tarif n'a nul égard à l'inégalité de situation que met entre eux ce Procès.

RÉPONSE.

1°. Ce Procès en défendant peut être regardé comme une dette incertaine : or s'il en demeure quite, & s'il retire les frais qu'il a faits, il demeure en même état qu'il étoit, & n'est pas fort à plaindre.

S'il perd, il vend de quoi payer ; & s'il se trouve alors moins de revenu, il est imposé à moindre somme.

Si c'est en demandant, & qu'il perde les frais, c'est le même cas que le précedent.

S'il gagne, il devient plus riche, & n'est pas à plaindre.

2°. Qu'on me trouve un système qui ait égard à ces inconveniens passagers, qui arivent tour à tour à tous les Sujets, & qui diminueront tous les jours à mesure que les Loix auront décidé plus de cas : Mais les moyens de faire que les Loix décident clairement plus de cas, regardent une matiere que j'ai traitée dans le Mémoire de l'*Aristonomie*.

OBJECTION IX.

Dans vôtre Projet vous déchargez les Taillables des basses Classes de la Taxe d'industrie, à proportion qu'ils sont chargez de petits enfans ; mais vous ne proposez point de rien ordoner en faveur des Taillables de la premiere Classe, qui en seront trop chargez : cependant un de ces Taillables de la premiere Classe aura six petits enfans à nourir, & l'autre n'en aura point, ce qui met une grande inégalité entre leur fortune : or vôtre Tarif n'a aucun égard à cette inégalité, qui regarde la premiere Claſſe,

REPONSE.

1°. Ce n'eſt pas un inconvenient particulier à ce Projet, dans l'ancien ſyſtême il n'y a aucun Reglement qui ordone quel égard il faut avoir au nombre des petits enfans des Taillables ni de la premiere Claſſe ni des autres Claſſes : or celui-ci a égard du moins aux enfans des baſſes Claſſes d'induſtrie.

2°. Dans l'ancien ſyſtême ce nombre de petits enfans n'aſſuroit pas même le Taillable contre les diſproportions exceſſives & ruineuſes, qui venoient du caprice, de l'ignorance & des paſſions des Colecteurs : or dans ce Projet nouveau, le Taillable chargé d'enfans, eſt au moins en ſeureté contre les impoſitions exceſſives.

3°. Je ne ſerois nulement opoſé à la diminution que l'on pouroit faire de ſix francs par an au Taillable de la premiere Claſſe pour chaque petit enfant au delà du nombre de quatre, dans les Elections où la journée du Journalier eſt de huit ſous : mais, comme j'ai dit, ce ſont de ces perfectionemens que le tems & l'experience pouront procurer au nouveau ſyſtême de la Taille Tarifée : & comme ces cas ſont aſſez rares, les Paroiſſes ſeroient peu incommodées d'y avoir égard, & les familles qui ſeroient tour à tour fécondes, ſeroient ſoulagées ainſi tour à tour les unes par les autres ; ce qui doit être le but d'une Loy ſage & équitable.

4°. C'eſt toûjours beaucoup que de faire tarir tout d'un coup les grandes ſources des grandes diſproportions, & de pouvoir aprocher tous les jours de plus en plus d'une plus grande proportion, par les diferentes diſtinctions des Tarifs, à meſure que l'on en trouvera des moyens faciles, mais toûjours par les Tarifs ; car il faut viſer toûjours à faire preſque tout regler par la Loy, & à ne laiſſer à regler que le moins que l'on poura à l'arbitraire & au caprice de l'homme, parce qu'il eſt ordinairement moins éclairé & moins équitable que le Légiſlateur, & ſouvent agité de paſſions, qui l'empêchent & de voir & de ſuivre l'équité.

OBJECTION X.

Si de ces deux Taillables des baſſes Claſſes, l'un a vingt-cinq ans, l'autre ſoixante, c'eſt une grande inégalité dans le travail; cependant vôtre Tarif ne met aucune inégalité dans leur Taxe: Il eſt vrai qu'à ſoixante-dix ans vous l'exemtez de la Taxe d'induſtrie, mais c'eſt atendre bien tard.

RE'PONSE.

1°. Souvent le travail du Taillable de ſoixante ans vaut mieux & raporte davantage que le travail du Taillable de vingt-cinq, c'eſt qu'il eſt conduit par la conoiſſance que done une longue experience.

2°. Ce même homme de ſoixante ans a paſſé par vingt-cinq ans: or ſupoſé qu'il ait payé quelque choſe de moins qu'il ne devoit payer à vingt-cinq ans, il le paye de plus depuis ſoixante; cela fait une compenſation de lui à lui-même.

3°. Cette même compenſation ſe fait entre famille & famille; car il y a ſouvent dans deux familles des hommes de vingt-cinq & trente ans, & d'autres de ſoixante & ſoixante-dix ans: donc de côté-là les familles ſont encore traitées également par le Tarif.

OBJECTION XI.

Je ſupoſe deux Fermiers de chacun une Ferme de ſix cens livres & d'égale valeur; mais l'un dont la Ferme ſoit en bon fonds, l'autre dont la Terre ſoit en mauvais fonds; l'un a beaucoup plus de dificulté à payer ſon Fermage que l'autre; cependant le Tarif n'a aucun égard à ce plus de dificulté; tous deux doivent payer également ſur le pied de trois ſous pour livre.

RE'PONSE.

Dès que vous le ſupoſez d'égale valeur, il s'enſuit qu'il y a plus de terres à proportion dans la Ferme de mauvais fonds, pour payer ſix cens livres, & que le Fermier de la mauvaise terre prévoyant le plus de travail, demande plus de terre, pour avoir une récompense proportionée à son plus de travail : chacun veut être payé de sa peine, & s'en paye autant qu'il peut par ses mains : or dès que cela est ainsi supofé égal, le Fermier du mauvais fonds paye avec auffi peu de dificulté fon Maître que le Fermier du bon fonds : de forte que fi l'un doit payer la Taille fur le pied de trois fous pour livre, l'autre ne doit pas la payer fur un moindre Tarif.

OBJECTION XII.

Je fupofe que ces deux Fermes, qui font de fix cens livres, foient d'inégale valeur, & que l'une vaille fept cens livres, tandis que l'autre n'en vaut efectivement que fix cens, c'est une diference d'un fixiéme en fus, ou d'un feptiéme au Total; or votre Tarif n'a aucun égard à cette inégalité de valeur.

REPONSE.

1°. Il poura ariver que celui de ces Fermiers qui a le meilleur marché préfentement, en aura un moins bon dans quelques années, & il y aura alors compenfation entre eux.

2°. Je comprens bien que lorfqu'une Ferme eft à trop bon marché d'un feptiéme, la Paroiffe y perd auffi-bien que le Seigneur Propriétaire : mais ne peut-il pas ariver qu'une Ferme femblable foit trop chere d'un feptiéme; or cela ne fait-il pas compenfation?

3°. A la longue la Ferme fe met à un prix raifonable, parce que le Propriétaire craint autant de la doner à trop peu, que le Fermier craint de la prendre à trop, & que tous deux font fupofez eux ou leurs agens, conoître mieux que perfone la valeur de la Ferme : je dis plus, c'est que les plus habiles Eftimateurs d'une Election, quand on feroit feur de leur probité, ne fauroient jamais ariver à une fi grande juftefle d'eftimation de tous les Héritages afermez de cette Election, que la juftefle qui fe trouve à tout prendre dans le prix Total des Baux de toutes les Fermes de toutes les Paroiffes de la même Election.

4°. Le grand inconvenient propofé dans cette Objection,
c'eft

c'eft qu'il peut ariver qu'un de ces Fermiers payera un feptiéme de moins à proportion de fon voifin Fermier de fix cens
livres, à caufe du bon marché de fa Ferme ; ce qui eft, comme nous avons dit, fouvent compenfé dans les anées fuivantes, il eft vrai que l'un y gagne, mais l'autre n'y perd pas :
or cette diference eft-elle un inconvenient pour celui qui n'y
perd pas ? Au contraire, n'eft-il pas fort heureux d'être feur
que les Colecteurs ne le taxeront jamais fur un plus haut Tarif que tous les autres Fermiers de la Paroiffe, que tous les
autres Fermiers de l'Election & de la Généralité ? Au lieu
que par l'ancien fyftême il étoit fouvent taxé fur le pied de
quatre fous pour livre, & qu'il pouvoit l'être fur le pied de
cinq fous & de fix fous pour livre.

OBJECTION XIII.

Je fupofe que les deux Fermes foient réellement égales en
valeur, mais on fait le Proverbe ; *Tant vaut l'homme, tant
vaut fa Terre :* Et je fupofe que l'un foit fort induftrieux, &
que l'autre le foit peu, cette fupériorité d'induftrie mettra
une grande inégalité dans le revenu qu'ils tireront de ces
deux Fermes égales : or cependant vôtre Tarif de trois fous
pour livre n'a nul égard à cette inégalité d'induftrie. On peut
en dire autant de deux Marchands qui auront chacun mille
livres en marchandifes ou efets ; l'un gagnera le double, tandis que l'autre ne gagnera que le fimple.

REPONSE.

1º. J'ai déja répondu à ce qui regarde l'inégalité d'induftrie
d'entre Marchand & Marchand, & cette Réponfe doit fufire
pour ce qui regarde l'inégalité d'induftrie d'entre Fermier &
Fermier.

2º. Je repeterai feulement ici une confideration, qui nous
découvre une forte de compenfation qui fe fait entre famille
& famille & dans la fuite des générations, de ce qui n'a pû
être égal entre perfone & perfone pendant quinze ou vingt
ans, c'eft que le fils du Fermier homme d'efprit, peut être un
efprit très-médiocre ; & que le fils du Fermier homme d'un

L

médiocre efprit, peut être un efprit excellent : or c'eft beaucoup de voir que de pareilles inégalitez, qui arivent dans un
certain efpace de tems un peu court, n'operent fouvent que de
veritables égalitez dans l'affemblage de plufieurs de ces efpaces.

De là on peut conclure, qu'un Projet qui procure de fi
grands avantages, & contre lequel on ne peut opofer que de
pareils inconveniens infiniment moindres & en moindre
nombre que les inconveniens du fyftême ancien, eft un Projet très-defirable.

OBJECTION XIV.

Nous avons en diférentes Provinces d'autres maniéres que
la Taille pour lever le Subfide fur les Habitans de la campagne ; on cite entre autres le fyftême de la Taille réelle ou
cadaftrée, comme le meilleur de tous ceux-là, pourquoi ne
le pas fuivre ? Pourquoi ne le pas rendre univerfel pour toutes les Provinces du Royaume ; au lieu de fuivre vôtre Projet
de Taille Tarifée ; fi la Taille cadaftrée a moins d'inconveniens & moins grands ?

REPONSE.

On peut juger par les Obfervations fuivantes, lequel eft
préferable du fyftême de la Taille cadaftrée, ou du fyftême
de la Taille Tarifée.

1°. On ne fauroit faire d'eftimation fans arpentage ; & il
ne s'agit pas feulement d'arpenter tout le terroir d'une Paroiffe, il faut arpenter feparémcnt les Vignes, les Bois, les
Prez, les Terres labourables, & les Landes ou Terres fablo-
neufes ; il faut arpenter & borner les diférens Cantons de ces
cinq fortes de Terres, il faut même encore les divifer & les
arpenter feparément en trois Claffes, mauvaife, médiocre,
excellente.

Il faut même dôner une idée jufte de ce que l'on apelle
Terre excellente ; car la Terre excellente d'une Paroiffe ne
fera que la médiocre d'une autre Paroiffe, qui fera fituée en
meilleur fonds ; ainfi Terre excellente vaudra le double d'une
autre excellente.

Il faut même avoir égard que la même Terre, à une lieuë d'une grande Ville, vaut le double de celle qui en est éloignée de huit ou dix lieuës ; & cela à proportion du prix diferent de la journée du Journalier de l'une & de l'autre.

Il y a des Paroiſſes plus & moins grandes ; mais l'une portant l'autre, un pareil arpentage avec une pareille Carte Topografique, diviſée en petites parties, pour une Paroiſſe de demie lieuë quarrée, coûteroit au moins cinq cens livres : or pour vingt-deux mille Paroiſſes, ce ſeroit onze millions ; & quand on y employeroit tous les meilleurs Topografes, on ne pouroit pas achever un pareil ouvrage en ſix ans.

Au lieu que par le Projet propoſé, l'Intendant pour conoître la valeur anuelle des Terres d'une Paroiſſe, n'a beſoin ni d'arpentage pour en conoître la quantité, ni d'Eſtimateurs pour conoître la qualité de chaque Canton, il en peut conoître la valeur anuelle auſſi préciſément que les Paroiſſiens les plus habiles, qui les conoiſſent parfaitement ; & le Conſeil aura cette conoiſſance avant trois ans, quand chacun aura trouvé ſon interêt à doner ſa déclaration, & quand les Rôles Paroiſſiaux auront été faits ſur ces déclarations.

Quant à l'eſtimation, on ne peut jamais rien avoir de plus juſte que le prix des Baux, qui eſt une eſtimation faite avec la juſteſſe que demande celui qui en veut avoir le plus, & celui qui veut en doner le moins qu'il peut.

2°. Outre les frais des Arpenteurs Topografes, il faut encore les frais des Eſtimateurs : or on peut en juger par les frais du renouvellement du Cadaſtre de Daufiné, qui même en ſe ſervant des arpentages anciens, a coûté plus de ſix cens mille francs à la Province, ce qui feroit plus d'onze millions pour les autres Intendances ; c'eſt donc plus de vingt-deux millions de dépenſe, dont on ſe diſpenſe par le ſyſtême ſimple des Tarifs, qui n'a beſoin ni de Topografes ni de Comiſſaires-Eſtimateurs.

3°. Le renouvellement du Cadaſtre de Daufiné a duré neuf ans, durant l'Intendance de feu M. Bouchu.

Au lieu que pour l'établiſſement des Tarifs dans toutes les Généralitez du Royaume, il ne faudra pas ſix mois ; & pour en tirer une conoiſſance parfaite de la force des Elections & des Généralitez, il ne faudra pas trois ans ; & dès la premiere

L ij

ance la conoiffance que le Confeil en tirera, fera incomparablement plus certaine & mieux fondée que celle qu'il en a euë
jufqu'à prefent.

4°. Si les Eftimateurs ne font point du péïs & du Canton,
ils ne conoiffent pas fufifamment ni la valeur des Terres ni le
prix des Denrées, & leur eftimation devient fautive faute de
conoiffance : S'ils font du péïs & du Canton : ils ont leurs
parens, leurs amis, & leurs ennemis, & leur eftimation devient fautive, parce que l'interêt des paffions les corompt &
les rend injuftes ; on eft même fouvent forcé de fe fervir dans
ces eftimations d'habiles Laboureurs, qui peuvent être facilement corompus par des préfens.

Au lieu qu'on n'a point ces inconveniens à craindre dans
le fyftême des Tarifs, puifque les déclarations de la valeur
anuelle des Terres afermées ne fauroient être exceffivement
fautives, & que l'on ne fauroit tromper fur le prix des Baux
que l'on reprefente, puifqu'il ne peut y avoir aucune Contre-
lettre qui ne foit conuë.

5°. Outre ces inconveniens fur la fauffe eftimation des
Eftimateurs, qui rend les Cadaftres auffi fautifs, il y a encore
une confideration importante, c'eft que les Eftimateurs, quelques habiles & quelques juftes qu'ils fuffent, ne fauroient
jamais prévoir tous les changemens qui arivent à la valeur
des Terres en moins de cinquante ans par les nouvelles cul-
tures, par la ceffation de culture, par l'augmentation ou la
diminution des Bâtimens, par l'augmentation ou la diminution du prix de certaines denrées.

Ces changemens ne caufent aucune difproportion dans le
fyftême de la Taille Tarifée ; car comme les Baux augmen-
tent ou diminuent de prix, à mefure que les Terres augmen-
tent ou diminuent de valeur, il n'y a jamais de difproportion
entre le Subfide & la valeur de ces Terres, parce que le produit du Tarif fuit le prix des Baux, qui fe renouvellent de
tems en tems.

6°. Ces diferentes caufes d'erreur obligent à renouveller les
Cadaftres, & à les rectifier deux fois en un fiécle : or chaque
Proprietaire dans ce tems-là cultive moins bien fa Terre, de
peur qu'elle ne foit trop eftimée ; & ce défaut de culture joint
à la dépenfe du renouvellement, eft une perte réelle pour la
Province & pour l'Etat.

Au lieu que le fyftême de la Taille Tarifée n'eft point fujet à ces deux inconveniens ; il ne faut point renouveller les Eftimations , le renouvellement des Baux y fuplée , per- fone n'a befoin de cefler la culture de fa Terre , & la Province n'a point à craindre les frais d'une nouvelle Eftimation ; & ce qui eft très-important, le fardeau actuel du Subfide eft toû- jours proportioné au revenu actuel de la Terre.

7°. Les fonds ne font pas les feuls revenus des Taillables, ils ont encore de l'argent & des marchandifes en comerce , ils tirent une forte de revenu anuel de leur travail ; ainfi dan les endroits où la Taille eft réelle , elle eft encore perfo- nelle. Or pour faire une Répartition du Subfide proportionée au plus ou au moins de revenu d'induftrie de chacun , peut- on faire rien de mieux que de divifer par Clafles les hommes, les Métiers , les Profeffions , & par fommes l'argent mis en comerce , fans ces diferentes Clafles & fans ces diferens Ta- rifs pour ces diferentes Clafles , peut-on jamais ariver à une forte de proportion ? Auffi voyons-nous par experience , que dans les païs d'Etats , faute de ces diftinctions de Clafles & de Tarifs, ce ne font que plaintes contre la Répartition difpro- portionée, non-feulement fur les Terres cadaftrées , mais en- core fur les perfones ? & ces difproportions caufent dans les Provinces de Taille réelle la plûpart des malheurs qu'elles cau- fent dans les Provinces de Taille arbitraire.

8°. Si l'on vouloit établir le Cadaftre dans le païs de Taille arbitraire, il faudroit arpenter les Terres atachées aux Fiefs , & les Terres roturieres ; car dans les Provinces cadaftrées les Terres nobles ne payent que les Subfides extraordinaires & non la Taille ordinaire ; ce nouvel arpentage coûteroit beau- coup, au lieu que dans le fyftême nouveau il n'y a point de pareilles dépenfes à craindre.

9°. Il y auroit beaucoup de Procès à regler pour diftinguer les Terres nobles des roturieres ; les mêmes embaras fe trou- veroient pour les Terres Eclefiaftiques , au lieu qu'il n'y auroit point d'embaras femblables à craindre dans l'établiffement de la Taille Tarifée.

10°. On ne pouroit plus taxer les Fermiers de la Nobleffe & du Clergé comme Fermiers ; ce qui feroit retomber ces Taxes fur les Terres roturieres de la petite Nobleffe , qui n'a point de Fiefs , toutes nouveautez qui ne pouroient pas être trop favorables aux uns fans être trop préjudiciables aux autres. Or dans la Taille Tarifée on ne fait crier que ceux qui profitent injuftement de leur crédit pour acabler les non-protégez par des difproportions exceffives.

OBJECTION XV.

Rien n'eft plus incertain que le profit anuel du Marchand, car quelquefois il gagne cinq , dix , vingt pour cent , quelquefois il ne gagne rien ; il y a même des anées malheureufes où il perd : or cependant le Tarif n'a aucun égard à ces inégalitez ; & fi ce Marchand a pour mille francs d'argent, de marchandifes & autres efets dans le comerce, il faut qu'il paye toûjours le centiéme denier ou dix livres dans les mauvaifes comme dans les bonnes anées.

REPONSE.

Quoi que le Fermier compte d'avoir de bonnes & de mauvaifes anées, il ne laiffe pas de compenfer les unes avec les autres , & de faire de toutes une anée commune , qui fait le prix du Bail : Il en eft de même du Marchand , on peut de cinq anées en faire une commune, & le Tarif fe conforme à cette anée commune , de forte que la bonne anée aide à payer la mauvaife ; ainfi en gros le Tarif fe trouve toûjours proportioné à l'anée commune du gain anuel du Marchand.

OBJECTION XVI.

La conoiffance exacte des diferentes fortes de revenus des Taillables , peut exciter un Roy imprudent & mal confeillé, à augmenter tellement l'Impôt de la Taille , qu'il les ruinera.

REPONSE.

1°. Il n'eft pas douteux qu'un Roy infenfé peut mettre le feu à Paris, comme Neron fit à Rome ; il peut brûler fon Palais, il peut ruiner fes Sujets , & les obliger par des Taxes excessives de paſſer peu à peu, mais tous les jours en peïs étranger, pour éviter ſes vexations & celles de ſes Receveurs : mais ce malheur, qui retombe ſur lui, ne peut pas être plutôt attribué à la métode des Tarifs qu'à la Taille arbitraire, & qu'à toute autre métode bonne ou mauvaiſe, pour lever les ſubſides de l'Etat.

2°. Il faut ſupoſer un Prince aſſez inſenſé, pour vouloir par la ruine de ſes Sujets, faire tarir la plus grande ſource de ſes revenus, ce qui n'eſt pas à la verité impoſſible, mais très-rare : Ainſi loin que la conoiſſance exacte du revenu ou des forces des Taillables, jointe à la conoiſſance de la peſanteur du fardeau, puiſſe exciter un Roy à augmenter l'Impôt, elles ne peuvent au contraire que l'exciter à le diminuer, ou le détourner du moins de l'augmenter, s'il eſt déja exceſſif.

3°. Un Voiturier même imprudent n'a-t-il pas interêt de conoître d'un côté de quel poids eſt le fardeau qu'il veut impoſer à ſes chevaux, & de l'autre la force de chacun de ſes chevaux ? Dira-t-on que cette conoiſſance peut l'engager à les charger plus qu'il ne faut, & à les acabler ſous le faix ?

4°. Il y a deux fautes que peut faire un Prince imprudent, & qui peuvent ruiner & acabler les Taillables, ſans qu'il en ait aucun deſſein : l'une de leur impoſer un fardeau trop peſant en Total, faute de conoître le Total de leurs forces ; l'autre de leur répartir ſi diſproportionément un fardeau modéré, que cinquante mille en ſoient entiérement acablez tous les ans : car en dix ans, en vingt ans, le fardeau modéré mal réparti, fera le même efet que le fardeau trop peſant, & ruinera peu à peu & par parties, ou afoiblira fort le corps des Taillables.

5°. Ce Projet ne remédie pas au malheur qui arive à un Etat, d'être gouverné par un Prince emporté & inſenſé, ce n'eſt pas le but de ce Mémoire ; mais il remédie à deux ſortes de fautes, que peut faire tout Prince, qui n'eſt ni fou ni méchant, mais qui manquant de conoiſſance ſufiſante du revenu des Taillables, & croyant que la ſomme qu'il leur demande n'eſt que le ſixiéme de leur revenu, leur demanderoit une ſomme qui ſeroit efectivement le tiers, la moitié, les deux tiers de ce revenu : car s'il ne veut pas les traiter plus mal que les Souverains voiſins traitent leurs Sujets, il poura facilement par cette nouvelle métode faire la comparaison de ces divers traitemens.

6°. Cette métode empêche de même un Prince juste & sensé de charger trop une Généralité, une Election, une Paroisse, une famille en comparaison des autres : Donc loin que cette métode puisse jamais être desavantageuse ni au corps des Taillables ni à l'Etat, elle ne peut jamais que leur être très-avantageuse, en mettant ainsi en évidence la proportion de leur fardeau à leurs forces.

7°. Tout le monde convient que la métode de lever le Subside par les Tarifs sur les Denrées qui entrent dans les lieux fermez, est la meilleure de toutes les métodes pour lever un Subside. Or si un Roy doubloit, triploit les Tarifs sur les Entrées, & les poussoit jusques à l'excès, cela feroit-il que cette métode des Tarifs sur les Denrées fût mauvaise, & qu'elle ne fût pas proportionée aux revenus des Habitans, & très-commode pour le Recouvrement ? L'abus que l'on peut faire des meilleures choses, diminuë-t-il leur bonté ? il y a deux inconveniens à craindre dans la Taille, cette nouvelle métode en ôte un entiérement, qui est la disproportion ruineuse ; elle diminuë l'autre, en donant aux Princes sensez des lumiéres sufisantes pour ne pas porter le Total de l'Impôt à l'excès : Il est vrai qu'elle ne garantit pas de la folie d'un Roy insensé ; mais peut-on dire qu'elle ne remédie à rien, parce qu'elle ne remédie pas à tout ? Et nous propose-t-on dans les autres systêmes quelque maniére de mettre les Sujets à couvert des folies de certains Rois.

OBJECTION XVII.

Il sera dificile de faire l'estimation du revenu des maisons d'un Vilage.

REPONSE.

1°. Tous les habitans d'un Vilage ne sont pas Proprietaires de la maison où ils logent ; donc il y aura des Baux soit à vie, soit à rente perpétuelle, soit des Baux ordinaires : or ce sont autant d'estimations justes, qui peuvent servir de regles pour estimer la valeur anuelle de la maison de chaque Proprietaire ;

taire : Et quand par hazard il ariveroit que dans une Paroiſſe tous les Habitans ſeroient Proprietaires de leur maiſon, le prix des Baux des maiſons des Paroiſſes voiſines ſuffiroit pour ſervir de regle à celle-ci ; & rien n'eſt plus facile que de voir enſuite qu'une maiſon plus grande du double que celle qui eſt eſtimée une piſtole, doit être eſtimée le double, quand elle eſt entiérement ocupée.

2°. L'erreur ſur une pareille ſorte de revenu ne peut jamais être conſiderable, ni même faire tort à aucun Habitant, puis qu'elle ſerviroit de meſure pour toutes les maiſons de la Paroiſſe ; & que ſi l'eſtimation étoit trop foible d'un cinquiéme pour un Habitant, elle ſeroit trop foible d'un cinquiéme pour tous les autres, c'eſt à dire toûjours dans la même proportion.

OBJECTION XVIII.

Il y a une grande diference entre une maiſon de vingt livres de revenu, chargée de dix livres de rente, & une maiſon ſur laquelle il n'eſt rien dû.

REPONSE.

Je conviens qu'il y a une grande diference auſſi : ces deux maiſons ſont-elles diferemment taxées ? Car la rente paſſive eſt toûjours déduite & prélevée avant que de former la Taxe.

OBJECTION XIX.

Quand le Taillable déclare qu'il doit une rente à ſon voiſin, il déclare le ſecret de ſa famille & le ſecret de la famille de ſon voiſin, ce qui eſt un inconvenient.

REPONSE.

1°. Dans les Bourgs & dans les Vilages des Taillables on conoît toutes les rentes actives & paſſives ; ainſi de ce côté-là les déclarations des Taillables ne révelent jamais rien de ſecret.

2°. Si c'eſt une rente duë à un Taillable, n'eſt-il pas juſte

M

qu'elle contribuë à payer sa part de l'Imposition ? Si c'est une
rente duë à un Exemt de Taille, cette déclaration ne lui porte
aucun préjudice, au contraire elle lui sert de reconoissance ; &
n'est-il pas juste que le Taillable qui la doit, en paye moins
au Roy, à proportion de la grandeur de sa premiere dette ou
de son premier fardeau ?

3°. Enfin il est impossible de sauver les disproportions ruineuses des Taillables sans la conoissance exacte de leurs diferens revenus & de leurs charges anuelles, les inconveniens qui
naissent de ces disproportions ruineuses sont très-réels & très-
grands ; au lieu que la conoissance de *quelques* secrets de
quelques familles non-Taillables ne peut operer que des inconveniens ou imaginaires ou peu considerables ; ainsi peut-
on balancer à choisir le parti de la conoissance, qui est le parti
de la justice & de la seureté réciproque des familles ? *Cette*
consideration me paroît decisive.

OBJECTION XX.

L'Auteur ne s'exprime pas assez clairement sur les Taxes
des Proprietaires & des Fermiers.

REPONSE.

1°. Pierre Taillable „joüit par ses mains de vint arpens de
terre, estimez cent livres, il est taxé à vint livres pour les
quatre sous pour livre : Le même Pierre aferme à Paul vint
autres arpens par cent livres, il paye encore quatre sous
pour livre, ce qui fait autres vint livres. Paul Fermier,
à cause de l'ocupation de ces vint arpens, & du profit qu'il
fait dessus par son travail, & par l'argent qu'il employe à les
cultiver, paye trois sous pour livre de son Bail, c'est à dire
quinze livres. Je sai bien que l'on peut dire, que si Paul,
à cause de la Ferme qu'il tient, n'étoit taxé qu'à dix livres, il
pouroit payer cent sous de plus à Pierre ; mais Pierre Taillable, n'a pas sujet de se plaindre, puisque les Fermiers de son
Seigneur, qui n'est point Taillable, sont taxez sur le même
pied de trois sous pour livre.

2°. Que Pierre Proprietaire paye trop, que Paul son Fermier paye trop, cela peut être, si l'Impôt général de la Taille

est excessif en lui-même ; mais cet inconvenient ne peut pas être reproché à cette métode, qui ne tend qu'à une Répartition proportionelle de ce même Impôt excessif ; n'est-ce pas toûjours beaucoup que Pierre sache avec certitude, qu'il n'y a aucun Proprietaire Taillable dans les païs de Taille arbitraire, qui soit plus favorisé & mieux traité que lui ? n'est-ce pas toûjours beaucoup qu'il soit seur qu'il n'y a dans ces Provinces aucun Fermier qui soit plus favorisé que le sien ?

OBJECTION XXI.

La journée du Journalier, que vous estimez à huit sous pour une Election, peut doubler ou en peu d'anées ou en beaucoup d'anées ; donc il faudra que l'Intendant ait soin d'en changer l'estimation, lorsque cela arivera.

REPONSE.

1°. Je supose ce doublement de prix ; mais si le prix de cette journée a doublé également & en même tems, par une cause générale, dans toutes les Généralitez, comme par le doublement de prix des Monoyes, par raport à la livre numeraire, la proportion étant conservée la même par tout, l'Intendant n'aura pas besoin de rien changer à l'estimation : Mais suposé qu'il suive encore le changement général des Monoyes en changeant son estimation, cela n'est ni dificile ni incomode, ni nuisible à persone.

2°. Suposé que cette Election, où faute de comerce, la journée du Journalier n'est qu'à huit sous, devienne en vint ans un Canton d'un grand comerce : Par exemple, par l'établissement d'un grand Port, ou par le séjour d'une Cour nombreuse, c'est une cause particuliere ; & je conviens que c'est alors à l'Intendant à changer le Tarif de la journée du Journalier pour cette Election : mais qu'y a-t il en cela qui ne soit très-juste & très-facile ?

OBJECTION XXII.

La journée d'un Journalier d'une Paroisse éloignée de la

Ville de l'Election, sera à six sous, tandis que la journée du Journalier près de la Ville de l'Election, sera à neuf sous, & la journée du Journalier ou Crocheteur de cette Ville, sera à douze sous ; comment voulez-vous faire de toutes ces diferences un Tarif commun ?

REPONSE.

1°. Cela est bien facile : car par exemple, en supofant que de la journée d'un Journalier de la Ville, l'un plus fort, l'autre plus foible, & de la journée d'Hyver & d'Eté on puisse faire un prix moyen & commun ; pourquoi ne poura-t-on pas supofer que l'on puisse faire un prix mitoyen & commun, en le compofant des journées des Journaliers de six sous, qui font en plus grand nombre dans les Paroisses éloignées de la Ville, & des journées de douze sous des Journaliers de la Ville & des Paroisses voisines ; & que si l'on en supofe les deux tiers des Paroisses à six sous, & le tiers à douze, le prix mitoyen de toutes les Paroisses sera huit sous pour prix commun.

2°. Il faut observer que si vous comparez le prix de la journée d'un Journalier éloigné de cinq lieuës de Valogne, au prix de la journée du Journalier éloigné de cinq lieuës de Roüen, vous y trouverez toûjours la même proportion de six sous à douze, qui est la même que celle qui sera entre le prix commun de l'Election de Valogne, qui sera de huit à seize.

3°. Quand de ces aditions de diférens prix, pour faire un prix moyen & commun, il résulteroit quelque erreur, elle ne sera jamais considérable comme d'un dixiéme ; elle ne sera jamais telle, qu'elle puisse nuire considérablement à une Election ; car cette journée du Journalier ne regle que l'industrie & le comerce. Or l'industrie & le comerce ne font que le tiers du revenu des Taillables ; les deux autres tiers viennent du revenu des terres, & ne se reglent point sur la journée du Journalier : de sorte que l'erreur d'un dixiéme sur le tiers ne peut jamais être que d'un trentiéme au Total.

4°. Mais je supofe l'erreur d'un trentiéme par raport à une Election, elle ne sera jamais aucun préjudice entre les Pa-

roiſſes ni entre les familles de cette Election, la regle étant
la même pour toutes les Paroiſſes & pour toutes les familles
de cette Election, aucune n'auroit jamais ſujet de ſe plaindre
d'être plus maltraitée que ſa voiſine.

5°. Je ſai bien que le Journalier éloigné de quatre ou cinq
lieuës de la Ville d'Election, ſera peut-être taxé d'un vintiéme
plus que le Journalier qui n'eſt qu'à une demie lieuë de cette
Ville ; mais la ſubſiſtance de la famille de celui-ci peut bien
être d'un vintiéme plus chere à demie lieuë, qu'elle n'eſt
pour la famille du Journalier éloigné de cinq lieuës ; ce qui
opere une compenſation ou égale ou à peu près égale.

OBJECTION XXIII.

Je conviens que par raport à la Claſſe des Profeſſions, on
ne peut pas faire de déclarations fauſſes ; je conviens même,
que pour les Rentes actives le Taillable ne déclarera pas vingt
livres ſur un tel, ſi le Contrat porte trente livres de Rente ; je
conviens que de dix mille Fermiers il y en a à peine un qui
ait doné une Contre-lettre pour en diminuer le prix ; je conviens que les Baux feront une bonne regle, & qu'ainſi il n'y
aura point à craindre que les Taillables fiſſent de fauſſes déclarations de ce côté là : mais il reſte deux objets, l'un ſur
l'eſtimation de la valeur anuelle du fonds dont joüit le Proprietaire Taillable ; l'autre ſur la valeur de ce que le Taillable
a d'argent dans le comerce au-deſſus de deux cens livres.

RÉPONSE.

1°. J'ai montré que les Colecteurs en cas de fauſſe eſtimation,
avoient la voye de l'eſtimation Judiciaire, & que les Proprietaires de peur des frais de cette eſtimation, & de peur de
l'amende de deux cens livres pour fauſſe eſtimation, ſeroient
ſuffiſamment intereſſez à eſtimer juſte la valeur anuelle des
Héritages dont ils joüiſſent par leurs mains.

2°. Quand dans une Election de cent Paroiſſes il y aura
cinq ou ſix Procès de cette nature, c'eſt peu en comparaiſon de trente autres Procès de l'ancien ſyſtême ſur les Aſ-
ſignations en *Surtaux* ; & je propoſe même, que le Roy auto-

M iij,

rife lesJuges des Elections à juger en dernier Reſſort ces Procès d'eſtimation.

3°. Pour ſavoir quel parti eſt le meilleur, de doner aux Colecteurs le droit de faire cette eſtimation, & au Proprietaire le droit de plainte, ou le droit de faire cette eſtimation au Proprietaire, & le droit de plainte aux Colecteurs, le Conſeil peut en faire l'eſſai en même tems dans deux Elections voiſines, & l'on verra bien-tôt lequel des deux partis a le plus d'inconveniens & plus grands.

4°. En gros le ſyſtême des Tarifs dans cet Article même, borne la mauvaiſe volonté des Colecteurs, puiſqu'ils ne peuvent taxer que ſur le pied de quatre ſous pour livre de la valeur anuelle du fonds du Proprietaire, au lieu que cette Taxe n'étoit bornée par aucun point fixe dans l'ancien ſyſtême, ce qui eſt un horrible défaut.

5°. Quant à ce qui regarde la fauſſeté des déclarations ſur l'argent & marchandiſes qui ſont dans le comerce, j'ajoûterai aux Réponſes à la quatriéme Objection une nouvelle Réponſe.

Je conviens que l'on peut laiſſer l'eſtimation des efets du Marchand aux Colecteurs, en les aſſujetiſſant ſeulement à ne le taxer que ſur le pied du centiéme denier, & laiſſer au Marchand le droit de ſe plaindre de l'excès de l'eſtimation.

Sur ce pied, un Marchand Taillable qui a ſix cens livres d'efets en comerce, poura être taxé à dix livres, comme s'il avoit mille livres, cette Taxe de quatre francs de trop ne le ruinera pas pour une anée; mais cette injuſtice poura le porter ou à quiter la Paroiſſe, ou bien à avoir un Procès fâcheux contre les Colecteurs; au lieu qu'en ſupoſant que par ſa fauſſe déclaration il gagne quatre livres ſur la Paroiſſe, cette Paroiſſe de trois mille livres de Taille ne ſera pas fort incomodée pour avoir à répartir quatre-vingt-ſous de trop ſur deux cens Habitans.

Il me paroît donc que l'inconvenient le moins grand eſt celui que la Paroiſſe paye quatre livres plus qu'elle ne devroit payer; ainſi je panche toûjours pour le côté le plus favorable au Comerçant; parce que dans un Etat il faut favoriſer la ſorte de revenu que ſe procurent les Comerçans par leur induſtrie & par leur travail, pour encourager tout le monde

au Comerce, & ne rien ordoner qui en décourage perfone :
Nous avons fur cela un exemple décifif, c'eft la conduite
des Magiftrats du peïs du monde, où les Habitans font les
plus riches, qui eft la Province de Holande, les efets qui font
en comerce ne font point taxez.

6°. Il eft bon d'obferver que quand un Taillable auroit un
Procès avec fes Paroiffiens pour l'article de fa déclaration fur
la valeur de la Terre dont il eft Proprietaire, & dont il joüit
par fes mains, & fur la valeur des marchandifes ou argent
qu'il a dans le comerce, il n'aura point de Procès ni fur l'article des Rentes qui lui font duës, ni fur l'article de fon induftrie, ni fur l'article des Terres, Maifons & Moulins, qu'il
baille à Ferme à prix d'argent, ni fur l'article des Terres qu'il
tient à prix d'argent, ni fur les Recettes générales, qu'il tient
à forfait, comme Fermier général, car toutes ces chofes font
reglées par les diferens Tarifs ; & ce qui eft de plus important, c'eft que dans les deux articles mêmes où il peut y avoir
Procès, & où le plus fouvent il n'y en aura point, il y a deux
points fixes, deux regles établies entre le Taillable & les
Colecteurs, que doivent fuivre les Juges, c'eft la regle des
quatre fous pour livre pour les terres, & la regle du centiéme
denier pour les efets en comerce, avec le raport d'augmentation ou de diminution du fou pour livre à la fomme portée par
le Mandement de l'Intendant.

Elles font regles uniformes pour tous les Taillables du
Royaume, qui font dans le même cas ; ce font des regles que
l'on n'a jamais conuës dans la Taille préfente, dans laquelle
pour toute regle on ne conoît qu'un arbitraire bien intentioné,
mais mal informé dans les premiers Répartiteurs, un arbitraire mal intentioné & toûjours injufte dans les Colecteurs
ou derniers Répartiteurs ; & enfin un arbitraire incertain,
douteux & fans aucune uniformité dans les Juges, dont plufieurs ne font pas fort inftruits, & dont quelques-uns peuvent
être quelquefois intereffez à ne pas fuivre l'équité dans leurs
jugemens, & qui n'ont tous aucune regle fixe pour décider
ni ces deux articles ni aucun des cinq autres, qui ne peuvent point faire de Procès dans la Taille Tarifée, mais qui
en caufent néceffairement un grand nombre dans la Taille
préfente.

OBJECTION XXIV.

Dans les Baux à moitié, vous donez le droit d'eſtimer aux Colecteurs & au Fermier, qui n'a point fait ſa déclaration, le droit de plainte contre l'excès de cette eſtimation ; vous rendez ainſi la condition de ces ſortes de Baux un peu moins bonne que celle des Baux à prix d'argent, afin de porter peu à peu les Fermiers à ne vouloir prendre à Ferme qu'à prix d'argent ; dependant beaucoup de Proprietaires y trouvent de l'avantage : Or vous leur faites perdre cet avantage, en convertiſſant ainſi leurs Baux en Denrées en Baux à prix d'argent.

R E P O N S E.

1°. Dans le ſyſtême de la Taille arbitraire, la Loy done auſſi au Colecteur le droit d'eſtimer le revenu anuel de la Métairie du *Fermier à moitié*, & le droit de plainte à ce Fermier ; ainſi de ce côté-là les choſes ſont égales entre les deux ſyſtêmes : mais dans la Taille arbitraire il n'y a aucun point fixé, qui borne la vexation même à quatre piſtoles de trop ; & ce Fermier vexé ne peut avoir juſtice qu'en faiſant un Procès en ſurtaux à un Taillable riche protegé, favoriſé, & qui ſouvent eſt ſon Creancier ; au lieu que dans la Taille Tariſée la vexation eſt bornée, & ne peut jamais être que de très-peu d'importance, comme de huit ou dix francs de plus ou de moins ſur une Ferme de cinq ou ſix cens francs.

2°. Le Fermier à moitié a la liberté d'eſtimer ſa Métairie par ſa déclaration ; & s'il l'eſtime juſte, il n'a rien à craindre de la part des Colecteurs ; ainſi tout Fermier à moitié a un moyen infaillible, en déclarant la verité, de ſe garantir de toute injuſtice ; merveilleux avantage, qu'il n'auroit pas dans la Taille arbitraire.

3°. Une preuve démonſtrative que, à tout prendre, le Proprietaire n'a nul avantage dans le Bail à moitié, qu'il ne reçoive par équivalent du Bail à prix d'argent, c'eſt que tous les Proprietaires, comme dans les nouvelles Colonies, ont comencé à recevoir en payement les Denrées du cru de la terre ; & après de longues experiences des peres & des enfans,

lorſque

lorfque l'argent a eu du cours, & que l'on a pû dans les Foires & dans les Marchez convertir facilement les Denrées en argent, & l'argent en Marchandifes & autres Denrées meilleures que celles de fon cru, prefque tous les Proprietaires ont opté le Bail à prix d'argent ; c'eft que tout s'apretie avec le prix du Bail plus ou moins grand : c'eft un grand *perfeétione-ment* pour les Baux d'être mis à prix d'argent ; c'eft donc avancer ce *perfeétionement* que de trouver un moyen de faire convertir peu à peu en argent les Baux, qui font encore en Denrées.

4º. Si l'on compare le nombre des Baux des Terres & des Moulins du Royaume faits à prix d'argent, contre le nombre des Baux des Terres & des Moulins à Denrées , on trouvera qu'il y a vint Baux à argent contre un Bail à Denrées ; ce qui montre que les Proprietaires , qui font toûjours maîtres de ces fortes de conditions, trouvent à tout pefer, un plus grand avantage à la condition du payement en argent, qu'à la condition du payement en Denrées ; & il y a toute aparence que les dix-neuf font une fuputation plus jufte que le vintiéme, en fupofant efprit égal & atention égale à bien fuputer , c'eft à dire à ne rien oublier dans leur fuputation.

OBJECTION XXV.

Il y a beaucoup de Taillables qui ne favent pas écrire ; & beaucoup de petits Baux, depuis vingt fous jufqu'à dix francs, coûteront trop devant Notaires, par raport à leur prix , ce qui eft un inconvenient.

REPONSE.

1º. On poura dans la fuite laiffer liberté de ne faire que des Baux verbaux, lorfqu'ils ne pafferont point dix livres ; ce font de ces chofes dont on conoîtra le meilleur parti par l'experience.

2º. On peut déroger en cette ocafion feulement à l'Article de l'Arrêt du Confeil, qui empêche ceux qui ne favent pas figner, de faire leur marque devant deux Témoins.

N

OBJECTION XXVI.

Afin qu'un établiſſement ſoit parfait, il eſt à propos qu'il ne porte point de préjudice à ceux qui en ont la principale direction. Or celui-ci ne ſeroit-il point préjudiciable aux Receveurs généraux.

REPONSE.

1°. Il eſt certain que pour faire leurs payemens réguliers, ils ſont forcez d'emprunter des ſommes conſiderables à intérêt. Or il eſt viſible que la proportion operera un Récouvrement beaucoup plus prompt & plus facile, & qu'ainſi ils n'auront pas ſi ſouvent beſoin d'emprunter à perte de ſi groſſes ſommes pour faire tous les mois leurs payemens réguliers.

2°. Il eſt vrai que les Paroiſſes & les Fermiers des Receveurs généraux ſeront peut-être un peu plus chargez par l'établiſſement des Tarifs & par la ceſſation des diſproportions ruineuſes, & que de ce côté-là ils pourront perdre quelque choſe : mais il n'eſt pas moins vrai qu'ils ſeront par la facilité de leurs Recouvremens & par l'utilité commune de la Nation, avantageuſement récompenſez de la ceſſation d'un petit profit perſonel, dont ils ne ſauroient joüir ſans injuſtice, & ſans ruiner pluſieurs pauvres familles.

OBJECTION XXVII.

Les Oficiers des Elections, des Cours des Aides, des Parlemens, du Conſeil, les grands Seigneurs, qui ont beaucoup de crédit, profitent preſque tous de ces diſproportions, par la protection qu'ils donent à leurs Paroiſſes & à leurs Fermiers, ils profitent du déſordre ; donc beaucoup de gens de crédit tâcheront de décréditer un établiſſement qui rétabliroit l'ordre, la juſtice & la proportion.

REPONSE.

1°. Il n'y a jamais eu de Reglement pour faire ceſſer un

grand defordre, qu'il n'y ait eu beaucoup d'opofition de la part de ceux qui profitent de ce defordre : on a toûjours entendu leurs raifons & leurs objections ; mais quand ces objections ont paru frivoles, le Confeil a coûtume d'aler au bien de l'Etat, & par confequent à l'obfervation de la juftice.

2°. Ce qu'ils gagnent par la difproportion n'eft pas la dixiéme partie de leur revenu ; & encore la protection qu'ils donent injuftement à leurs Fermiers, leur coûte des foins, au lieu que par le fyftême de la proportion il y auroit un cinquiéme plus de confommation de denrées, ils trouveroient des Fermiers plus riches & en plus grand nombre, qui encheriroient leurs Fermes à l'envi, & qui cultiveroient bien mieux les terres ; ainfi les droits de Dixmes & de Champart, qui apartiennent au Clergé & à la Nobleffe augmenteront, ainfi en gros le prix des Fermes augmenteroit en peu d'anées d'un quart. Or n'eft-il pas plus avantageux à un Seigneur, qui abufe de fon crédit, d'employer ce crédit à faire recevoir un Projet équitable, qui augmentera fon revenu d'un quart, qu'à faire fubfifter un établiffement plein d'injuftice, où fon crédit ne lui procure qu'un dixiéme de plus fur le prix de fes Baux ; profit injufte & ruineux pour les pauvres Habitans des campagnes : & n'eft-ce pas au Souverain prudent, quand les Sujets ont des opinions fauffes, de leur procurer par fon autorité divers avantages, malgré leurs erreurs & leurs opofitions ?

3°. Avec un peu d'humanité on reçoit une veritable joye d'avoir eu le bonheur de faire ceffer les pleurs de quelques familles affligées ; les perfones compatiffantes qui font leur plus grand plaifir de diminuer les malheurs & les peines des familles qui foufrent ; ces ames bien nées qui s'ocupent volontiers à foulager & à confoler les pauvres, regarderoient comme un grand bonheur, fi l'effet de leurs foins & de leurs aumônes pouvoit s'étendre fur un plus grand nombre de malheureux.

Ces confiderations me font efperer que non-feulement dans le Confeil & parmi les Intendans, mais encore dans le Clergé, dans la Nobleffe & parmi les Magiftrats, il fe trouvera un grand nombre de gens de vertu qui, fi l'ocafion s'en préfente, feront tous leurs eforts pour contribuer à faire ceffer non pour

N ij

un an, mais pour toûjours la malheureuse source de ces grandes afflictions qui acablent tous les ans plus de dix-neuf cens
mille familles Françoises.

OBJECTION XXVIII.

Pierre Taillable de saint Pierre, Election de Valogne en
basse Normandie, où la journée du Journalier est à huit sous,
baille à Ferme un Pré de vingt-cinq arpens par cinq cens
livres, & paye cent livres de Taille pour son Pré. Paul Taillable de Canteleu, Election de Roüen, où la journée du Journalier est à seize sous, baille à Ferme un Pré de douze arpens
& demi par cinq cens livres, & paye aussi cent livres de
Taille pour son Héritage ; il semble que Paul, à qui il reste
quatre cens livres, demeure aussi riche que Pierre, cependant
il s'en faut la moitié ; car il est dans un peïs où pour deux
cens livres on n'a que la même quantité de denrées, que l'on
a pour cent livres chez Pierre : donc Paul pour payer en proportion de Pierre, ne devroit payer que cinquante livres ;
cependant par vôtre Tarif ils payent tous deux cinq cens
livres : donc réellement ils payent également, & par conséquent dans une grande disproportion.

REPONSE.

Ils payent tous deux pareille somme d'argent, mais non
pas pareille valeur ; l'objection vient d'une équivoque sur la
somme, c'est que pareille somme d'argent n'est pas de pareille
valeur par tout ; elle vaut le double en un lieu de ce qu'elle
vaut dans un autre : l'argent est une Marchandise comme le
vin, il vaut moins là où il est moins rare, & là où il est en
abondance : La journée du Journalier d'un Vilage près de
Lima au Perou, ne done pas plus d'ouvrage que la journée
d'un Journalier de saint Pierre-Eglise, l'une vaut bien l'autre ; elle se paye une once d'argent au Perou, & ne se paye
que huit sous ou la huitiéme partie d'une once d'argent à
saint Pierre ; le Journalier du Perou est-il plus cherement
payé que le Journalier de saint Pierre ? Non, parce qu'avec
sa *piéce* d'argent de huit au marc, ou avec *sa piéce de huit*,

comme ils l'apelent, il ne peut pas avoir plus de denrées &
de marchandises à son usage, que le Journalier de saint Pierre-
Eglise en a avec une piéce d'argent, qui vaudroit huit sous,
ou la huitiéme partie de cette once d'argent.

2º. Les cent livres du Taillable de l'Election de Roüen ne
valent réellement à Roüen que ce que valent cinquante livres
dans l'Election de Valogne ; aussi le Pré de Pierre de vingt-
cinq arpens n'est loüé que cinq cens livres, quoi qu'il raporte
dix milliers de foin ; & le Pré de Paul, quoique la moitié
moins grand, & quoiqu'il ne raporte que cinq mille bottes de
foin, ne laisse pas d'être loüé aussi cinq cens livres près de
Roüen.

Je sai bien qu'en payant chacun cent livres, ils payent une
somme très-égale, mais une valeur très-inégale ; il y a moitié
de diference, cependant ils payent tous deux en proportion
du produit de leur Pré ; le revenu de leurs deux Prez est égal
en argent, mais il n'est pas égal en valeur de denrées ; le Pré
de Pierre produit le double de foin que celui de Paul, mais
le foin vaut chez Pierre la moitié moins d'argent que chez
Paul : ainsi Pierre pour payer cent livres, est forcé de vendre
deux mille bottes de foin, au lieu que Paul pour payer pareil
poids d'argent ou pareille somme de cent francs, n'est forcé
que de vendre mille bottes : ainsi Pierre en ne payant que
cent livres, ne laisse pas de payer toûjours en même proportion que Paul ; donc le Tarif a égard à l'inégalité de richesse
réelle, qui est entre eux ; il conserve la proportion, qui y doit
être pour le payement de leur part du Subside, qui se leve en
argent.

3º. Ce que l'on peut conclure avec raison, c'est que ces
deux Taillables, qui paroissent également riches par le prix
de leurs Baux, ne sont pas en effet également riches en fonds
de terre ; Pierre a 25 arpens de Pré, & Paul n'en a que douze
& demi de pareille nature de foin ; ainsi Pierre est réellement
plus riche de moitié que Paul : mais en payant cent livres, il
paye aussi réellement moitié plus que Paul ; parce qu'avec
cent livres chez Pierre, on a moitié plus de foin & d'autres
denrées que chez Paul, donc la proportion est gardée entre
eux ; parce que tous deux payent la cinquiéme partie de leur
revenu, soit en argent soit en foin, quoique l'un soit en den-

N iij

rées la moitié plus riche que l'autre ; ce qui est la richesse la plus réelle.

4°. Cent francs dans l'Election de Pierre valent deux cens francs dans l'Election de Paul , ainsi Pierre paye réellement le double de Paul ; & la preuve, c'est que si Pierre passe dans la Paroisse de Paul avec vingt-cinq arpens de Pré , il afermera ce Pré mille livres , & payera deux cens livres en suivant le Tarif ; parce que ce Pré dans la Paroisse de Paul lui vaudra le double d'argent de ce que le Pré de douze arpens & demi vaut à Paul. Si Paul avec un pareil Pré de douze arpens & demi passoit dans la Paroisse de Pierre, il ne l'afermeroit que deux cent cinquante livres , & ne payeroit que cinquante livres : il n'y a donc pas d'égalité de valeur dans les deux sommes de cent livres que payent ces deux Taillables, mais il y a toûjours proportion , & c'est ce que nous cherchons, & ce qu'opere nécessairement le Tarif ; ainsi nos deux Taillables, quoi qu'inégalement riches en payant chacun cent livres, sont traitez également, c'est à dire avec une égale proportion.

5°. Suposé que le Roy levât la cinquiéme partie du produit de ces deux Taillables, celui de Pierre doneroit deux mille bottes au Roi, celui de Paul mille, ce qui ne feroit pas égal, mais seulement proportioné à la grandeur de leurs deux Prez, dont l'un est double de l'autre, & tous deux suposez égaux, non en grandeur, mais en bonté, Or que le Roy au lieu de leur demander le foin en espece , leur en demande la valeur ou le prix par estimation en argent , tous deux doneront cent livres, qui est une somme égale d'argent ; parce que dans la Paroisse de Paul les denrées y sont plus cheres du double , ou l'argent y est moins cher du double que chez Pierre.

6°. Il est certain que le revenu réel de ces deux Taillables est le foin que leur produisent leurs Prez : or le produit du Pré de Pierre est le double , donc le revenu de Pierre est le double. Je sai bien que le droit du Roy payé , il reste à Pierre pour entretenir sa famille le double de ce qui reste à Paul pour entretenir la sienne : mais l'intention de la Loy n'est pas de rendre la fortune des Taillables égale , ni leurs revenus réels égaux ; au contraire, l'intention de la Loy est, qu'après le Subside levé, ils demeurent en même proportion qu'ils étoient avant la levée du Subside,

Or comme le revenu réel de Pierre étoit double de celui de
Paul avant la levée du Subfide, il demeure encore plus grand
du double après le Subfide levé : car avec quatre cens livres
qui lui reftent, il a pour entretenir fa famille le double de
ce qu'a Paul pour entretenir la fienne, à caufe du prix des
denrées néceffaires pour cet entretien, qui font moins cheres
du double chez lui que chez Paul.

7°. La cherté des denrées chez Paul vient de deux caufes ;
c'eft que les denrées à proportion du peuple, y font moins
abondantes d'un quart que chez Pierre, & que l'argent qui
roule dans le comerce y eft plus abondant d'un quart que chez
Pierre. Roüen eft un grand peuple, qui eft obligé de tirer
fa fubfiftance des endroits éloignez : or il faut que ces denrées que l'on y aporte, payent les hommes & les chevaux qui
les y portent ; & le prix des denrées des Paroiffes voifines fe
met bien-tôt au prix des denrées, qui y arivent des Paroiffes
éloignées.

8°. Un Tarif eft parfaitement proportionel à tous égards
pour ces deux Taillables, fi après la levée du Subfide fuivant
ce Tarif, leur revenu demeure dans la même proportion à
tous égards, qu'il étoit avant la levée. Or quelle étoit la
proportion qui étoit entre Pierre & Paul à l'égard de leur
revenu en denrées avant la levée des quatre fous pour livre,
c'étoit une proportion du double au fimple de dix mille bottes
à cinq mille ? Quelle étoit la proportion qui étoit entre eux
à l'égard de leur revenu en argent, c'étoit une proportion
d'égalité ?

Or premiérement ôtez à chacun des deux les cent livres du
Tarif, ne leur refte-t-il pas à chacun quatre cens livres ? Ainfi
par raport au revenu en argent, n'eft-ce pas la même proportion d'égalité confervée ? En fecond lieu, Pierre avec fes
quatre cens livres peut avoir à faint Pierre le double de denrées propres à la fubfiftance de fa famille ; & Paul avec fes
quatre cens livres ne peut avoir que la moitié de ces denrées
à Canteleu, près de Roüen, pour la fubfiftance de la fienne :
Ne voyez-vous pas encore, par raport à leur revenu en denrées, la proportion du double au fimple parfaitement confervée ?

Donc le Tarif de quatre fous pour livre eft à tous égards

parfaitement proportionel ; *ce qu'il faloit démontrer.*
On a parlé encore de cette matiére dans l'Objection 2.

Si je me suis tant arêté à cette Objection, c'est qu'un homme d'esprit n'avoit pas d'abord compris la solidité de ma premiere Réponse, c'est à dire l'éclaircissement de la dificulté.

Je sai bien que Canteleu sur Seine, est dans la banlieuë de Roüen, & qu'au lieu de Taille les Habitans y payent les droits d'Entrée : mais comme la journée du Journalier y est plus chere du double que celle du Journalier de saint Pierre, cela m'a sufi pour avoir ocasion de discuter la comparaison, qui fait tout le fondement de l'Objection.

OBJECTION XXIX.

Je ne disconviens pas que les Tarifs ne soient des points fixes absolument nécessaires pour garantir les Taillables des disproportions ruineuses : mais par les Tarifs proposez les Journaliers paroissent trop peu chargez, les Proprietaires & les Fermiers trop chargez. Or si les Journaliers ne sont pas assez chargez, ils ne voudront pas travailler, si on ne leur paye pas leur journée un quart, une moitié plus cher : ils deviendront fiers, insolens, & voudront faire la loy pour le prix de leurs journées, & leur travail diminuera ; ce qui sera une grande perte pour l'Etat.

RÉPONSE.

1°. On m'a fait une Objection contradictoire. La voici.

Par les Tarifs proposez, les Fermiers & les Proprietaires sont trop favorisez, les Journaliers trop chargez. Or si les Journaliers sont si chargez, qu'ils ne puissent esperer de rien amasser au bout de l'anée, ils vivront comme les esclaves au jour la journée ; ils se laisseront aller à la paresse, leur travail diminuera, ce qui sera une grande perte pour l'Etat.

On voit par ces deux Objections, que pour engager les Journaliers au travail, il ne faut pas les charger trop, de peur de les décourager ; & qu'il ne faut pas les charger trop peu, de peur qu'ils n'ayent pas un besoin sufisant de travailler pour subsister. Or si l'on veut prendre garde au calcul de ce qui

peut

peut refter au bout de l'an au Journalier, on verra qu'en travaillant tous les jours, il ne lui refte que très-peu, fa Taille payée; mais qu'il peut efperer d'amaffer de quoi avoir une Vache, & cette efperance eft pour lui un grand reffort pour continuer & augmenter fon travail.

2°. Il n'eft pas douteux que les Billets de Banque & la Quittance que le Roy a donnée des reftes de la Taille & autres Impofitions, ayant aquité les Journaliers, ils font devenus plus fiers & moins difpofez à doner leurs journées à prix raifonable, mais c'eft un efet paffager d'une caufe paffagere; ils reviendront tous, & font même déja revenus la plûpart au befoin preffant de l'entretien de leurs familles; & fi quelques-uns par quelque profit qu'ils ont fait, difputent encore fur le prix de leurs journées, les Journaliers leurs voifins plus preffez qu'eux par la néceffité, acceptent l'ofre de travailler, & mettent ainfi peu à peu les autres dans la néceffité de remettre leurs journées à un prix raifonable.

OBJECTION XXX.

Par vos Tarifs fur les Proprietaires & fur les Fermiers, vous changez en partie la Taille perfonelle en Taille réelle.

RE'PONSE.

Je conviens que cette métode s'aproche de la Taille réelle; mais comme je l'ai expliqué au long dans les Réponfes à l'Objection 14. elle en a tous les avantages, fans en avoir les défauts & les inconveniens.

OBJECTION XXXI.

Ne craignez-vous point que vôtre Projet ne déplaife à quelques Intendans, qui font fort aifes d'avoir le pouvoir d'augmenter ou de diminuer la Taxe des Paroiffes?

RE'PONSE.

Les Intendans n'ont que des intentions droites pour le

O

fervice du Roy & de l'Etat, & pour faire obferver la Juftice &
la proportion ; ainfi ils feront ravis de fortir hors de la néceffité de fe faire des ennemis, en refufant des demandes injuftes
à des perfonnes puiffantes, & hors de la néceffité de faire
des injuftices, faute de conoiffance *fufifante* des revenus
des Paroiffes.

OBJECTION XXXII.

La dixme Royale eft un fyftême propofé par feu M. le
Maréchal de Vauban ; on y a ajoûté depuis les Taxes pour
le travail & l'induftrie & pour les beftiaux : il a été établi
dans la Généralité de la Rochelle, dans l'Election de Niort,
Généralité de Poitiers, & dans l'Election de Pont-l'Evêque,
Généralité de Roüen : pourquoi ne pas fuivre ce plan ?

REPONSE.

Ce plan eft bon, & à tout prendre, meilleur que la Taille
arbitraire ; mais on l'a trouvé fujet à plufieurs inconveniens :
je croi qu'il ne feroit pas impoffible d'y aporter des remedes,
ou du moins de les diminuer confiderablement ; mais il fuffit
que le Confeil l'ait rejeté, & qu'il en demande un plus fimple,
& qui ne foit point fujet à de femblables inconveniens.

OBJECTION XXXIII.

Je croi bien que par l'établiffement de la Taille Tarifée,
les Taillables vont en peu d'anées augmenter leurs biens &
leurs revenus : mais cette richeffe que vous defirez de leur
procurer, & que vous leur procurerez infailliblement, eft
elle-même une chofe fort à craindre pour la Nobleffe, &
même pour la tranquilité de l'Etat : ils feront riches, ils n'auront pas plus de dépendance pour le payement de leurs Subfides que les Bourgeois d'une Ville Tarifée. Or de leur in-
dépendance & de leurs richeffes naîtra leur infolence à l'é-
gard des Gentilshommes, & leur defobéiffance à l'égard de
la Cour ; ils feront moins foûmis à mefure qu'ils feront plus
riches.

RE'PONSE.

1°. La Noblesse qui vit dans les Villes avec les Bourgeois, n'est-elle pas plus agréablement & plus comodément à tout prendre dans une Ville riche que dans un Vilage ? Je conviens que les Vilages seront comme des Villes Tarifées, & que les Taillables seront plus à leur aise; mais le Gentilhomme n'en sera que plus commodément lui-même : N'y a-t-il pas toûjours incomparablement plus de secours & de comoditez à tirer de voisins riches que de voisins pauvres, prêts à tomber dans la mendicité ?

2°. La Noblesse & le Clergé possedent dans le Royaume les trois quarts des fonds de Terres : Or les Taillables, qui ont absolument besoin de les cultiver pour vivre & pour s'enrichir, peuvent-ils n'être pas toûjours dans une grande dépendance du Clergé & de la Noblesse ?

3°. Plus les peuples sont miserables, moins ils ont à risquer dans les révoltes ; & plus un homme peut avoir à perdre, plus il est éloigné de la desobéissance, qui le ruineroit totalement : ainsi ne doit-on pas conclure au contraire, que plus le peuple sera riche, plus il sera soûmis ? Il ne faut que de bonnes Loix au peuple riche pour le rendre tranquile, soûmis, & fort heureux ; au lieu qu'avec les mêmes Loix il a beau être tranquile & soûmis, il ne sauroit être que malheureux dans la grande pauvreté ; il est même impossible que la Noblesse & le Clergé, qui sont membres du même Corps politique, ne ressentent de fâcheux efets de la pauvreté du peuple : & d'ailleurs plus le peuple est pauvre, moins l'Etat en peut esperer de grands Subsides en tems de guerre.

4°. On a vû ci-dessus en quoi consistera l'abondance du Journalier, de l'Artisan même dans le systême de la proportion ; en verité n'est-ce pas plutôt diminution de pauvreté qu'augmentation de richesses ? Ce ne sera proprement qu'à l'égard du Clergé, de la Noblesse & des autres Exemts que les richesses augmenteront dans l'Etat.

5°. Le bas peuple de Holande est plus riche de moitié que le bas peuple de France, en est-il pour cela plus seditieux & moins laborieux ? On peut même établir pour maxime oposée,

que ceux qui n'ont rien à perdre , & qui esperent du change-
ment des afaires publiques , un changement heureux pour leurs
afaires particulieres , sont des Sujets incomparablement plus
disposez à la révolte, que les Sujets qui ont beaucoup à perdre.

OBJECTION XXXIV.

Le systême de la Taille arbitraire ne cause tant de disproportion & d'injustice, que faute de nommer aux Intendances
des hommes très-intelligens , très-laborieux & très-zelez pour
la justice & pour le bien public ; car il y a déja assez de bons
Reglemens, il ne s'agit que de les faire bien observer. Si, par
exemple, toutes les Intendances étoient gouvernées comme
l'a été celle de Limoges & de Languedoc par feu M. d'Aguef-
feau ; celle de Guyenne par feu M. de Bezons, il n'y auroit
aucune disproportion ni entre les Elections ni entre les Paroisses ni entre les familles, par raport à leurs revenus & à
leurs profits anuels ; il n'est donc point nécessaire de faire de
nouveau Reglement, il n'y a qu'à faire observer les anciens ;
& pour sauver tous les inconveniens de l'arbitraire , il n'y a
qu'à se borner à faire choix pour les Intendances, de Sujets
qui ayent assez de lumiere pour conoître la verité , assez de
fermeté dans la justice , & assez de zele pour le bien public.

REPONSE

1°. Je supose qu'il fût facile au Roi de choisir toûjours
trente d'Aguesseaux ou trente Bezons parmi les Maîtres des
Requêtes, pour placer dans les trente Intendances : je supose,
que par le plus grand bonheur du monde , la Cour eût taxé
chaque Généralité à proportion de ses forces , on va voir, qu'à
la verité les disproportions & les injustices seroient un peu
moins nombreuses, mais qu'il y en auroit encore un nombre
prodigieux, vû la multitude presque infinie de familles dont
il faudroit que l'Intendant conût *par lui-même exactement* les
revenus & les profits anuels : je dis *par lui-même* ; car s'il
est obligé de s'en raporter au témoignage de gens ou mal
instruits eux-mêmes, ou faciles à corompre , tels que sont la
plûpart des Elus & des Receveurs , il a beau être éclairé &

homme de bien, ſes lumieres & ſa probité ne lui ſervent preſque de rien en cette ocaſion.

2º. Prenons pour exemple la Généralité de la Rochelle,
où il n'y a que quatre Elections, y compris les trente Paroiſſes
de Marennes, il y a environ ſept cens Paroiſſes & quatre-vint
mille familles Taillables ; mais n'en ſupoſons que ſoixante-
dix mille, c'eſt à dire cent familles par Paroiſſe l'une portant
l'autre. Si quelque d'Agueſſeau veut être ſeur qu'aucune
Election de ſa Généralité ne ſera point ſurchargée à proportion de ſes revenus ou profits anuels, n'eſt-il pas évident qu'il
eſt abſolument néceſſaire qu'il conoiſſe exactement les revenus ou profits anuels de toutes les Paroiſſes qui compoſent
les quatre Elections de ſon Intendance ? Et n'eſt-il pas évident que pour conoître exactement les revenus de chaque
Paroiſſe, il eſt abſolument néceſſaire qu'il conoiſſe toutes les
ſortes de revenus & de profits anuels de chaque famille de
chaque Paroiſſe ?

3º. Or pour conoître exactement toutes les ſortes de revenus & de profits anuels de cent familles, il faudroit qu'il paſ-
ſât au moins trois jours à verifier la déclaration de chaque
Taillable en préſence des autres Habitans, & à examiner les
conteſtations. Ne ſupoſons pour cela que deux jours par Paroiſſe, c'eſt bien peu ; cependant ſept cens Paroiſſes deman-
deront quatorze cens journées ; c'eſt à dire, qu'il faudroit
environ quatre ans pour un Intendant à ne travailler qu'à
cette Répartition : cependant outre la Taille, il y a dans
une Intendance beaucoup d'autres afaires importantes à
regler.

Cette diſcuſſion n'eſt donc pas praticable pour un Intendant ; & M. de Bezons lui-même a été dans la néceſſité de
ſe livrer aux Elus & aux Receveurs des Tailles, pour conoître la force & les revenus des Paroiſſes ; & dans la néceſſité
de ſe livrer aux Colecteurs, pour conoître les revenus des
familles de chaque Paroiſſe. Or n'eſt-ce pas ſe livrer très-
ſouvent ou à l'ignorance ou à la coruption même ? Or en ce
cas que peut-on en atendre que les plus énormes diſproportions telles qu'elles ſont ?

4º. Il eſt viſible qu'il eſt abſolument impoſſible à un Intendant de faire tout lui tout ſeul : il faudroit quatre Bezons

dans la petite Intendance de la Rochelle , il en faudroit le double dans la plûpart des autres ; ainſi au lieu de trente Bezons pour tout le Royaume, que demande celui qui propoſe ce bel expedient , il en faudroit plus de cent cinquante.

5°. Il faudroit qu'un Intendant ſe réſolût à être lui-même le Répartiteur perpétuel de chaque Paroiſſe de ſon Intendance. Or qui eſt ce qui voudroit être Intendant à condition de paſſer ſa vie à ne faire que le métier des Coleſteurs ? Car on ſait qu'il faut changer tous les ans pluſieurs choſes dans la Répartition de l'anée précedente, à proportion des changemens infinis qui arivent en diferentes manieres dans les familles des Taillables, par des morts , des mariages, des ſucceſſions, des incendies, des grêles, des pertes de procès, des changemens de demeure, &c.

6°. M. de Bezons lui-même a-t-il jamais tenté un ſemblable travail ? Et cependant ſans un pareil travail, comment pouvoit-il jamais être ſeur de proportioner le Subſide entre les Eleſtions & entre les Paroiſſes & entre les familles de ſa Généralité ? Or s'il ne l'a pas tenté , c'eſt qu'il a vû que dix hommes comme lui ne ſuſiroient pas dans une Généralité de plus de dix-huit cens Paroiſſes ; & un homme ſage ne tente pas l'impoſſible.

7°. S'il eſt vrai d'un côté, que la Taille arbitraire produira toûjours une infinité de diſproportions injuſtes & ruineuſes, tant que les Intendances ne ſeront pas toutes remplies d'excellens Intendans, & en nombre cinq fois plus grand qu'ils ne ſont ; & ſi d'un autre côté il eſt impoſſible d'employer dans le Royaume un ſi grand nombre d'excellens Intendans , il s'enſuit qu'il eſt réellement impoſſible de rectifier tellement ce malheureux ſyſtême , qu'il ne produiſe pas tous les ans une infinité de diſproportions ruineuſes pour le corps des Taillables, pour le corps de la Nobleſſe & du Clergé, & par conſequent pernicieuſes pour l'Etat.

8°. Le ſyſtême de la Taille Tariſée eſt tout diferent, & ne laiſſe preſque rien à faire à l'Intendant pour la Taille : on n'a plus beſoin dans ce ſyſtême ni du grand travail ni de la grande capacité, ni de la grande patience , ni de la grande juſtice d'un excellent Intendant pour la Répartition ; c'eſt qu'il eſt

impoſſible qu'il charge jamais par ignorance ni par complai-
ſance une Election ni une Paroiſſe plus qu'une autre à proportion de leurs forces : il eſt impoſſible qu'une famille ſoit
plus chargée qu'une autre à proportion de leurs revenus réci-
proques ; auſſi c'eſt dans les deſirables efets de cette proportion perpétuelle & néceſſaire de ce ſyſtême, & dans les terribles efets de la diſproportion perpétuelle & néceſſaire de
l'autre ſyſtême, que conſiſte leur extrême diference.

OBJECTION XXXV.

Je comprens bien que les Curez ne crieront pas contre ce
Projet, parce que la grande ſource des diviſions & des haines
entre les Taillables venoit de la Répartition arbitraire des
Colecteurs, & parce que le Clergé a preſque toutes les dixmes.
Or par ce Projet il y aura beaucoup plus de Terres cultivées
& beaucoup mieux cultivées ; ainſi le Clergé une fois inſtruit,
ſoûpirera après l'exécution du Projet.

Mais il n'en ſera pas de même de la Nobleſſe ; il y a en
France environ cinquante mille familles nobles, dont il y en
a bien trente-cinq mille qui ont leurs Terres en péïs d'E-
lection : je ſai bien que de ceux-là il y en aura plus de trente-
trois mille dont les Paroiſſes & les Fermiers ſoufrent, & ſont
trop chargez, faute de protection de la part de leurs Maîtres ;
ceux-là ſoûpirent après la juſtice & la proportion ; mais ils
ſoûpirent inutilement ; tant que la Cour n'écoutera point
leurs ſoûpirs, & tant qu'elle n'écoutera que la voix de deux
mille familles tant d'Epée que de Robe, qui ſeules ont du
crédit, & qui par conſéquent ont ſeules le pouvoir de ſe faire
entendre.

Tous ont leurs Receveurs dans leurs Terres, & tous ces
Receveurs, qui payent à peine les uns une piſtole, les autres
deux dans la Taille arbitraire, voyant que ſi la juſtice & la
proportion ſont obſervées par la Taille Tarifée, ils vont en
payer les uns dix, les autres vint, crieront tous d'une voix,
chacun à leur Maître, que ce Projet eſt pernicieux pour le
comerce, qu'il va faire abandoner tous leurs Fermiers, que
les Maîtres ſeront obligez de diminuer la Taille de leurs
Fermiers ſur le prix de leurs Baux, que cette diminution di-

minueroit leur revenu d'un quart. Or comme la plûpart des
Seigneurs n'auront pas conoiſſance ſufiſante du Projet & des
efets avantageux qu'il produira dans leurs Terres, ils agiront
tous de concert pour le faire échoüer ; & à force de clameurs
& de propoſitions fauſſes & ſans preuves, ils empêcheront la
juſtice d'être écoutée au Conſeil.

REPONSE.

1°. Je conviens que ſi les membres du Conſeil n'ont pas
tous lû avec atention le Mémoire de la Taille Tarifée, ils
pouront ſe laiſſer prévenir aux clameurs & aux lieux communs des perſones de crédit : mais s'ils ont tous lû le Mémoire
avec atention, s'ils ont vû combien les raiſons de ceux qui
ſoûtiennent le ſyſteme de la diſproportion, ſont frivoles, &
combien de grands inconveniens cauſe ce ſyſtême à l'Etat &
aux Particuliers, & même à ceux qui crient le plus haut ; le
Conſeil qui verra qu'ils avancent quantité de propoſitions
fauſſes ſans preuves, pour éblouïr, qu'ils ne répondent point
par articles aux démonſtrations ſenſibles du nombre & de la
grandeur de ces inconveniens, jugera en même tems, que
plus leurs clameurs ſont grandes, plus ils profitent actuellement du déſordre : ainſi il ſera d'autant plus porté à le faire
ceſſer, & à prendre malgré eux le parti de la juſtice, qui dans
la ſuite ſe trouvera de beaucoup meilleur pour eux.

2°. Le Conſeil pour agir encore avec plus de prudence,
peut remettre à faire le Réglement général après divers eſſais,
qu'il en poura faire dans diférentes Elections de diférentes
Provinces, par des Intendans habiles & gens de bien, qui
veüillent bien voir tout par eux-mêmes : car il faut avoüer,
que ſi les Secretaires & les Receveurs particuliers n'ont pas
de pareils ſurveillans, ils feront la plûpart tout leur poſſible
pour empêcher le ſuccès de ces eſſais, puiſque la plûpart
s'enrichiſſent dans le déſordre & par la multiplication des
frais ; au lieu que plus le Recouvrement ſe fait avec ordre
& avec facilité, plus il leur ſera dificile de continuer leurs
injuſtes profits. Or d'un côté avec pareils eſſais, le Conſeil
ne riſque rien ; & de l'autre il en marchera plus ferme vers
l'obſervation de la juſtice.

3°. Y a-

3°. Y a-t-il des disproportions dans la Taille arbitraire entre Généralité & Généralité, entre Election & Election, entre
Paroisse & Paroisse, entre famille & famille, entre Fermier
& Fermier, ou bien n'y en a-t-il aucune ? S'il y en a, est-il
plus à propos d'y aporter du remede, que de n'y en pas aporter ? S'il faut y aporter du remede, en avez-vous quelque
autre que l'usage des Tarifs & des déclarations justes & volontaires ? Que risque-t-on d'en faire plusieurs essais dans
plusieurs Elections ? Si tel Tarif est trop haut, si tel Tarif est
trop bas, qu'on les modifie, à la bonne heure ; mais ce seront
toûjours des points fixes, des points uniformes : & pourvû
que toutes les Paroisses, que tous les Fermiers, que tous les
Proprietaires soient taxez suivant leurs revenus, & soient
toûjours traitez suivant la même regle, aucun d'eux aura-t-il
sujet de se plaindre ? Vaut-il mieux continuer le desordre
que de le faire cesser ? Voila ce que l'on peut répondre en
général aux clameurs de ceux qui ne prouvent aucune des
propositions générales qu'ils avancent contre ce Projet.

4°. En quoi consiste le Projet de la Taille Tarifée, à un
seul point ? C'est de donner à tout Taillable le moyen de ne
plus craindre les Taxes excessives & ruineuses ; & ce moyen,
c'est la liberté de déclarer ses divers revenus ou gains anuels.
Or quel prétexte peut prendre un Seigneur pour s'oposer à
cet azile que la Loy done au Taillable non protégé contre le
Taillable protégé.

OBJECTION XXXVI.

Ces Receveurs des Seigneurs, ces riches Taillables protégez, *ces Coqs de Paroisses*, que vous alez faire payer beaucoup
par la proportion, prêtoient à plusieurs Taillables, & sur tout
aux Colecteurs dans leurs besoins, & soûtenoient ainsi plusieurs familles, qui sans ces secours auroient souvent sucombé :
Il est vrai qu'ils s'assuroient par ces prêts de la voix de la plûpart des Colecteurs dans la Répartition, pour être moins taxez
qu'ils ne devoient. Or si par la Répartition proportionée ils
sont obligez de payer les uns cent livres, les autres deux cens
livres, au lieu de dix francs & de vingt francs qu'ils payoient,
ils ne pourront plus secourir par leurs prêts plusieurs pauvres

familles ruinées, & ne prêteront plus aux Coleƈeurs, qui n'auront plus le pouvoir de les favorifer ; vous ôtez donc ce fecours à ces pauvres familles.

RÉPONSE.

Quelles font les fources de la ruine de ces pauvres familles, qu'afﬁﬅent *ces Coqs de Paroiʃʃe* ﬁ puiﬄament protégez ; cette ruine ne vient-elle pas de diverfes Impoﬁtions exceﬀives & difptoportionées ? Or d'où viennent ces Impoﬁtions exceﬀives, ﬁnon de ce que ces riches ne portent pas leur part proportionée du Subﬁde ? Et d'où viennent ces fommes qu'ils prêtent, & fouvent à ufure, ﬁnon de la foibleﬂe de leurs Taxes ? Etabliﬂez la proportion, il fera vrai que ces *Coqs de Paroiʃʃe* ne prêteront plus : mais comme il n'y aura plus de familles ruinées, elles n'auront plus befoin que ce *Coq de Paroiʃʃe* leur prête rien, parce qu'elles auront tout ce qui leur apartient ; & parce qu'il ne prendra plus ce qui leur apartenoit ; plaifante maniere de fecourir les pauvres, que de leur enlever de quoi leur prêter.

OBJECTION XXXVII.

Nos peres étoient plus fages & plus habiles que nous, ils fe font bien paﬂez de vôtre invention des Tarifs ; pourquoi ne nous en paﬂerions-nous pas ? Ils ont bien vêcu fans rien changer à la Répartition arbitraire des Coleƈeurs ; il y a toûjours eu des injuﬅices & des difproportions, il y a long-tems que les Taillables font acoûtumez à les fuporter ; & quand il feroit utile de faire quelques changemens dans la Répartition des Tailles, il ne feroit pas tems de leur rien propofer cette anée, que ce Subﬁde a été ﬁ fort augmenté ; les nouveautez font dangereufes, nous en avons fraîchement de triﬅes expériences : Croyez-moi, ne prétendons point être plus habiles que nos ancêtres ; ils ont pû voir auﬀi-bien que vous l'efet que pouroïent opérer les Tarifs, & cependant ils n'ont pas jugé à propos d'en faire aucun ufage : ne fongeons plus à de nouveaux établiﬂemens, contentons-nous de perfeƈioner & de reƈiﬁer les anciens.

REPONSE.

1°. Avec de pareils lieux communs on peut ébloüir les fots : mais ceux qui ont l'efprit jufte, voyent que ces lieux communs ou ne prouvent rien ou prouvent trop ; & que pour montrer qu'un Projet eft ou impraticable ou defavantageux, il faut fortir des maximes générales, qui font vrayes ou fauffes, felon les diverfes aplications que l'on en fait.

2°. Cette maxime, nos peres étoient plus fages & plus habiles que nous, peut avoir un fens vrai, mais elle peut en avoir un faux. Nos peres Gaulois, nos peres Francs étoient-ils plus fages & plus habiles que nous, foit du côté de la Religion, foit du côté des Arts, foit du côté des Siences, foit dans la Police & dans la Guerre ?

3°. Il faut fe boucher les yeux pour foûtenir que les Arts & les Siences humaines ne fe foient pas la plûpart très-perfectionez feulement depuis cent ans : il faudroit être bien opiniâtre pour foûtenir que l'efprit humain ne peut plus rien découvrir ni dans la Politique ni dans aucune autre Sience, & qu'un Gouvernement ne peut plus aquerir aucune efpece de perfection : auffi l'Auteur de l'Objection convient-il lui-même à la fin, que l'on peut perfectioner les anciens établiffemens.

4°. Les Coleges publics, les Meffageries, les Poftes, les Caroffes publics, ne font-ce pas des établiffemens utiles, perfone n'en difconvient ; cependant ils ont été des nouveautez, nos peres s'en font bien paffez, donc nous devrions nous en paffer, cela feroit-il bien conclu ? Ils ont pû en voir les efets comme nous, donc ils les ont vû en efer, donc ils n'ont pas jugé à propos d'en faire ufage : En verité ces conclufions font-elles juftes, font-elles raifonables ?

5°. Feu M. Colbert a établi à Paris les Lanternes & les Tombereaux pour ôter les boües, nos peres étoient plus fages que nous, ils s'en font bien paffez ; les nouveautez font dangereufes, c'eft un nouvel établiffement, donc il faut vivre dans l'obfcurité & dans les boües.

6°. Le feu Roy a vû les defordres que caufoit la chicane des Plaideurs, pour alonger & embroüiller les Procès, & les rendre immortels. Lorsqu'il fongea à y remédier par l'Ordonnance de 1667. ne pouvoit-on pas lui dire, que nos peres étoient plus fages & plus habiles que nous, qu'ils s'étoient bien paffez de Réformation dans la Procedure, que les nouveautez font dangereufes ; auroit-il bien fait de s'épouvanter de pareilles menaces ?

7°. Il y a cent quarante ans que l'on fentit, par une longue expérience, plufieurs défauts dans nos Loix Civiles, qu'il nous manquoit plufieurs Articles pour décider plufieurs cas ; qu'il y avoit dans nos Coûtumes plufieurs Articles contraires les uns aux autres, qu'il y en avoit d'obfcurs & pleins de termes équivoques : on travailla à les réformer, & cette Réformation fit tarir alors les fources d'un nombre prodigieux de Procès, cependant c'étoit alors une nouveauté ; toutes les nouveautez font dangereufes, nous nous en étions bien paffez jufques-là.

L'expérience depuis cent quarante ans, nous a fait remarquer plufieurs défauts confiderables dans le travail de ces premiers Réformateurs, conclurez-vous avec de pareils lieux communs, que nous ne devons pas fuivre l'exemple de nos peres, & perfectioner par confequent leur Réformation ?

8°. N'a-t-on pas trouvé de l'utilité dans l'ufage de l'Emetique, du Quinquina, de l'Hypequequana, toutes nouveautez : faut-il donc rejeter fans examen toutes les nouveautez ?

9°. Au refte, je ne propofe pas un autre Subfide que la Taille, je ne propofe que d'en perfectioner le Recouvrement, en ôtant l'ignorance & l'injuftice de l'arbitraire dans la Répartition des Colecteurs, & en ajoûtant des regles uniformes, fuivant lefquelles ils foient forcez de faire cette Répartition. Or y a-t-il autre chofe dans ce Projet, qu'une maniere de rectifier & de perfectioner *l'ancien établiffement ?* Quel danger peut-on jamais trouver à une pareille rectification, fur tout en prenant la précaution de faire des effais, qui ne coûtent rien & qui n'engagent à rien, & en donnant à tout Taillable le pouvoir, & la liberté de fe fauver des difproportions exceffives, en déclarant avec verité fes diferens revenus.

10°. Je comprens bien, que fous Loüis XII. fous François Premier, & fous plufieurs autres Regnes, lorfque le Subfide de la Taille étoit fort leger, le Roy pouvoit bien fe difpenfer de remédier à des difproportions qui n'étoient pas ruineufes : mais comme depuis ce tems-là ce Subfide a beaucoup augmenté, il eft vifible que fi à la pefanteur du fardeau général, on ajoûte encore la pefanteur particuliere des grandes difproportions, le nombre des familles qu'elles ruinent, augmentera à proportion que ce Subfide augmentera lui-même : ainfi avec la moindre lumiére du bon fens naturel, peut-on dire avec un peu de réflexion, que le tems dans lequel le Roy & les Taillables doivent moins fouhaiter un préfervatif contre la difproportion, ce foit le tems où le Subfide eft le plus grand & le fardeau plus pefant ?

OBJECTION XXXVIII.

Si vous ôtez des Vilages la difproportion & la vexation, plufieurs familles s'y retireront, & quiteront les Villes Tarifées, pour aler eux-mêmes faire valoir leurs Terres : Il eft vrai que leurs Terres en feront mieux cultivées, & que les enfans de ces nouveaux Colons augmenteront le nombre des bons Fermiers, qui encheriront à l'envi les Fermes de la Noblefse, du Clergé & des autres Exemts ; mais les campagnes ne fauroient profiter de leur féjour, que les Villes ne perdent à leur défertion : les droits du Roy fur les Entrées diminueront, les Marchands & les gens de Métier vendront moins.

REPONSE.

1°. Il eft vrai que ces nouveaux Colons ne payeront plus les Tarifs des Entrées dans les Villes, mais ils payeront les Tarifs de la Taille dans les campagnes.

2°. Il eft vrai que les gens de Métier & les Marchands des Villes y perdront quelque chofe ; mais les gens de Métier & les petits Marchands des Vilages & des Bourgs y gagneront ce que ceux des Villes y perdront, jufques-là l'Etat n'y perd rien ; & nous avons prouvé ailleurs combien il feroit utile à l'Etat que les Manufacturiers puffent établir leurs Manufactures dans les campagnes, par la comodité des Moulins, des bonnes eaux, & du bon marché des matiéres, des vivres & des ouvriers.

P iij

3°. Souvent ces Bourgeois étoient oisifs à la Ville, au lieu qu'eux & leurs enfans feront utilement ocupez à la campagne.

4°. Il est vrai qu'en faifant valoir eux-mêmes leurs Terres, ils donent congé à leurs Fermiers; mais ces Fermiers congédiez ferviront à encherir à l'envi les Fermes de la Noblesse & du Clergé, ou bien ils metront leurs efets en comerce, ce qui apportera un nouveau profit à la Paroifle.

5°. En général, il est de l'interêt de l'Etat d'augmenter le revenu des Sujets. Or fi d'une Ville de quatre mille familles, il en fort cent en quatre ou cinq ans, qui fe répandent en trente ou quarante Paroifles, on peut compter qu'il faut que ces cent familles après des fuputations exactes, ayent compris qu'elles vivroient avec plus de comoditez, & feroient plus de profits qu'à la Ville. Or n'est-il pas jufte, n'est-il pas du bien de l'Etat de leur procurer & ces comoditez & cette augmentation de profit; puifque plus elles s'enrichiront, plus elles payeront à l'Etat.

OBJECTION XXXIX.

Les Holandois font de tous les peuples ceux qui ont le plus d'atention à lever les Subfides de l'Etat de la maniere la moins préjudiciable au comerce, & la plus proportionée aux revenus de chacun; pourquoi n'avons-nous pas leur métode pour lever le Subfide fur les habitans des Vilages?

REPONSE.

J'ai remarqué dans les Reglemens du Subfide de la Province de Holande, que les Habitans de la campagne, comme ceux des Villes, payoient tous par un même Tarif, qui est le centiéme denier; car il n'y a point de meilleure métode que les Tarifs.

Il est très-important d'obferver que les Cabaretiers, les Fermiers, les Merciers, les Marchands & les autres petits Comerçans, ne font point taxez en Holande pour l'argent qu'ils peuvent avoir, ni pour les Marchandifes qu'ils mettent dans leur Comerce journalier, & qu'ils font valoir par leurs soins, par leurs voyages, & par les ventes & achats des Marchandises ; ils ont deux grandes raisons de politique pour en user ainsi : La premiere, c'est pour encourager plus de peuple à se tourner du côté du comerce, & à devenir tous les jours plus laborieux & plus industrieux : La seconde, c'est que ces petits Comerçans de campagne dès qu'ils ont amassé un bien considerable, se retirent dans les Villes, pour y avoir plus de comoditez, & pour comencer d'autres comerces plus lucratifs & moins pénibles que ceux de la campagne ; ainsi ces petits Comerçans des Vilages sont regardez en ce péïs-là comme la pepiniere des Comerçans des Villes ; & si nous ne traitons pas en France les petits Comerçans de la campagne aussi favorablement qu'ils sont traitez en Holande, c'est que nous ne conoissons pas si bien que les Holandois combien les grands & les petits comerces, quand ils sont fréquens, raportent de revenus aux Particuliers & à l'Etat.

Il ne me reste plus qu'une Observation à faire, c'est que les Estimateurs de ce péïs-là ne sont pas si interessez à découvrir les biens d'un Habitant d'une Paroisse, d'une Communauté ; parce qu'ici la Paroisse, la Communauté étant taxée, les autres Habitans sont interessez à lui faire porter tout son fardeau, de peur d'être obligez d'en porter partie ; & ces Paroissiens conoîtront toûjours plus exactement la valeur des biens de leur Paroisse que les plus habiles Estimateurs, qui en sont éloignez ; & voila par où nôtre métode de taxer les Paroisses, les Communautez, lorsque nous y aurons joint la métode des Tarifs, sera de ce côté-là portée à une plus grande perfection que la métode des Holandois, qui est de son côté fondée aussi sur des Tarifs, c'est à dire sur des points fixes & uniformes.

OBJECTION XL.

Je conviens que ce Projet peut faire conoître au Conseil avec exactitude le revenu & le profit anuel de chaque Généralité, de chaque Election, de chaque famille Taillable du Royaume, par les Résultats des Rôles Paroissiaux : je conviens que ces Rôles faits sur les déclarations des Taillables mêmes seront très-justes, parce qu'il y a des punitions sufisantes &

inévitables atachées à la non-déclaration & à la fauſſe déclaration ; & parce que les autres Habitans, qui en conoiſſent la
verité, ſont ſufiſament intereſſez à faire conoître le vrai, &
à faire punir le menſonge : Je conviens que ces Tarifs mis ſur
chaque eſpece de profit & de revenu des Taillables, produiront une Taxe néceſſairement proportionelle à ce revenu, &
qu'ainſi la Taxe demandée à la Paroiſſe étant répartie ſur
chaque famille au ſou la livre de la Taxe que produiſent ces
Tarifs, ſera néceſſairement répartie avec la même proportion :
je conviens, dis-je, que ce Projet eſt beau, ſimple, & très-
heureuſement imaginé ; mais le Conſeil ne peût avoir cette
conoiſſance exacte des forces des Taillables, ſans que le Public & par conſequent ſans que nos voiſins & nos ennemis en
ſoient inſtruits. Or n'eſt-ce pas un grand inconvenient qu'ils
conoiſſent ſi exactement nos forces, & qu'ils puiſſent profiter de nos exemples ?

R E P O N S E.

1°. Le revenu des Taillables ne fait pas tout le revenu du
Royaume ; les biens de la Nobleſſe, du Clergé, des Exemts,
les revenus des Habitans des Péïs d'Etats ou des Péïs cadaſtrez,
le revenu des Habitans des Villes, le revenu qu'aporte à l'Etat
le comerce interieur du Royaume aux Habitans des Villes,
les revenus qu'aporte le Comerce étranger, ſont une autre partie conſiderable du revenu des Sujets.

2°. Les Miniſtres Etrangers conoiſſent facilement nos revenus publics ; il leur eſt facile de ſavoir ce que la Taille produit, les Baux des Fermes générales, & les autres Baux ſeparez, ne ſont-ce pas des choſes publiques ? Mais nous ſavons
de même ce que produiſent à l'Angleterre la Taxe de quatre
Chelings par livre ſterlin ſur les Terres, la Taxe du Malt, la
Taxe ſur le charbon & leurs autres Taxes : nous ſavons de
même ce que le centiéme Denier, le Verponding ou Taxe
ſur les maiſons, la Taxe ſur la farine, ſur les beſtiaux, ſur la
biere, ſur les feux, produiſent en Holande ; les afaires qui ſe
font en public par des Réglemens publics & par des Baux
publics, ne ſauroient jamais être ſecretes ; nos voiſins ont
l'Etat de nos Régimens, de nos Vaiſſeaux, de nos Oficiers
Généraux,

Généraux, comme nous avons l'Etat des leurs ; perfone n'a jamais imaginé de mettre du fecret dans ces fortes d'afaires, qui par leur nature ne fauroient s'executer fi elles ne fe font publiquement.

3°. Si quelque Taxe pouvoit doner conoiffance exaĉte au Public, & à nos Voifins de la plus grande partie des revenus du Royaume, ce devroit être la Taxe du dixiéme du revenu des Particuliers, qui s'eft faite fur leurs déclarations & fur des Réglemens publics. Or la crainte de faire conoître à nos ennemis le revenu Total du Royaume, a-t-elle jamais empêché ni dû empêcher nos Miniftres de faire l'établiffement du Dixiéme ? Il en eft de même de la Taxe des quatre Chelins par livre fterling en Angleterre, & de la Taxe du centiéme Denier en Holande : La crainte que nous ne conuffions en France le revenu des Particuliers de ces deux Etats, ou la crainte que nous ne les imitaffions dans leurs métodes, a-t-elle jamais fait balancer un moment les Anglois & les Holandois à établir ces Taxes, & à les rendre les plus proportionelles qu'elles pouvoient l'être?

4°. Cet inconvenient, que les Etrangers fauront nos afaires publiques, comme nous favons les leurs, & profiter de nôtre exemple pour faire mieux leurs Recouvremens, doit-il nous empêcher d'en ôter le défordre, & d'y mettre un arangement, qui ne peut jamais être que public ? Eft-ce que le défordre & la grande diminution du crédit public n'eft pas un inconvenient ? La difproportion exceffive dans les Répartitions, n'eft-ce pas un inconvenient dix fois, vingt fois, cent fois plus grand que cette augmentation de conoiffance que les Etrangers pouront aquerir des forces d'une partie de nôtre Royaume, & du profit que nôtre exemple poura leur aporter ? Les craintes de pareils inconveniens font des craintes frivoles, qui ne peuvent tomber que dans l'efprit de ceux qui n'ont encore qu'une politique fuperficielle, faute de balancer les inconveniens, & faute de favoir pefer avec jufteffe la nature & la veritable valeur des biens & des maux d'un Etat.

OBJECTION XLI.

Dans la Taxe du dixiéme denier, les maifons que les

Q

Taillables ocupent dans les campagnes comme Proprietaires, n'ont point été comprifes au nombre de leurs revenus, donc on ne devroit pas les comprendre dans la Taxe de la Taille Tarifée ; & d'ailleurs c'eft un petit objet.

RÉPONSE.

1º. Si dans quelques Elections les maifons des Habitans de la campagne n'ont point été comprifes au nombre de leurs autres revenus, cela n'eft pas arivé dans les autres ; & efectivement une maifon aporte un revenu au Proprietaire, foit qu'elle lui épargne un loyer, foit qu'elle lui produife un loyer ; car un logement eft une dépenfe abfolument néceffaire à chaque famille.

Un arpent de terre, qui vaut dix livres de revenu au Proprietaire qui en joüit, paye le Tarif : pourquoi une maifon, qui raporte dix livres, fi elle eft afermée, & qui épargne dix livres à celui qui en joüit par fes mains, ne payera-t-elle pas le Tarif à proportion du revenu qu'elle aporte, ou de la dépenfe qu'elle épargne au Proprietaire ?

2º. N'eft-il pas jufte de mettre de la diference dans la Répartition du Subfide entre l'Artifan, qui poffede & ocupe une maifon qui vaut dix livres de rente, & un autre Artifan qui n'a point de revenu, & qui tient à ferme par dix livres la maifon qu'il ocupe ?

3º. Les Paroiffes Taillables, l'une portant l'autre, font de plus de cent feux ; les maifons valent, l'une portant l'autre, une piftole de revenu, c'eft mille francs par Paroiffe ; il y a plus de vint-deux mille Paroiffes en Taille arbitraire, fupofé qu'il y en ait quinze ou vint mille dans les campagnes, dira-t-on qu'un revenu de quinze ou vint millions par an n'eft pas un objet digne d'atention, pour lui faire porter une partie du Subfide de la Taille Tarifée.

OBJECTION XLII.

On fait bien que fi un Sergent étoit ocupé tous les jours, ou même la moitié de l'anée, il gagneroit plus qu'un Artifan mais fouvent il eft peu ocupé, & fouvent il n'a pas 20 l. de rente que le Colecteur puisse saisir pour la Taxe de vint livres de son industrie.

Il en est de même de plusieurs Artisans, qui n'ont aucune Maison, ni aucune Terre, ni aucune Rente, & qui souvent ne sont ocupez que la moitié de l'anée, où prendra le Colecteur sur des Taillables, qui n'ont aucuns meubles, que l'on puisse saisir pour les douze livres de leur Taxe d'industrie?

D'un autre côté, quand le Colecteur craint de perdre partie de la Taxe d'industrie, c'est une preuve que la Taxe est trop forte par raport aux facultez de l'Artisan même.

RÉPONSE:

1°. Ces deux considérations de l'interêt du Taillable & de l'interêt du Colecteur méritent une exception à la regle; & & c'est ce qui a été fait à l'Article 4.

2°. Il n'est pas juste que le Colecteur avec beaucoup de soin ne puisse retirer la Taxe du Taillable, dont il répond; mais il est juste qu'il réponde de la Taxe du Taillable, qu'il peut retirer *avec un peu de soin.*

3°. En diminuant ou des trois quarts ou de la moitié la Taxe d'industrie, il poura *avec un peu de soin*, retirer du Taillable ou le quart ou la moitié de cette Taxe.

4°. Il reste une question, pourquoi l'un doit-il payer seulement le quart de la Taxe d'industrie? pourquoi l'autre n'en doit-il payer que la moitié? La réponse est facile; c'est que l'un a du revenu, que le Colecteur peut saisir, & que l'autre n'en a point.

5°. Je sai bien que celui qui n'a ni Rente ni Terre, peut avoir une ou plusieurs vaches: mais outre que souvent les bestiaux sont insaisissables pour la Taille, c'est qu'il est de l'interêt de l'Etat de les multiplier, & qu'il vaut mieux alors rejeter sur la masse de tous les Habitans les non-valeurs des Taillables insolvables, ce qui n'est pas ruineux pour la Paroisse; au lieu qu'en faisant porter au Colecteur ces non-valeurs, il pouroit en être ruiné.

6°. Il arivera quelquefois, par exemple, que l'Artisan, dont l'industrie est de douze livres, payera vint sous pour le loyer de sa maison de dix livres, & qu'il n'aura que

Q ij

seize livres de rente, alors tout son revenu sera employé à payer trois livres pour le Tarif de son revenu, une livre pour le Tarif du loyer de sa maison, & douze livres pour le Tarif de son industrie : mais avec tout cela il sera encore mieux traité que l'Artisan son voisin, qui n'a rien, & qui n'est taxé qu'à trois livres d'industrie ; & d'ailleurs il en faut toûjours revenir à l'interêt du Colecteur.

7°. Ce même Artisan peut avoir dans deux ans trente livres de rente d'une succession, dont il ne payera que six livres, & rien de plus ni pour sa maison ni pour son industrie.

OBJECTION XLIII.

Vous mettez la Taxe de la premiere Classe d'industrie, qui est de vint livres, sur l'Artisan & sur le Laboureur, qui aura cinquante livres de revenu, au lieu de douze livres que paye l'Artisan & le Laboureur, qui n'a que quarante-neuf livres de revenu, pour vint sous de plus de rente, il paye huit livres de plus de taxe par an.

REPONSE.

1°. Je conviens de l'inconvenient, mais cet inconvenient est commun à tous les points fixes ; & l'on sait que pour éviter de plus grands inconveniens, il faut quelquefois statuer un point fixe : par exemple, dans l'afaire présente un Artisan, un Laboureur aura deux cens livres de rente, un Notaire, un Avocat n'en aura que quarante ou cinquante, seroit-il raisonable que le Notaire paye vint livres d'industrie, tandis que le Laboureur riche, qui aura une Ferme de mille livres, ne payera que douze livres ? Seroit-il convenable que ce Laboureur, que cet Artisan ne payât pas plus d'industrie que l'Artisan son voisin, qui a dix fois moins de revenu ? Or que l'on compare les inconveniens qui naissent de l'établissement d'un point fixe avec les inconveniens qui naîtroient s'il n'y en avoit point, l'on verra que les moindres sont ceux qui naissent du point fixe.

2°. Je sai bien que ce Laboureur, que cet Artisan paye le Tarif de son revenu separément du Tarif de son industrie,

& qu'ainfi il ne paroît pas jufte de les mettre dans une Claffe d'induftrie plus haute que celle de leur Profeffion, puifque par leur travail & par leur induftrie ils ne gagnent pas plus par an que les pauvres de leur Profeffion : auffi j'ai héfité lontems, & je héfite même encore à prendre parti fur cet article, pour favoir fi les Artifans riches, fi les Laboureurs riches en revenu payeròient plus d'induftrie que les Artifans & les Laboureurs pauvres en revenu, & cela de peur de faire tort aux conditions diferentes.

Mais tout confideré, l'inconvenient de faire paffer quant à préfent les riches Laboureurs, les riches Artifans dans la premiere Claffe d'induftrie, m'a paru jufqu'ici le moindre, parce qu'il facilite ce falutaire établiffement.

3°. Celui qui a cinquante livres de revenu jufte, peut en vendre pour vint fòus de rente, ou prendre en conftitution vint fous de rente, & demeurer ainfi dans la feconde Claffe.

4°. Les revenus des familles hauffent & baiffent perpétuellement ; ce n'eft donc qu'un malheur paffager, par où paffent toutes les familles Taillables qui comencent à s'enrichir : Or ce qui eft commun à toutes les familles n'eft plus un inconvenient particulier, dont aucune ait à fe plaindre.

5°. Cette même famille qui aura payé durant cinq ou fix ans huit livres de plus d'induftrie, ayant aquis deux cens livres de revenu, ne payera que vint livres d'induftrie, tandis qu'une autre, qui n'a que cinquante livres de revenu, en payera auffi vint livres : c'eft ainfi que certaines difproportions aparentes deviennent par fucceffion de tems des traitemens très-égaux, ou du moins très-proportionez entre toutes les familles.

OBJECTION XLIV.

Je veux bien qu'il y ait un point fixe, pour déterminer quand il faudra mettre l'Artifan riche dans la premiere Claffe d'induftrie de vint livres ; mais il faudroit mettre ce point fixe plus haut qu'à cinquante livres de rente : il faudroit, dit-on, le mettre à cent livres de rente dans les Elections, mêmes où la journée du Journalier eft à huit fous.

R E' P O N S E.

J'avoüe qu'il feroit à fouhaiter de pouvoir démontrer quel eſt préciſément le point fixe le plus convenable de cinquante ou de cent livres de rente pour venir à bout d'une pareille démonſtration ; il faudroit établir des principes d'expérience, joints à des principes d'équité, dont il n'eſt pas facile de faire convenir les Lecteurs : cependant ſi l'on veut mettre ce point fixe à ſoixante-quinze livres de rente, au lieu de cinquante, je croi que l'on aprochera encore plus de ce qui eſt de plus convenable.

O B J E C T I O N XLV.

Dans vôtre premiere Claſſe d'induſtrie, le Fermier qui a quatre cens livres de revenu & une Ferme de deux mille livres, ne paye pas plus que le Fermier qui a cinquante livres de re- venu & une Ferme de deux cens cinquante livres.

R E' P O N S E.

1°. Il ne paye pas plus pour le Tarif d'induſtrie, mais il paye plus pour les autres Tarifs ; il paye huit fois plus comme Fer- mier, il paye huit fois plus comme Proprietaire ; ainſi il paye avec égalité pour l'égalité d'induſtrie & de travail ; il paye avec inégalité, mais avec proportion, pour l'inégalité de fer- mage & de revenu.

2°. Le but d'une Loy juſte n'eſt pas d'égaler les conditions inégales, au contraire, c'eſt de les laiſſer dans leur inégalité, en prenant de chacune d'elles un Subſide non égal, mais pro- portioné à leurs diferens revenus ou profits anuels inégaux.

O B J E C T I O N XLVI.

Il y a beaucoup d'abus de la part de ceux qui par leurs Ofices ont des exemtions de Taille ; les plus anciens privileges ſont les plus autoriſez : ils ont été donez dans des tems où le Subſide de la Taille n'étoit pas la quinziéme partie du revenu

du Taillable : Or il eſt viſible que l'intention du Roy étoit
de n'acorder l'exemtion que de cette partie du Subſide. Or
comme le Subſide eſt préſentement au cinquiéme du revenu
du Taillable, il ſemble raiſonable, pour ſuivre cette premiere intention, de réduire les plus anciens privileges à
l'exemtion du quinziéme du revenu, & à l'exemtion du total
de la Taxe d'induſtrie : Ces privilegiez ſont en grand nombre dans le Royaume, ils ſont les plus riches des Paroiſſes ;
& leurs privileges font que les non-privilegiez ſont exceſſive-
ment chargez.

C'eſt un grand abus, que l'on pouroit coriger peu à peu,
d'autant plus facilement, qu'il y a plus de deux cens ſortes
de privileges, en réduiſant tantôt l'un & tantôt l'autre, à
l'exemtion de la Taxe d'induſtrie, & à un Tarif d'un huitiéme ou d'un dixiéme ſur leur revenu ; car tel privilege
pouroit n'exemter que du tiers, tandis que l'autre exemteroit
de la moitié. Or vous ne propoſez aucun expédient pour
remédier à un abus auſſi onéreux pour les pauvres Taillables.

RE'PONSE.

Je conviens de l'abus des privileges & des privilegiez ; je
conviens qu'ils ſont nombreux & très-importans, & qu'il ſeroit à propos d'y remédier : mais outre que je ne ſuis pas ſuſi-
ſament informé des faits, je me ſuis borné dans ce Mémoire
aux ſeuls expédiens néceſſaires pour remédier aux grands
inconveniens qui naiſſent de la diſproportion.

OBJECTION XLVII.

C'eſt un grand embaras pour un Marchand acuſé de fauſſe
déclaration par ſes Colecteurs ſur l'article de la valeur des
Efets qu'il a dans le Comerce, d'être obligé pour ſe juſtifier,
de doner devant le Juge la déclaration en détail de tous ſes
Efets comerçables & de ſes dettes paſſives ; ne vaudroit-il pas
mieux laiſſer aux Colecteurs la liberté de l'acuſer ſeulement
devant l'Intendant ; afin que ſur les Informations qu'il prendroit en écoutant les Parties, il pût ou décharger le Marchand
de l'acuſation, ou augmenter d'office ſa Taxe de quelque choſe ?

RE'PONSE.

1°. L'Intendant poura toûjours ufer de fon droit de Taxer
d'Ofice , fur tout après avoir oüi les Parties & examiné leurs
Mémoires. Par ce Projet le Roi done à l'Intendant une regle,
un point fixe, qu'il n'avoit pas, pour faire juftice , qui eft le
centiéme denier, & ne lui ôte rien du pouvoir qu'il lui done
de faire obferver la juftice dans la Répartition, felon la conoiffance qu'il aura des faits : mais fouvent dans fa tournée
il n'a pas le loifir de juger ces fortes d'afaires, & les Parties
font fouvent éloignées de quinze ou vint lieuës de la Ville de
l'Intendance.

2°. J'ai remarqué ailleurs, que pour quarante fous de plus
ou de moins , les Colecteurs n'entreprendront point une acu-
fation qu'avec une entiere certitude d'y réüffir ; puifque s'ils
n'y réüffiffoient point, ils feroient condanez à vint piftoles
d'interêt, outre les frais du Procès ; & de l'autre côté, le
Marchand pour quarante fous de plus ou de moins, n'entre-
prendra jamais une juftification qui l'obligeroit à doner une
déclaration publique de fes Efets comerçables & de fes dettes
paffives, à moins qu'il n'eût une feureté parfaite que fes Efets
ne peuvent jamais être eftimez deux cens livres de plus ;
puifque fi l'eftimation aloit à deux cens livres de plus , outre
les quarante fous qu'on lui demande, il payeroit encore vint
piftoles d'interêt & tous les dépens du Procès.

3°. De là on peut conclure que ces acufations ne fe feroient
que très-rarement, & que de cinquante Marchands il y en
auroit à peine un feul d'acufé, & même il n'y auroit point de
Procès fur tous les autres articles de la Taille , qui feroient
reglez par les Tarifs comme fes Maifons, fes Terres, fes Rentes , fes Baux & fon Induftrie.

4°. Quand cet article des Efets dans le Comerce demeu-
reroit fans autre regle que le centiéme denier, & quand les
Colecteurs demeureroient les maîtres de faire la Taxe fur un
pied plus fort que l'eftimation en gros du Marchand, à condition qu'il pouroit fe plaindre de leur eftimation , le refte du
fyftême qui regarde tous les autres Taillables, qui font trente
fois plus nombreux, le refte du fyftême qui regarde les autres
                                                    articles

articles des Marchands ; comme Maisons, Terres, Rentes, Industrie, subsisteront toûjours dans son entier ; de sorte que cet article ne fait pas la centiéme partie du systême, soit que l'on considere le nombre des Taillables, soit que l'on considere la somme que peut produire dans les soixante millions de Taille l'article du centiéme denier des Efets que les Taillables ont dans le Comerce ; & sur cette partie même il y a un point fixe, qui est le centiéme denier ; l'experience sufita pour achever de perfectioner cet article, qui ne doit pas faire rejeter le Total, parce qu'il y a une centiéme partie qui n'a pas encore ateint une perfection égale à celle que les autres parties ont ateint.

OBJECTION XLVIII.

Je conviens de la nécessité où nous sommes de chercher les moyens de remédier-aux grands inconveniens causez par les disproportions excessives ; je conviens même de la nécessité de choisir entre ces moyens ceux qui d'un côté aprochent le plus près de la proportion, & qui de l'autre ont moins d'inconveniens & moins grands : car dans une matiére si épineuse, & qui a ocupé plusieurs grands esprits, il ne faut pas esperer de trouver un moyen qui de tout point soit exemt de tout défaut & de tout inconvenient ; les établissemens humains ne comportent pas une pareille perfection, sur tout dans les premiers comencemens.

Je conviens que par un Réglement le Roy peut mettre un même Tarif sur les dix-sept especes de revenus & de gains anuels des Taillables de toutes les Paroisses de toutes les Elections & de toutes les Généralitez, & assujetir les Colecteurs de chaque Paroisse à suivre ce Réglement dans la confection de leurs Rôles.

Je conviens que le plus seur moyen que puisse jamais avoir le Colecteur de faire avec moins de dificulté le Recouvrement entier de sa Colecte, c'est l'observation de la proportion entre la Taxe & les revenus ou gains anuels de chaque Taillable ; & qu'ainsi il est extrêmement de l'interêt & des Colecteurs & des Paroissiens, qui sont solidairement garants de la Taxe de la Paroisse, qu'il n'y ait point de disproportions excessives,

R

qui caufent de mauvais deniers, & par confequent que la
métode des Tarifs fur les dix-fept genres de revenus ou de
gains anuels foit exactement obfervée.

Je conviens que les Colecteurs, que la Paroiffe, que le
Receveur général, & que le Roy ont un pareil interêt que
cette métode s'obferve chaque anée, de peur de trouver les
anées fuivantes des familles ruinées & de mauvais deniers,
caufez par les difproportions exceffives.

Mais enfin il y aura des Colecteurs qui feront fâchez de
ne pouvoir plus exercer leurs vangeances, & qui diront, que
puifqu'il ne leur eft plus permis de répartir la Taille fur chaque famille à leur fantaifie, & felon la conoiffance qu'ils ont
de fes revenus & de fes gains anuels, il n'eft pas jufte qu'ils
demeurent garants du Recouvrement ; & d'ailleurs comme
la Paroiffe eft folidairement obligée à la Taxe Paroiffiale, ce
Réglement des Tarifs, dont le Roi done aux Taillables la
liberté de fe fervir en faifant des déclarations exactes, ne
done-t-il aucune ateinte à cette obligation folidaire qu'a le
Roi tant fur les Colecteurs que fur la Paroiffe.

REPONSE.

1°. L'interêt de la Paroiffe obligée folidairement envers
le Roy pour la Taxe Paroiffiale, fe trouve ici directement
opofé au defir de ces Colecteurs d'exercer avec injuftice leur
pouvoir arbitraire & leurs vangeances particulieres ; car elle
a beaucoup d'interêt d'empêcher les difproportions & l'injuftice, qui caufent les mauvais deniers & la dificulté du Recouvrement : l'interêt du Roy & du Receveur général, qui
cherche la facilité du Recouvrement, eft le même que l'interêt de la Paroiffe. Or le Confeil préferera-t-il de doner
au Colecteur le moyen d'exercer injuftement fa vangeance,
à l'interêt folide qu'a la Paroiffe & le Receveur général, que
la proportion foit obfervée.

Je fai bien que plus il y auroit de difproportions exceffives
& de mauvais deniers, plus les Receveurs particuliers pouroient gagner fur les frais : mais eft-il de l'interêt du Roy de
faire ruiner des Paroiffes en frais, lorfqu'elles ont tant de peine à payer le principal de leurs Taxes anuelles ?

2°. La plainte du Colecteur & sa prétention de ne plus demeurer garant de la Taxe de la Paroisse, seroit donc très-injuste, & même contre ses propres interêts ? Car lui ôter le pouvoir de ruiner cette anée un de ses voisins par une Taxe excessive, n'est-ce pas ôter à ce voisin le pouvoir de ruiner deux ans après ce même Colecteur par une semblable Taxe excessive, lorsque ce Voisin sera devenu Colecteur ?

3°. Je sai bien qu'un Taillable qui a pour cent francs ou cinquante écus en argent ou en bestiaux, ne paye rien au Roy pour ce sujet, parce que l'argent du comerce ne paye que lorsque la somme monte à deux cens livres ; je conviens que ce Taillable payeroit plus facilement trente livres cette anée qu'un autre Taillable plus riche en revenu, qui n'a pas cette avance : mais l'intention du Roy & le grand interêt de l'Etat étant d'encourager les Taillables au comerce, seroit-il juste, seroit-il utile à l'Etat, pour doner un peu plus de facilité au Colecteur dans son Recouvrement, de renoncer à une maxime si avantageuse à l'Etat, & qui tend à multiplier les bestiaux & les petits comerces parmi les Taillables, & à leur doner une aisance dont le Roi lui-même profite ? Ne sufit-il pas que ce Colecteur & la Paroisse ayent mis une entiere seureté pour le Recouvrement de la Taxe de chaque Taillable ?

4°. Ce même Colecteur, s'il a l'anée prochaine cinquante écus en efets ou bestiaux, ne sera-t-il pas fort aise que le Colecteur futur ne puisse le taxer en considération de cette petite aisance, qui arivera bien-tôt à deux cens livres, & qui produira alors quarante sous au Roy à la décharge de la Paroisse ?

5°. Quand le Roy taxe la Paroisse, & la rend solidairement obligée avec les Colecteurs au payement de la Taxe, c'est toûjours en leur recomandant expressément d'observer la proportion dans leur Répartition ; c'est une condition essentielle tant pour l'avantage de l'Etat, qui a interêt qu'aucune famille ne soit ruinée & excessivement chargée, que pour l'interêt même des solidairement obligez, parce que le Recouvrement ne peut jamais être plus seur que lorsque la Taxe sera proportionémement répartie sur chaque famille. Or que fait le Roy par le Reglement des Tarifs, il done aux solidairement obligez un moyen seur de suivre ses intentions & la premiere condition de la Taille, qui eſt la Répartition proportionelle?

Donc par ce Reglement le Roy loin de diminuer leur obligation ſolidaire, ne fait que leur doner l'unique moyen d'empêcher que cette obligation ne leur ſoit jamais à charge, en aſſurant mieux par la proportion la Taxe ſur chaque Taillable, dont ils répondent.

Donc le Conſeil ne doit pas écouter les demandes de quelques Colecteurs, qui ſont contre leurs propres interêts, contre les interêts de la Paroiſſe, contre les interêts du Receveur général, contre les interêts du Roy, & même contre leurs propres interêts.

OBJECTION XLIX.

Je conviens que ſi chaque Intendant dans ſa Généralité pouvoit avoir volontairement dans deux ou trois ans la déclaration au juſte des dix-ſept ſortes de revenus ou gains anuels de chaque feu ou de chaque famille Taillable, il ſeroit très-facile de comparer & de proportioner les Taxes des Paroiſſes entre elles, les Taxes des Elections entre elles, & les Taxes des Généralitez entre elles ; mais c'eſt une choſe très-dificile.

Je conviens même, que s'il n'y a que de la dificulté à les avoir, il faut tâcher de la ſurmonter, en conſideration des avantages immenſes qui en reviendroient ; mais je ne ſai ſi la choſe n'eſt que dificile.

REPONSE.

1º. Si par le Reglement il y a des Tarifs pour chacun de ces dix-ſept articles, ſi par un autre article il eſt dit, *que le Taillable poura, ſi bon lui ſemble, ſigner ſa déclaration en détail de tous ſes revenus & gains anuels dans le Regiſtre du Secretaire de la Paroiſſe,* on peut dire qu'avec cette permiſſion, ſi dans une Paroiſſe il y a cent Taillables, il y en aura quatre-vingt-dix qui doneront volontairement leur déclaration, & qui la doneront juſte dès la premiere anée.

2º. A l'égard des dix autres Taillables, qui étant riches &

protégez, ne veulent point être taxez à proportion de leurs revenus, ils ne doneroient pas leur déclaration ; mais il fera facile de les faire venir la feconde anée au point de la doner très-volontairement ; l'Intendant n'a qu'à les taxer d'Office feulement un dixiéme à peu près plus qu'ils ne payeroient, s'ils donoient leur déclaration jufte, ils courront feurement l'anée fuivante au préfervatif propofé par le Reglement contre les Taxes exceffives, c'eft à dire aux déclarations juftes : ainfi en moins de trois ans, de peur des Taxes exceffives ou de la part des Colecteurs, ou de la part de l'Intendant, le Confeil aura toutes les déclarations juftes & volontaires de tous les revenus de chaque famille Taillable.

3°. Je dis volontairement, car on préfere volontiers un petit mal, tel qu'eft la déclaration jufte, à un plus grand mal, tel qu'eft la Taxe exceffive.

4°. Il faut bien prendre garde que le Reglement ne force perfone à doner fa déclaration, mais qu'il done feulement la liberté de fe fauver de l'injuftice des Colecteurs en la donant jufte : & efectivement tant qu'ils n'ont point de déclaration, ils peuvent cacher leur injuftice, en prétendant qu'ils n'avoient pas de conoiffance fufifante par aucune déclaration.

5°. On ne fait nul tort au Colecteur en l'obligeant de taxer le Taillable par article, & ce fuivant le Tarif commun à tous les Taillables du Royaume pour chaque efpece de revenu, & à fuivre la déclaration du Taillable ; car fi elle eft jufte, il n'a pas à fe plaindre que le Taillable lui faffe tort ; & fi elle n'eft pas jufte, il eft feur d'y gagner les deux tiers de deux cens francs de domages & interêts.

Un Intendant de la Généralité de Moulins en 1684. homme habile & équitable, averti qu'il y avoit un grand nombre de Taillables qu'il avoit taxé d'Office, qui fe plaignoient de l'excès de leur Taxe, & qui l'atendoient dans fa Sale leurs Requêtes à la main, il lut tout haut une de ces Requêtes, & dit tout haut au Plaignant ; *Aportez-moi une déclaration fignée de vous de tous vos revenus, dans laquelle vous vous foûmettez à payer le quadruple fi elle n'eft pas entiere & exacte ; je vous promets de diminuer vôtre Taxe, fi elle n'eft pas proportionée à vos revenus ; mais je vous promets auffi de vous faire payer le quadruple au profit de la Paroiffe, fi vous ne déclarez*

pas *entierement la verité*; le Plaignant s'en ala sans se plaindre
& sans rien repliquer : & qu'auroit-il repliqué à une demande
si évidemment juste?

Les autres qui étoient dans le même cas, sentirent l'évidence de cette justice, ils s'en alerent aussi sans se plaindre :
& comme leurs Taxes d'Office étoient réellement encore
moins fortes à proportion de leurs revenus, ils ne donerent
point de déclaration & ne se plaignirent plus.

Mais si efectivement quelqu'un d'eux eût esperé d'être diminué seulement de quatre pistoles, ou eût craint pour l'anée
suivante la Taxe excessive, faute de déclarer juste, celui-là
eût très-volontairement doné sa déclaration avec soûmission
au quadruple : c'est la nécessité de choisir entre deux maux,
qui fait toûjours très-volontairement choisir le moindre, &
qui fait que nous sommes très-obligez au Légiflateur, qui
nous done la liberté & le pouvoir d'éviter un grand mal, par
l'acceptation volontaire d'un autre mal incomparablement
plus petit.

OBJECTION L.

Je conviens que si dans deux ou trois ans tous les Habitans
de toutes les Paroisses Taillables étoient poussez peu à peu
par leur interêt à doner les déclarations de leurs dix-sept sortes de revenus ou gains anuels, & de les doner justes, les Rôles
formez sur ces déclarations montreroient au juste au Receveur, à l'Intendant, au Conseil la quantité & la qualité de
toutes les especes de revenus de chaque famille Taillable d'une
Paroisse, de toutes les Paroisses d'une Election, de toutes les
Elections d'une Généralité & de toutes les Généralitez du
Royaume ; & qu'ainsi le Conseil pouroit facilement & seurement dans deux ou trois ans comparer les revenus Taillables
des Généralitez entre elles, des Elections entre elles, & que
les Intendans pouroient facilement & seurement comparer les
Paroisses entre elles.

Je conviens même que d'une Paroisse de cent feux il y en
aura au moins cinquante ou soixante qui dès la premiere anée
doneront leur déclaration juste, pour se metre à couvert des
injustices des Colecteurs : mais s'il en reste trente ou quarante

qui ne donent pas leur déclaration, vos Rôles feront imparfaits ; parce que les revenus de ces trente ou quarante Taillables ne feront mis par articles fur le Rôle de la Taille que fur la conoiffance fautive des Coleéteurs, les revenus de quelques-uns qu'ils voudront trop charger, feront mis à un tiers, à un quart, à un cinquiéme plus haut qu'ils ne font en efet.

Les revenus de ceux qu'ils voudront favorifer, y feront auffi par articles, mais ils en ometront une partie ; & la partie qu'ils y metront, fera elle-même diminuée d'un tiers, d'une moitié de leur valeur fur leur eftimation, & ce feront les feux les plus riches, les plus confiderables & les plus protégez. Or comment voulez-vous que les Rôles manquant de juftefe fur les revenus des plus riches puiffent fonder un calcul jufte, & doner à l'Intendant & au Confeil des conoiffances fufifantes pour la Répartition entre Paroiffe & Paroiffe, entre Election & Election, entre Généralité & Généralité ?

Chacun de ces neuf ou dix Taillables riches & protégez, qui n'aura point fait de déclaration, fera donc encore porter aux pauvres non protégez la moitié du fardeau qu'il auroit dû porter.

REPONSE.

1°. Si de cent feux il y en a vint qui efperent gagner à ne rien déclarer cette anée, c'eft beaucoup ; & encore de ces vint il y en aura dix qui ayant afaire l'anée prochaine à des Coleéteurs qui ne feront ni leurs parens ni leurs amis, doneront l'anée prochaine leur déclaration ; refte donc pour dix.

2°. L'Intendant aura la lifte de ces vint *non-déclarans*, & de leur revenu : Or s'il les taxe les uns à un quart, les autres à un cinquiéme, les autres à un dixiéme plus qu'ils ne devroient payer, ces huit ou dix rebelles à la juftice & à la proportion s'y foûmetront dès la premiere anée, ils fignifieront leur déclaration aux Coleéteurs, & la fignifieront jufte, de peur de la peine de fauffe déclaration.

3°. Il eft évident que les Taxes d'Ofice de l'Intendant, s'il veut faire juftice exaéte, metront bien-tôt tout en regle : mais quand il refteroit encore quinze ou vint protégez dans une Election, quatre-vint ou cent protégez dans une Généralité, qui feroient porter la moitié de leur fardeau à la Paroisse, il est visible que cette moitié de fardeau étant répartie sur toute la Paroisse avec proportion, ne ruineroit aucune famille, & c'est toûjours un avantage infini de ce systême.

4°. Si un Intendant épargnoit seulement vint familles rebelles à la justice, qui ne doneroient point leur déclaration, comme la chose seroit publique dans chaque Election, & à la conoissance des Elus, du Receveur particulier & du Receveur général, & que les ennemis de l'Intendant pouroient citer au Conseil les noms des protégez non-déclarans, leur Paroisse & leur Election, il n'est pas vrai-semblable qu'il voulût leur doner cette prise sur lui, & passer au Conseil pour homme que la crainte ou la complaisance rendent injuste.

5°. Je supose que dans la premiere anée le Roy ne conoisse avec exactitude que les revenus des neuf parts de dix des familles Taillables de chaque Paroisse, & qu'il ne fasse que deviner sur les revenus de la dixiéme partie par la Taxe des Colecteurs & par les Taxes d'Office, on peut cependant dire, que l'Intendant sur cette conoissance jugera dès la premiere anée du revenu de chaque Paroisse avec incomparablement plus de lumiere qu'il n'avoit avant les Rôles faits sur la nouvelle métode, & par consequent de la force des Elections; & que par consequent le Conseil sera en état de juger avec incomparablement moins d'incertitude de la force de chaque Généralité, & que la seconde anée cette conoissance augmentera encore. Or n'est-ce pas un grand avantage que de pouvoir juger dès la premiere anée avec beaucoup plus de lumiere qu'auparavant ?

6°. Ainsi dès la premiere ou du moins dès la seconde anée la Répartition se fera avec beaucoup plus de justice entre toutes les familles, les Rôles seront complets & justes ; ainsi la conoissance exacte & seure des revenus de chaque Taillable de chaque Paroisse, & par consequent de chaque Election, de chaque Généralité parviendra à l'Intendant & au Conseil en moins de trois ans, & sans frais, ce qui est le but du Projet de la Taille Tarifée.

OBJECTION

OBJECTION LI.

Si l'on ne force les protégez à doner leurs déclarations, ils ne la doneront jamais, parce qu'ils gagnent à perpétuer les éfets des protections, c'est à dire les difproportions exceffives : ainfi la vûë de faire fervir les déclarations à la conoiffance du Total du revenu Taillable des Paroiffes, du Total du revenu Taillable des Elections, du Total du revenu Taillable des Généralitez devient une vûë inutile.

RE'PONSE.

J'ai montré dans la Réponfe à l'Objection 50. le moyen de faire venir en peu de tems ces injuftes protégez eux-mêmes au point de defirer de fe fervir de l'expédient de la déclaration.

OBJECTION LII.

Vous demandez par vôtre Tarif quarante fous ou le centiéme denier à celui qui a pour deux cens francs d'Efets en comerce ; pourquoi ne demandez-vous pas vint fous à celui qui a pour cent francs d'Efets ; comme vaches, moutons, chevaux pour voiturer ?

RE'PONSE.

La pratique de la Province de Holande, qui ne leve aucun Subfide fur les Effets des habitans de la campagne, mérite confideration ; parce que cette pratique leur réüffit fort à encourager les habitans de la campagne à metre en œuvre leur induftrie & leurs foins ; il eft important au bien de l'Etat d'encourager les habitans de la campagne à comencer de petits comerces, parce que les petits Comerçans de la campagne font la baze & la pépiniere des grands Comerçans des Villes.

OBJECTION LIII.

On a pratiqué à Ruel, à Argenteüil, Election de Paris, &

S

ailleurs, une forte de Cotifation & de Taxe proportionée à la quantité & à la qualité des Terres, & même à l'induftrie des habitans : Nous avons vû un Mémoire imprimé en 1721. par M. Aubert, qui propofe une métode femblable ; pourquoi ne pas adopter leur métode ?

REPONSE.

1°. Cette métode eft bonne pour les Paroiffes, dont les habitans agiffent de concert, pour obferver entre eux la juftice & la proportion ; elle peut s'executer là où il y a un Curé ou quelque autre homme d'autorité habile, éloquent, zelé pour la juftice, laborieux, ferme, conftant dans fes projets, comme à Ruel, & là où il n'y a point de Seigneurs puiffans & de riches Habitans intereffez à perpétuer la difproportion & l'injuftice, & à empêcher les habitans d'agir de concert, pour pratiquer entre eux la juftice : Mais combien peu y a-t-il de femblables Paroiffes dans une Election qui foient affez heureufes pour avoir un pareil Protecteur de la juftice, & pour n'avoir point de femblables opofans ? Ces conditions font rares en elles-mêmes, & il faut cependant qu'elles fe trouvent enfemble, autrement la métode devient inutile, là où les habitans ne veulent point agir de concert.

La métode des Tarifs fupofe les chofes telles qu'elles font, c'eft à dire des Paroiffes où il ne réfide aucune perfone affez habile, affez intelligente, affez laborieufe, affez autorifée pour une entreprife qui ne peut réüffir fans l'uniformité des fentimens. Elle fupofe qu'il y a des Protecteurs puiffans & de riches Habitans protégez dans prefque toutes les Paroiffes, tous fort intereffez à perpétuer les difproportions ; mais la métode des Tarifs done un moyen fimple aux non-protégez de fe garantir des difproportions exceffives, en donant la déclaration de leurs revenus felon la verité : ainfi cette métode eft générale, & peut s'établir facilement par tout, fans l'éloquence des bons Curez, & malgré les opofitions des Protecteurs & des protégez.

2°. Par la métode de Ruel & de M. Aubert, quoique bonne, quoique digne de récompenfe, l'Intendant ne peut pas voir clairement de combien précifément une Paroiffe, une Election

eſt plus chargée qu'une autre à proportion de ſes forces ; elle
ne done point par conſequent au Conſeil de voye pour conoître avec certitude de combien une Généralité eſt plus chargée qu'une autre, à proportion des revenus des Taillables ;
au lieu que par la métode des déclarations, jointe à la métode
des Tarifs & aux Taxes d'Ofice, le Conſeil & les Intendans
auront avant trois ans une pareille conoiſſance.

OBJECTION LIV.

Le Laboureur Fermier d'une Ferme de quinze cens livres,
qui a ſix mille livres en beſtiaux, en bled, en lin, en chanvre,
& autres denrées, qu'il vend aux Foires & aux Marchez ; le
Fermier de ſix mille livres de gros pâturage de beſtiaux, qui
engraiſſe les beufs, les moutons & les chevaux, pour les
revendre dans les Foires & dans les Marchez, a ſouvent dans
le comerce plus de vint mille livres : Or par vôtre Tarif l'un
devroit payer ſoixante livres, l'autre devroit payer deux cens
livres, comme âyant de l'argent dans le comerce ; cependant
parce qu'ils ſont regardez comme Fermiers & non comme
Marchands, ils ne payent rien par vôtre Tarif.

RE'PONSE.

Ils ne payent rien comme Marchands, mais ils payent
beaucoup plus comme Fermiers ; le Laboureur paye trois
ſous pour livre de ſa Ferme de quinze cens livres, c'eſt à dire
deux cens vingt-cinq livres, au lieu de ſoixante livres qu'il
payeroit pour le centiéme de ſix mille livres ; le Fermier de
gros pâturage au lieu de deux cens livres qu'il payeroit pour
le centiéme denier de vint mille livres, paye neuf cens livres,
qui eſt plus de quatre fois davantage ; il paye un peu plus à
proportion que le Laboureur, mais le Laboureur a plus de
peine : ainſi on peut dire qu'il paye alors beaucoup plus comme Fermier que comme Marchand : mais à dire la verité, il
a ſoin en prenant ſa Ferme, de faire entrer en diminution du
prix de cette Ferme, environ la moitié ou le tiers de ce qu'il
ſera obligé de payer du ſubſide de la Taille comme Fermier ;
& par conſequent c'eſt le Proprietaire privilegié qui réelle-

ment paye cette moitié ou ce tiers ; ainfi il eft fouvent mieux
traité que le Marchand ordinaire de la feconde main , mais il
le doit être , car il eft Marchand de la premiere main , & par
confequent le plus favorable.

OBJECTION LV.

Je conviens que vôtre métode rend la déclaration des diferens revenus du Taillable très-volontaire, la done qui veut ;
je conviens que celui qui eft vexé par la difproportion de la
Taxe des Colecteurs ou de la Taxe d'Ofice , ou celui qui
craint de l'être , eft fort aife de pouvoir fe délivrer de cette
vexation & de cette inquiétude , en déclarant la verité fur
l'état de fon revenu ; je croi même qu'en donant fa déclaration aux Colecteurs , il ne leur aprend rien de nouveau , &
qu'ils en favent déja d'avance autant que pouroit leur en
aprendre fa déclaration.

Je fai qu'un pauvre non-protégé, pour comencer un Procès en furtaux contre un riche protégé , eft dans la neceffité
de lui fignifier la déclaration au vrai de fon revenu , & que le
riche en fait autant de fon côté , & qu'ils les rendent ainfi
publiques : je voi bien qu'il vaudroit mieux pour le Taillable non-protégé qu'il pût prévenir la vexation , en donant fa
déclaration avant la Taxe , que d'avoir à la doner après la
Taxe ; puifqu'en la donant avant la Taxe il évite un grand
Procès incertain contre un homme riche & protégé , & évite
ainfi de s'en faire un ennemi très-fâcheux , & qui cherchera
les moyens de le ruiner.

Je conviens que la déclaration du Taillable fera prefque
toûjours jufte & veritable , à caufe de la punition fufifante &
inévitable qui eft atachée à la fauffe déclaration , & à caufe
du grand interêt qu'auront les Colecteurs & les Habitans de
la Paroiffe à faire ordoner cette punition , & que de mille il
n'y en aura pas une fauffe , & qu'aucune ne durera toûjours
fauffe.

Je conviens que ceux des Taillables qui pour une anée ne
eraindroient ni les Taxes exceffives des Colecteurs , ni les
Taxes d'Ofice exceffives de l'Intendant, pourront les craindre
les anées fuivantes ; & que pour fe délivrer & du mal & de la

crainte du mal, ils feront fort aifes d'en être quites un jour pour doner leur déclaration ; & qu'ainfi en peu d'anées, avec la vigilance des Intendans, tous les Taillables doneront leur déclaration, & qu'ils la doneront jufte.

Je conviens que cette déclaration jointe aux Tarifs, eft un excellent moyen de préferver chaque Taillable des Taxes exceffives, & par confequent d'établir entre eux tous une proportion perpétuelle, qui faffe ceffer les reftes & la ruine des familles ; mais vous conviendrez auffi, qu'après tout ce fera pour eux une peine de doner leur déclaration, & de la doner jufte. Or ne pouroit-on point imaginer quelque moyen qui pût auffi feurement les préferver des Taxes exceffives, & qui leur pût cependant épargner la peine de la déclaration ?

Je voi bien que le feul moyen d'empêcher les premiers Répartiteurs de tomber dans la difproportion en faifant la Répartition entre Généralité & Généralité, c'eft de conoître avec certitude & avec éxactitude le revenu Taillable de chaque Election ; & que le feul moyen de les empêcher de faire une Répartition difproportionée entre Election & Election, c'eft de conoître le revenu Taillable de chaque Paroiffe dont chaque Election eft compofée : Mais n'y a-t-il point d'autre moyen pour ariver à cette conoiffance certaine & exacte que la déclaration de chaque Taillable ? N'y a-t-il pas même à craindre que quelque Roy injufte, & livré à fes paffions, n'abufe un jour de cette conoiffance fi exacte & fi certaine ?

RE'PONSE.

1°. La peine eft très-petite, & eft regardée comme très-petite par la plûpart des Taillables ; puifqu'il n'y a aucun des Taillables qui ne préfere de beaucoup de doner fa déclaration, pour ne point payer la cinquiéme ou même la dixiéme partie de fa Taxe : Or que feroit-ce s'il craignoit de payer le tiers ou la moitié de trop ? Or une peine que l'on prend volontiers pour gagner une fi petite fomme, ne peut jamais paroître fort grande.

2°. Et après tout, en quoi confifte le revenu des trois quarts & demi des Taillables ? fi ce n'eft en chofes qui font publiques dans la Paroiffe, & que la plûpart des voifins conoiffent comme les Proprietaires mêmes ; un Métier, une Maifon, un Champ, une Vigne, un Pré, un Bail, une petite Rente. Or quelle peine pouroient-ils avoir à rendre public dans la Paroiffe, ce que tant de voifins & d'habitans conoiffent déja comme eux-mêmes ?

3°. On a beau chercher les moyens de proportioner toûjours certainement une certaine Taxe à un certain revenu, il faut toûjours fupofer deux chofes : la premiere eft la conoiffance exacte & certaine de ce revenu ; la feconde, que celui qui impofe cette Taxe ait non-feulement cette conoiffance, mais encore qu'il ait une regle fixe & certaine telle qu'eft un Tarif, dont il ne puiffe jamais s'écarter fans une punition fufifante : car fi vous fupofez ou l'ignorance dans le Répartiteur, ou le pouvoir de taxer arbitrairement, vous ne fauriez jamais avoir aucune feureté de l'obfervation perpétuelle & univerfelle de la proportion. Or pour avoir cette conoiffance exacte & certaine, peut-on rien imaginer de mieux, que de doner la liberté à celui qui craint la difproportion, de doner fa déclaration, & de la doner jufte ?

4°. Je fai bien que neuf ou dix familles fur cent, feront fâchées que le Roi done ainfi aux quatre-vint-dix autres familles un moyen fi fimple & fi facile de fe fauver de la difproportion ; mais le Roy & le Confeil ne doivent-ils pas être bien-aifes de faire un fi grand plaifir à quatre-vint-dix familles qui foufrent depuis fi long-tems, & d'empêcher le riche protégé de les faire foufrir plus long tems de l'abus qu'il fait de fon crédit : Quand il faut opter entre faire un plaifir confiderable à un grand nombre, ou un déplaifir égal, mais jufte, à un moindre nombre, & lorfqu'il s'agit d'opter entre favorifer la juftice ou l'injuftice, peut-on jamais balancer un moment ?

5°. Quelque moyen que l'on puiffe employer pour faire ceffer la difproportion & l'injuftice, il déplaira feurement toûjours à ceux qui en profitent : mais entre ces moyens, le plus fimple & le moins incomode, n'eft-ce pas de doner liberté de déclarer ou de ne pas déclarer ?

6°. J'ai répondu ailleurs à l'Objection contre l'abus qu'un Roy injufte & livré à fes paffions, peut faire des établiffemens les plus juftes & les plus faints ; & puis s'il a par un autre

moyen conoiſſance exacte & certaine du revenu Taillable de
chaque Paroiſſe, ne poura-t-il pas également abuſer de ce
moyen & de cette conoiſſance pour charger de plus en plus
ces Paroiſſes, juſqu'à les faire ſucomber toutes à la fois ſous
le faix.

7°. Il y a efectivement un autre moyen d'ariver à cette
conoiſſance, qui eſt la Taille Réelle ou Cadaſtrée, que l'on
peut faire avec l'Arpentage, avec l'eſtimation des Terres
Taillables de chaque Paroiſſe, & avec le dénombrement des
Maiſons & des Habitans ; mais nous avons montré dans la
Réponſe à l'Objection quatorziéme, neuf ou dix grands inconveniens de ce moyen, auſquels la Taille Tariſée n'eſt
point ſujette.

OBJECTION DERNIERE.

Je crains que vous ne vous trompiez, quand vous croyez
que de cent familles d'une Paroiſſe, il y en aura plus de quatre-vint qui doneront volontiers leur déclaration dès la premiere ou dès la ſeconde anée ; & qu'à la troiſiéme il n'y en
aura point ou preſque point qui ne la donent, tant à cauſe de
la crainte de la Taxe exceſſive que pouront leur impoſer les
Colecteurs, qu'à cauſe des Taxes d'Ofice qu'ils pouront recevoir de la part des Intendans : le crédit a bien des reſſources,
ſur tout tant qu'il ne ſera point honteux de l'employer pour
apuyer l'injuſtice de ſon Fermier ou de ſon Receveur. Or ſupoſé qu'au lieu de quatre-vint-quinze déclarations volontaires,
vous n'en ayez que cinquante au bout de trois ans, vos cinquante déclarans, qui ſeront le plus ſouvent les moins riches,
ou ſi vous voulez les plus pauvres de la Paroiſſe, n'en ſeront
pas plus ſoulagez dans la Taxe exceſſive qu'ils portent préſentement ; parce que les revenus des cinquante *non-déclarans*
ne ſeront pas mis à la moitié près dans le Rôle par les diferens
ſous-articles, ſoit parce qu'il y en aura qui ſeront omis entiérement, ſoit parce que les autres ne ſeront pas à la moitié de
leur valeur. Or en ſupoſant la moitié de la Taxe des cinquante
non-déclarans omiſe, il eſt évident qu'il faut qu'elle ſoit re-
jetée ſur les cinquante déclarans ; ainſi ces déclarans ne profiteront ni des Tarifs ni de leur déclaration.

REPONSE.

1°. Il n'eſt nullement vrai-ſemblable , que dans une Paroiſſe de cent familles , il y en ait cinquante qui durant trois ans
ne craignent ni les Cole& eurs ni les Taxes d'Ofice , l'évenement en décidera : mais en le ſupoſant tel que le ſupoſe
l'Obje&ion , il ſera toûjours vrai que les ſous-articles du non-
déclarant , ſur tout ceux qui ſont expoſez aux yeux de toute la
Paroiſſe , ſeront mis par les Cole& eurs dans le Rôle. Or peut-
on cacher ſa Profeſſion , ſa Maiſon , la Ferme qu'il tient , la
Terre qu'il régit , les Maiſons , les Terres qu'il done à Ferme ,
les Rentes qui lui ſont dües , ſur tout lorſque ces Rentes & ces
Baux ſont déclarez par d'autres dans le même Rôle ? Il eſt donc
viſible que ſur plus des deux tiers des ſous-articles le Cole& eur
ne poura faire aucune grace au *non-déclarant* , à cauſe de
l'évidence de ces ſous-articles , & qu'il n'en reſtera pas le tiers
dont la valeur puiſſe être diminuée : Je ſupoſe que les Co-
le& eurs pour gratifier le *non-déclarant* , n'eſtiment ce tiers
qu'à la moitié de ce qu'il vaut ; dans cette ſupoſition , ils ne
ſauroient avec tant ſoit peu de pudeur , le gratifier que d'un
ſixiéme du Total de ſa Taxe : mais je ſupoſe que cette grati-
fication monte au tiers , il eſt toûjours ſeur qu'il payera un
tiers & ſouvent les deux tiers plus qu'il n'avoit coûtume de
payer : Or ce tiers qu'il payera de plus , n'ira-t-il pas à la décharge des déclarans ? Donc de ce côté le Total des déclarans y gagnera quelque choſe , & payera moins qu'il ne
payoit.

2°. Non-ſeulement le Total des déclarans y gagnera , mais
entre ces déclarans les familles plus chargées que les autres
ſeront fort ſoulagées , en ce que le fardeau quoique trop peſant , mis ſur le Total des déclarans , chacun en portant ſa
part ſuivant la régle uniforme des Tarifs , à proportion de ſes
diferens revenus , aucun d'entre eux n'en ſera déſormais acablé.
Or empêcher qu'aucune famille ne ſoit déſormais acablée ,
n'eſt-ce pas un grand avantage ?

3°. Si le Roy pour gratifier les pauvres déclarans , ordone
par ſon Réglement , qu'il leur ſera diminué la premiere anée
deux ſous par livre de leur Taxe , & un ſou ſix deniers par
livre

livre la feconde, & que le Total de cette diminution fera
rejeté au fou la livre fur chaque Taxe des *non-déclarans*,
n'eft-il pas évident que les déclarans profiteront toûjours de
cette diminution, que tous feront foulagez, & qu'aucun
d'eux ne poura plus être totalement ruiné ? Et n'eft-il pas
évident qu'à la longue il n'y aura aucun Habitant qui ne foit
bien-aife de trouver comme les autres Habitans fes camarades, dans les Tarifs & dans fa déclaration un azile feur contre les Taxes exceffives.

RECAPITULATION.

On a vû qu'il y avoit deux caufes des difproportions exceffives dans la Répartition de la Taille : la premiere dans les
premiers Répartiteurs, c'eft à dire dans les Miniftres des Finances & dans les Intendans, c'eft le défaut de conoiffance
fufifante des dix-fept fortes de revenus ou gains anuels des
diverfes familles Taillables fur lefquelles il faut faire la Répartition ; ce qui opére neceffairement le défaut de conoiffance *fufifante* du revenu des diverfes Paroiffes, qui font divers
compofez de ces familles ; & ce qui opére neceffairement le
défaut de conoiffance *fufifante* du revenu Taillable des diverfes Elections, qui font divers compofez de ces Paroiffes ;
ce qui opére par confequent le défaut de conoiffance *fufifante*
des diverfes Généralitez, qui font divers compofez de ces
Elections.

On a vû que dans les Colecteurs ou derniers Répartiteurs,
la feconde caufe des difproportions ruineufes, c'eft le défaut
de juftice, qui fera toûjours neceffairement caufé par les diverfes agitations de la crainte, de l'efperance, de la haine
& de la vengeance, où les hommes font fujets par leur
nature.

On a vû combien feroit fautive la conclufion que l'on ti-
reroit, ou la réfolution que l'on prendroit du plus ou du moins
de reftes, pour conoître le plus ou le moins de revenu de deux
Paroiffes, de deux Elections, de deux Généralitez, pour
charger l'une & décharger l'autre ; parce que l'on n'a point
eu jufqu'ici de moyen de conoître quelle part a dans ces reftes

T

la difproportion de la Répartition entre Généralité & Généra-lité, entre Election & Election, entre Paroiffe & Paroiffe, & fur tout entre famille & famille.

On a vû qu'à caufe de ces difproportions exceffives dans plus de vint-deux mille Paroiffes, & parmi plus de deux mil-lions quatre cens mille familles, on voyoit chaque jour de la femaine des executions rigoureufes, des Ventes forcées & des grands frais fur plus de quatre-vint mille pauvres familles, que les difproportions exceffives avoient mifes dans l'impuif-fance de payer; que ces Répartitions injuftes & arbitraires jetoient beaucoup de découragement dans les Taillables, & diminuoient ainfi beaucoup leur travail & leur induftrie; que plus de quarante-quatre mille familles tomboient tous les ans dans la mendicité; que la ruine de trois ou quatre cens mille autres s'avançoit chaque anée; que les moyens d'exercer leur induftrie leur étant ôtez par ces difpropor-tions, il y avoit tant pour eux que pour l'Etat une perte de revenu très-confiderable; que ces difproportions exceffives caufent la ruine des Fermiers non-protégez, qui font valoir les Terres de la Nobleffe & du Clergé; qu'elles forcent les familles riches de quiter ces Fermes & leur comerce pour fe retirer dans les Villes Tarifées; qu'elles ruinent les Manu-factures & les petits Ports de Mer, & empêchent que le Co-merce maritime ne s'y rétabliffe; que le Roy de fon côté y perdoit en dix ans une prodigieufe quantité de reftes; que la perte des journées des Taillables montoit à une très-grande fomme par an, & que de ces difproportions réfultoient plu-fieurs autres inconveniens très-confiderables.

On a vû que les métodes pratiquées en diverfes Provinces, & les métodes nouvellement propofées ne remédient point à la plûpart de ces inconveniens; ou qu'elles n'y remédient que foiblement, ou bien qu'elles font fujetes à d'autres grands inconveniens, & que cependant les maux préfens font venus à tel point, qu'il eft abfolument neceffaire d'y aporter quel-que remede, parce que la ruine des Sujets & d'une partie du Comerce va tous les jours en augmentant.

On a vû que par la nouvelle métode de faire les nouveaux Rôles des Taxes des Taillables, qui feroient faits d'un côté

ſuivant les Tarifs, ſur les dix-ſept eſpeces de revenus ou gains
anuels ; & de l'autre ſuivant la déclaration de la plûpart des
Taillables, ou du moins ſuivant la conoiſſance des Colecteurs,
on viendroit facilement à bout de conoître avec certitude &
avec exactitude tous les revenus de chaque famille, & d'empêcher qu'aucune famille même non protégée fût deſormais
taxée plus haut qu'une autre famille protégée, qui auroit
pareil revenu.

On a vû que cette métode feroit ainſi ceſſer tout d'un
coup & par tout toutes les diſproportions ruineuſes dans la
Répartition de la Taille, & par conſequent qu'il en revien-
droit à l'Etat ſeize grands avantages : Il y en a neuf qui ne
ſont point encore réduits à aucun caleul ; les ſept qui ont
été réduits à une ſorte de calcul, procureroient à l'Etat plus
de cent millions par an ; les autres qui ne ſont point calculez,
ſont encore très-conſiderables.

On a vû que par le nouveau Projet la mendicité feroit
banie, parce que les pauvres étant diminuez de plus des
trois quarts, il feroit facile aux Hôpitaux d'enfermer, de
nourir & de faire travailler utilement le reſte des mendians ;
que les Terres feroient incomparablement mieux cultivées,
qu'il y auroit un beaucoup plus grand nombre de beſtiaux
nouris, les Manufactures multipliées, le Comerce de Mer,
augmenté dans plus de ſoixante petits Ports de plus de moitié, & que les revenus du gros de la Nobleſſe, du Clergé, & des autres Exemts feroient augmentez de plus d'un
quart.

Enfin on a vû par les Réponſes aux Objections, que les
inconveniens que l'on objecte, ou ne ſont point réels, ou ſont
communs à tous les ſyſtêmes, ou enfin ſont incomparablement plus petits que tous ceux de toutes les autres manieres
de lever le Subſide dans les lieux non fermez ; que les obſta-
cles qui peuvent ſe rencontrer dans l'établiſſement du nouveau
Projet, peuvent facilement être ſurmontez par la ſageſſe &
par l'autorité du Conſeil.

Ainſi on peut conclure, que pour éviter les diſproportions ruineuſes du Subſide de la Taille ſur les Habitans
roturiers de la campagne, il ſera très-avantageux au Roy

& à fes Sujets de fe fervir de la falutaire métode des Tarifs
fur les diferens revenus, comme l'on fe fert des Tarifs fur
les diferentes denrées pour lever le Subfide des Entrées fur
les Habitans des Villes : Enfin il fera utile de faire des effais
de cette métode dans quelques Elections de diferentes Généralitez, fans qu'il en coûte rien, & fans rien rifquer ; *& c'eft
se que je m'étois proposé de démontrer.*

ESSAIS

DE LA

TAILLE TARIFÉE

SUR QUATRE PAROISSES.

AVERTISSEMENT.

JE n'ai pû avant la Répartition de la Taille envoyer à saint Pierre le Mémoire inſtructif ou fondamental, le Projet de Reglement, le modéle de Rôle Paroiſſial, afin que les Colecteurs puiſſent s'y conformer pour la Répartition de l'anée 1722. Mais dans quatre Paroiſſes où nous avons du revenu le Marquis de ſaint Pierre mon neveu & moi, j'ai fait faire les Rôles ſuivans par deux hommes habiles, qui conoiſ-ſent exactement tous les revenus des Taillables de ces quatre Paroiſſes : ainſi on peut compter que quand chaque Taillable auroit doné ſa déclaration juſte, & quand les quatre Rôles auroient été faits réellement par les Colecteurs ſur ces dé-clarations & ſur les Tarifs, ils ne ſeroient gueres plus juſtes que ceux-ci.

Chaque Seigneur avec cet Imprimé & le conſentement de l'Intendant peut faire executer ce Projet dans ſa Paroiſſe. M. Guynet Conſeiller d'Etat, Intendant de Caën, qui ne cherche que la proportion & la juſtice dans la Répartition, & qui aprouve ce plan, m'écrivit qu'il ſeroit fort aiſé qu'on le ſuivît dans la Paroiſſe de ſaint Pierre-Egliſe, &c. mais le Rôle des Colecteurs étoit déja fait.

T iij

ROLE PAROISSIAL

POUR L'ANE'E 1722.

PAROISSE DE VRAVILLE,
ELECTION DE VALOGNE,
GENERALITE' DE CAEN.

Journée du Journalier à huit sous.
Total des Impositions comprises au Mandement, avec les
deniers de Colecte.   350 liv. 15 f.

Résidens Exemts.

Le Sieur Dubourg Curé.

Résidens Taillables.

Taille actuelle.	Totaux exigibles à un sou pour livre plus que les Tarifs.	François Doublet Tisseran, *sans revenu*, Industrie, 3 livres.	Totaux des Tarifs.
		2°. Contrat de Fieffe ou Bail perpétuel de sa Maison & Terre, par 36 liv. 10 sous de rente ou *valeur*, 5 liv. 9 sous.	
		3°. Bail de 55 livres, 8 liv. 5 f.	
		Total des Tarifs, 16 liv. 14 f.	16 l. 14 f.
		Total exigible, augmentation faite d'un	
16 l. 4 f.	17 l. 10 f.	sou par livre, dix-sept livres dix sous.	

OBSERVATIONS.

1°. *Il est à propos d'observer, que si François Doublet avoit eu 15 liv. de revenu, il auroit payé la Taxe entiere d'Industrie : mais comme il n'a aucun revenu, il ne doit que le quart de cette Taxe, c'est à dire 3 liv. S'il avoit eu 8 liv. de revenu, il auroit payé la moitié de la Taxe d'Industrie, c'est à dire 6 livres.*

2°. *Le terme ou valeur signifie, que les Redevances en denrées, comme volailles, grains, &c. sont évaluez en argent ; & c'est ce que fera par sa déclaration le Taillable déclarant.*

Taille actuelle.	Totaux exigibles.		Totaux des Tarifs.
		Guillaume de la Tour & son fils Laboureurs, Industrie sans revenu, 6 liv.	
		2°. 75 liv. pour la Ferme qu'il tient du Sieur Dervie, au prix de 500 liv. par an.	
		Total des Tarifs, 81 liv.	81 liv.
79 liv.	85 l. 1 s.	Total exigible, en augmentant un sou pour livre, c'est quatre-vingt-cinq livres un sou.	
		Jacques Caillet Laboureur, Martin, Loüis & Pierre ses fils, Industrie sans revenu, 12 livres.	
		2°. Pour Fieffe de sa Maison de M. l'Abbé de saint Pierre, 7 l. 8 s.	
		3°. Pour Bail dudit Seigneur Abbé, au prix de 66 liv. par an, 9 liv. 18 s.	
		4°. Par autre Bail de 20 liv. dudit Sieur Dervie de 3 liv.	
		Total des Tarifs, 32 liv. 6 s.	32 l. 6 s.
39 liv.	33 l. 12 s.	Total exigible, trente-trois livres douze sous.	
		Jean Houlgate Laboureur, Industrie 3 l.	
		2°. Pour Fieffe de valeur de 60 livres par an, 9 livres.	
		3°. Pour Ferme du Sieur Dervie, au prix de 100 liv. 15 liv.	
		Total des Tarifs, 27 liv.	27 liv.
43 l. 10 s.	28 l. 12 s.	Total exigible, vint-huit livres douze sous.	
		Nicolas Vaze Journalier sans revenu, Industrie une livre.	
		2°. Pour une Maison & Jardin à droit de Fieffe, de valeur de 24 liv. de M. l'Abbé de saint Pierre, 3 liv. 12 s.	
		Total des Tarifs, 4 liv. 12 s.	4 l. 12 s.
9 l. 15 s.	4 l. 16 s.	Total exigible, quatre livres seize sous.	
		Noël Nord Laboureur, sans revenu, Industrie, 3 livres.	

Taille actuelle.	Totaux exigibles.		Totaux des Ta-rifs.
		2°. Pour Fieffe ou Bail perpétuel de fa Maifon de M. l'Abbé de faint Pierre, de 20 livres, 3 liv.	
		3°. Pour Fieffe du Sieur Dervie, de 25 liv. 3 liv. 15 f.	
		4°. Pour Bail dudit Sieur Abbé de faint Pierre, au prix de cinquante livres par an, 7 liv. 10 f.	
		Total des Tarifs, 17 liv. 5 f.	17 l. 5 f.
18 liv.	18 l. 2 f.	Total exigible, dix-huit livres deux fous.	
		Richard Houlgate Journalier, fans revenu, Induftrie une livre.	
		2°. Pour fa Maifon & Jardin à droit de Fieffe de M. l'Abbé de faint Pierre, à 15 l. 2 liv. 5 f.	
		3°. Par Bail du Sieur Dervie, par 40 liv. 6 livres.	
		Total des Tarifs, 9 liv. 5 f.	9 l. 5 f.
18 l. 10 f.	9 l. 14 f.	Total exigible, neuf livres quatorze fous.	
		Veuve Etienne Doublet, chargée d'enfans, 5 f. pour Induftrie.	
		2°. Quinze livres pour Fieffe dudit Sieur Abbé de faint Pierre, de 99 l. de rente.	
		3°. Trois liv. 12 f. pour ce qu'elle fait valoir à Bail du Sieur de Toupeville.	
		Total des Tarifs, 18 liv. 17 f.	18 l. 17 f.
11 l. 17 f.	19 l. 15 f.	Total exigible, dix-neuf livres quinze fous.	
		Veuve Jean Montereüil Laboureur, 2 l. pour Induftrie.	
		2°. Six livres pour trente livres de rente hypotéque.	
		3°. Quatre-vingt-deux livres dix fols, pour 550 liv. de Fieffe ou Bail perpétuel de M. le Marquis de faint Pierre.	
		Total des Tarifs, 90 l. 10 f.	90 l. 10 f.
88 l. 2 f.	95 liv.	Total exigible, quatre-vint-quinze livres.	

Veuve

Taille actuelle.	Totaux exigibles.		Totaux des Tarifs.
		Veuve Philippe Vaze & son fils Journalier, Industrie, à cause de ses petits enfans, une livre cinq sous.	
		2°. Pour sa Maison, dont il est Proprietaire, 2 livres.	
		3°. Quatre livres dix sols pour ce qu'il fait valoir, au prix de 30 liv. de Ferme.	
		Total des Tarifs, 7 liv. 15 s.	7 l. 15 s.
11 l. 5 s.	8 l. 12 s.	Total exigible, huit livres douze sous.	
		Veuve Houlgate 10 s. pour Industrie.	
		2°. Pour la Maison qu'elle tient à Ferme, 5 sous.	
		Total des Tarifs, 15 s.	15 s.
2 l. 5 s.	15 s.	Total exigible, quinze sous.	
		Veuve Richard le Monnier, Industrie 2 livres.	
		2°. Une livre pour sa Maison en propre, au prix de 5 liv. de rente.	
		Total des Tarifs, 3 liv.	3 liv.
3 l. 15 s.	3 liv. 3 s.	Total exigible, trois livres trois sous.	

Non-résidens Taillables.

Taille actuelle.	Totaux exigibles.		Totaux des Tarifs.
		François Hamel Meûnier, demeurant à Varouville, pour sa Fieffe du Moulin de Vraville de vint-six livres.	
		Total des Tarifs, 12 liv.	12 liv.
6 liv.	12 l. 12 s.	Total exigible, douze livres douze sols.	
		Heritiers de Loüis Chardine, possedans des heritages de valeur de 80 l. doivent 16 l.	
		Total des Tarifs, 16 liv.	16 liv.
16 l. 16 s.		Total exigible, seize livres seize sols.	

		Total du Mandement, &c.	350 l. 15 s.
		Total général exigible,	351 l. 15 s.
		Total général des Tarifs,	338 l. 8 s.

V

Et partant le Total exigible furpasse le Total du Mandement de trois livres trois fous ; laquelle fomme les Colecteurs de l'anée préfente remetront aux Colecteurs de l'anée prochaine, pour en être par eux tenu compte aux habitans de la Paroiffe dans le Rôle prochain. Fait & arêté ce jour de   mil fept cens, &c. par les Colecteurs fouffignez ; fçavoir NOEL NORD, &c.

OBSERVATIONS.

I. Les Habitans ont un petit Marais en commun, apélé la Mare de Vravilfe, qui peut leur valoir cinquante livres par an en pâturage pour leurs Vaches ; ainfi l'Intendant poura en cette confideration les taxer environ à 10 l. de plus que les autres Paroiffes, qui n'ont point pareil pâturage en commun : car 10 l. c'eft fur le pied de 4 f. pour livre de 50 l. & cela me fait penfer que les Paroiffes où il y a de pareils pâturages en commun doivent porter quelque chofe de plus que les autres, qui n'en ont point : mais ce font de ces perfectionemens particuliers, qui ariveront peu à peu à l'établiffement général.

II. Les plus exceffivement taxez par l'Impofition actuelle, font la veuve Loüis Houlgate, qui paye cette anée quarante-cinq fous, au lieu de quinze fous qu'elle auroit payé par les Tarifs, c'eft à dire par proportion à ces diferentes fortes de revenu, c'eft le triple.

Richard Houlgate, qui paye 18 l. 10 f. au lieu de 9 l. 14 f. qu'il auroit payé par la Taille Tarifée, c'eft prefque la moitié de trop.

Jean Houlgate, qui paye 43 l. 10 f. au lieu de 28 l. 7 f. c'eft environ un tiers de trop.

III. Deux millions neuf cens mille familles Taillables dans le Royaume, à 22 l. 10 f. chaque feu, font 66700000 l. c'eft un peu plus que le montant des Impofitions de l'anée 1722.

Les douze familles Taillables de Vravilfe, à 22 l. 10 f. chacune, ne feroient que 270 liv. partant le Mandement de 350 l. excede de 80 liv. le pied commun des familles ; ce qui feroit prefque le tiers en fus ou le quart au total de 270 livres.

IV. J'ai remarqué quelques petites erreurs de calcul dans

l'excedent de Vraville & dans les calculs des autres Paroisses ; mais ce font de legeres fautes, qu'il est facile de coriger, & sur lesquelles mêmes dans une opération longue, il ne faut pas demander tant d'exactitude.

ROLE PAROISSIAL

POUR L'ANE'E 1722.

PAROISSE D'ANGOVILLE, ELECTION DE VALOGNE, GENERALITE' DE CAEN.

Journée du Journalier à huit fous.
  Les fommes contenuës au Mandement de M. l'Intendant, avec les deniers de Colecte, montent à la fomme de trois cens cinquante-fix livres fix fous, cy   356 liv. 6 f.

Réfidens Exemts.

Le Sieur Curé.
Le Sieur Quefné Prêtre.
Le Sieur le Roux Ecuyer.

Réfidens Taillables.

Taille actuelle.	Totaux exigibles.		Totaux des Ta- rifs.
		François Agnes Journalier, fans revenu, une liv. pour Induftrie. 2°. Deux liv. 5 f. pour une Maifon & Jardin & une petite piéce de terre, qu'il tient à Fieffe ou Bail perpétuel par 15 liv. de rente.	
7 l. 10 f.	2 liv. 6 f.	Total des Tarifs, 3 liv. 5 f. cy Total exigible, deux livres fix fous.	3 liv. 5 f.
15 f.	5 f.	François Goffelin Journalier, fans revenu, chargé d'enfans, 5 fous.	5 f.

Taille actuelle.	Totaux exigibles.		Totaux des Tarifs.
		François le Mieux septuagenaire, 5 f. pour Induſtrie.	
		2°. Pour les terres dont il eſt Proprietaire, eſtimées 50 liv.	
		3°. Deux liv. 5 f. pour une Maiſon & un Jardin à Ferme de Charles Michel, de la Paroiſſe de ſaint Pierre, au prix de 15 liv.	
		Total des Tarifs, 12 liv. 10 f. cy	12. l. 10 f.
25 l. 4 f.	8 l. 19 f.	Total exigible, huit livres dix-neuf ſous, en ôtant ſix ſous pour livre du Total des Tarifs.	
		Gilles de la Cour Journalier, ſans revenu, une liv. pour Induſtrie.	
		2°. Quatre liv. 10 f. pour Fieffe ou Bail perpétuel de 30 liv. de rente.	
		3 . Sept liv. 10 f. pour Bail de Pierre Enouf, de 50 liv.	
		Total des Tarifs, 13 liv.	13 liv.
28 l. 13 f.	9 liv. 6 f.	Total exigible, neuf livres ſix ſous.	
		Gilles le Févre Journalier, ſans revenu, une liv. pour Induſtrie.	
		Plus une liv. 10 f. pour Bail perpétuel ou Fieffe d'une Maiſon & Jardin par 10 liv. de rente.	
		Total des Tarifs, 2 l. 10 f.	2 l. 10 f.
12 l. 18 f.	1 l. 17 f.	Total exigible, une livre dix-ſept ſous.	
		Jacques le Monnier Journalier, ſans revenu, une livre pour Induſtrie.	
		2°. Pour Bail perpétuel ou Fieffe de ſa Maiſon & Terre par 20 l. de rente, 3 liv.	
		Total des Tarifs, 4 liv.	4 liv.
20 l. 4 f.	2 l. 17 f.	Total exigible, deux livres dix-ſept ſous.	
?		Jean Auvray Laboureur, 12 liv. pour Induſtrie.	

Taille actuelle.	Totaux exigibles.		Totaux des Tarifs.
		2°. Quinze liv. pour Ferme qu'il tient de Pierre Enouf par 100 liv. Total des Tarifs, 27 liv.	27 liv.
30 l. 15 f.	20 l. 5 f.	Total exigible, vingt livres cinq fous.	
		Jean Bazin Journalier, fans revenu, une livre pour Induftrie. 2°. Dix-huit fous pour Fieffe ou Bail per-pétuel d'une Maifon & Jardin par fix livres de rente. 3°. Quinze livres pour Bail du Sieur de Beauchamp de 100 liv. Total des Tarifs, 16 liv. 18 f.	16 l. 18 f.
20 liv.	12 l. 2 f.	Total exigible, douze livres deux fous.	
		Pierre Bazin Journalier, fans revenu, une livre pour Induftrie. 2°. Dix-huit fous pour Fieffe ou Bail per-pétuel de fa Maifon par fix livres. Total des Tarifs, 1 liv. 18 f.	1 l. 18 f.
2 liv.	1 liv. 8 f.	Total exigible, une livre huit fous.	
		Pierre le Monnier Journalier, fans re-venu, une livre pour Induftrie. 2°. Dix-huit fous pour Bail perpétuel ou Fieffe d'une Maifon & Jardin par fix liv. 3°. Une liv. 10 f. pour Ferme qu'il tient de Pierre Enouf, au prix de 10 liv. Total des Tarifs, 3 liv. 8 f.	3 liv. 8 f.
6 liv.	2 liv. 9 f.	Total exigible, deux livres neuf fous.	
		Veuve André le Moine, pour Induftrie dix livres. 2°. Son fils fans Métier, quatre livres pour Induftrie. 3°. Trente livres pour les Héritages dont elle eft Proprietaire, & dont elle joüit, valant 150 liv. de revenu. 4°. Deux cens vint-cinq livres pour Ferme	

Taille actuelle.	Totaux exigibles.		Totaux des Tarifs.
		qu'elle tient du Sieur de Toupeville Ecuyer, au prix de 1500 livres. Total des Tarifs, 269 liv.	269 liv.
108 liv.	191 l. 18 f.	Total exigible, cent quatre-vint-onze livres dix-huit fous.	
		Veuve François Fleury, dix livres pour Induftrie. 2°. Son fils Laboureur, douze livres pour Induftrie. 3°. Quarante livres pour les Héritages dont elle eft Proprietaire, & dont elle joüit, valant 200 liv. de revenu. Total des Tarifs, 62 liv.	62 liv.
65 l. 10 f.	44 l. 4 f.	Total exigible, quarante-quatre livres quatre fous.	
		Veuve Jean Nicole, fans revenu, dix fous pour Induftrie. 2°. Sept livres dix fous pour Ferme de Georges le Cœur de 50 liv. par an. Total des Tarifs, 8 liv.	8 liv.
8 l. 14 f.	5 l. 14 f.	Total exigible, cinq livres quatorze fous.	
		Veuve Thomas le Monnier, chargée d'enfans, 5 liv. pour Induftrie. 2°. Deux liv. 5 f. pour Fieffe ou Bail perpétuel de fa Maifon & Jardin. Total des Tarifs, 2 liv. 10 f.	2 l. 10 f.
1 l. 17 f.	1 l. 19 f.	Total exigible, une livre dix-neuf fous.	

Non-réfidens Taillables.

		Bertrand de la Place, non-réfident, vint-deux livres dix fols pour les Héritages qu'il tient à Ferme par 172 livres dans cette Paroiffe. Total des Tarifs, 26 liv.	26 liv.
17 l. 3 f.	18 l. 11 f.	Total exigible, dix-huit livres onze fols.	

Taille actuelle.	Totaux exigibles.		Totaux des Tarifs.
		André Nord, quinze livres pour Terres, dont il eſt Proprietaire, & dont il joüit, valant cent livres de revenu.	
		Total des Tarifs, 15 liv.	15 liv.
10 liv.	10 l. 15 ſ.	Total exigible, dix livres quinze ſous.	
		Total du Mandement, &c. 356 l. 6 ſ.	
		Total général exigible, 356 l. 14 ſ.	
		Total général des Tarifs, 469 l. 4 ſ.	
		Le Total des Tarifs excede le Total exigible de plus de ſix ſous par livre.	
		Le Total exigible excede le Total du Mandement de	
		laquelle ſomme les Colecteurs anée préſente remetront aux Colecteurs de l'anée prochaine.	

OBSERVATIONS.

I. Quinze familles réſidentes à 22 liv. 10 ſ. de pied-commun, feroient 337 liv. 10 ſ. partant le Mandement excede ici le pied-commun de 18 l. 16 ſ. c'eſt environ la dix-huitiéme partie en ſus, ce qui eſt fort diferent de la proportion, qui ſe trouve dans Vraville.

II. Ce qui prouve démonſtrativement que Vraville eſt beaucoup plus chargé à proportion qu'Angoville, c'eſt la diference du Total des Tarifs avec le Total exigible ; car le Total des Tarifs montre la quantité & la qualité des revenus & gains anuels de chaque famille Taillable. Or le Total du Mandement ſurpaſſe le Total des Tarifs de 12 liv. dans Vraville ; au lieu que dans Angoville le Total des Tarifs ſurpaſſe le Total du Mandement de plus de 112 liv. c'eſt à dire de ſix ſous pour livre ; diſproportion exceſſive.

III. Pour mettre ces deux Paroiſſes à niveau, il faudroit que le Total des Tarifs dans toutes les deux excedât ſeulement le Total du Mandement en même proportion ; ce qui

peut se faire facilement en aditionant	356 liv. 6 f. du
Mandement d'Angoville avec	350 liv. 15 f. du
Mandement de Vraville, ce qui produira	707 liv. 1 f.

En aditionant de même le Total des Tarifs
d'Angoville, 469 liv. 4 f. avec
le Total des Tarifs de Vraville, 338 liv. 8 f.

Total 807 liv. 12 f. cy 807 liv. 12 f.

La diference entre le Total de ces Tarifs & le Total des deux Mandemens est de 100 l. 11 f. qui est la huitiéme partie ou deux sous six deniers pour livre moins que le Total des Tarifs.

Ainsi ôtant du Total des Tarifs de Vraville, qui monte à 338 liv. la huitiéme partie ou deux sous six deniers par livre, c'est à dire 44 l. 5 f. restera 294 l. 15 f. qui est la portion de 707 l. que cette Paroisse doit porter par proportion à Angoville.

Otant de même du Total des Tarifs d'Angoville, montant à 470 liv. deux sous six deniers par livre, ou la huitiéme partie, c'est à dire 58 liv. 15 f. restera 412 liv. 5 f. qui est la portion de 707 liv. que cette Paroisse doit porter par proportion à Vraville; & ces deux sommes feront ensemble 707 liv. qui est le Total des deux Mandemens.

IV. On voit une grande disproportion dans l'article de Pierre le Monnier, qui paye 6 liv. au lieu de cinquante-&-un sou qu'il devroit payer, c'est plus de la moitié : mais la plus grande est dans l'article de Gilles le Févre, qui par la Taille arbitraire paye 12 liv. 18 f. au lieu que par la Taille Tarifée il ne payeroit que 38 f. Il ne faut pas s'étoner après cela, qu'il y ait des restes & des familles ruinées.

V. C'est l'observation exacte & perpétuelle de la régle des Tarifs dans toutes les parties des revenus ou gains anuels de chaque famille, qui sera la source perpétuelle de la proportion dans la Répartition des grandes parties, & la source de la seureté & de la facilité du Recouvrement des Impositions : ainsi il faut que les Intendans tiennent la main à cette exactitude; & il ne faut pas que le Lecteur la méprise dans les petites parties, puisque le Total prodigieux des grandes parties ne sont composez que d'une multitude prodigieuse de petites parties.

ROLE

ROLE PAROISSIAL

POUR L'ANÉE 1722.

PAROISSE DE VAROUVILLE,
ELECTION DE VALOGNE,
GENERALITÉ DE CAEN.

Journée du Journalier à huit fous,
Total des fommes contenües aux Mandemens de M. l'Intendant, compris les deniers de Colecte, la fomme de mille neuf cens cinquante-quatre livres quatorze fous, 1954 l. 14 f.

Taille actuelle.	Totaux exigibles.		Totaux des Tarifs.
		Bernard la Marche Laboureur, 12 livres pour Induftrie.	
		2°. Soixante-fept livres dix fous pour Ferme de 450 liv.	
		Total des Tarifs, 79 l. 10 f.	79 l. 10 f.
1461.12f.	95 l. 10 f.	Total exigible, en ajoûtant quatre fous pour livre aux Tarifs, quatre-vint-quinze livres dix fous.	
		Bon Thomas Renouf Boucher, 12 liv. pour Induftrie.	
		2°. Huit l. pour fa Maifon & Terres, dont il eft Proprietaire propre, de valeur de 40 l.	
		Total des Tarifs, 20 livres.	20 liv.
60 l. 15 f.	24 liv.	Total exigible, vint-quatre livres.	
		Charles Auvray Boucher, fans revenu, 3 liv. pour Induftrie.	
		2°. Quinze livres pour Terres & Maifons, qu'il tient à loüage de plufieurs Particuliers, par 100 liv.	
		Total des Tarifs, 18 liv.	18 liv.
34 liv.	21 l. 12 f.	Total exigible, vint-&-une livre douze fous	

X

PROJET DE TAILLE

Taille actuelle.	Totaux exigibles.		Totaux des Tarifs.
		Charles Renouf Soldat au Service, Induſtrie néant : mais doit 3 liv. pour Bail perpétuel ou Fieffe de ſa Maiſon & Terres, qu'il tient de M. le Marquis de ſaint Pierre par 26 livres.	
7 l. 10 ſ.	3 l. 12 ſ.	Total des Tarifs, 3 liv. Total exigible, trois livres douze ſous.	3 liv.
		Charles le Mieux Mercier, ſans revenu, 3 liv. pour Induſtrie. 2°. Quatre liv. 10 ſ. pour ſa Maiſon, qu'il tient à Fieffe par 30 livres de M. le Marquis. 3°. Deux livres pour environ 100 liv. en Marchandiſes.	
18 liv.	11 l. 18 ſ.	Total des Tarifs, 9 liv. 10 ſ. Total exigible, onze livres dix-huit ſous.	9 l. 10 ſ.
		Chriſtophe Blanvillain Journalier, 4 l. pour Induſtrie. 2°. Cinq ſous pour une Maiſon de 5 liv. qu'il tient à loüage. 3°. Quinze ſous pour 4 liv. de rente. Total des Tarifs, 5 liv.	
30 l. 2 ſ.	6 liv.	Total exigible, ſix livres.	5 liv.

On ne met point ici le reſte des articles des Taillables de Vaſouville, cela ſeroit inutile & ennuyeux pour le Lecteur ; on mettra ſeulement les diferens Totaux.

Le Total des Tarifs des Réſidens monte à 1575 liv. 4 ſ. cy	1575 liv. 4 ſ.
Le Total des Tarifs des non-Réſidens monte à	120 liv. 8 ſ.
Total général des Tarifs	1695 liv. 12 ſ.
Total du Mandement monte à	1954 liv. 14 ſ.

Partant le Total du Mandement excede le Total des Tarifs de 339 liv. ſept ſous.

C'eſt aſſez préciſément 4 ſ. pour livre à augmenter ſur chaque article des Tarifs.

Le Total exigible monte à 1955 liv. 11 ſ. partant reſte ſeize ſous ; laquelle ſomme les Colecteurs de l'anée préſente remettront entre les mains des Colecteurs de l'anée prochaine, pour en être par eux compté aux Habitans de la Paroiſſe dans le Rôle prochain. F A I T & arêté ce jour de   mil ſept cens, &c. par les Colecteurs ſouſſignez ; ſçavoir FRANÇOIS, &c.

O B S E R V A T I O N S.

I. Soixante-ſix familles ſur le pied-commun de 22 l. 10 ſ. produiroient 1485 liv. le Mandement eſt de 1954 livres.

II. Il y a pluſieurs exemples de Taillables, qui payent moitié plus & même trois fois plus par la Taille actuelle, qu'ils ne payeroient par les Tarifs ; & pluſieurs qui payent la moitié & d'autres les deux tiers moins qu'ils ne devroient payer. Jacques le Roux par la regle des Tarifs, c'eſt à dire par le Réſultat de ſes revenus & gains anuels, ne devroit payer que 21 liv. il eſt taxé à 63 liv. aparemment qu'il ſera bien-tôt abîmé.

III. On voit démonſtrativement que Varouville eſt trop chargé de trois dixiémes à proportion des trois autres Paroiſſes, comme on a vû qu'entre les familles les unes ſont plus chargées à proportion que les autres ; tel eſt le merveilleux éfet de la régle des Tarifs & de la liberté de déclarer ſes diferens revenus, de peur d'être chargé au-deſſus de ſes forces par le défaut de conoiſſance des Intendans, ou par le défaut de juſtice des Colecteurs.

IV. Le Total des Tarifs de Varouville monte à   1695 liv.
ôtez-en le dixiéme, montant à.   169 liv. 10 ſ.

reſtera la ſomme de   1525 liv. 10 ſ.

à laquelle elle devra être impoſée, au lieu qu'elle eſt à plus de 1950 liv. ainſi pour la mettre en proportion des autres, il faudroit lui ôter environ 425 liv. de ſon fardeau, & le rejeter ſur les autres ; bien entendu qu'on lui en réſerveroit une partie

au fou la livre : mais à dire le vrai, ces fortes de diftribu-
tions ne fe peuvent faire avec une exactitude entiere dans
une Election que par la conoiffance & la comparaifon des
diferens Totaux de toutes les Paroiffes de l'Election.

ROLE PAROISSIAL

POUR L'ANE'E 1722.

PAROISSE DE SAINT PIERRE-EGLISE,
ELECTION DE VALOGNE,
GENERALITE' DE CAEN.

Journée du Journalier à huit fous.

Les fommes contenuës au Mandement de M. l'Intendant, avec les deniers de Colecte, montent à la fomme
de   4571 liv. 18 f.

Réfidens Taillables.

Taille actuelle.	Totaux exigibles.		Totaux des Ta-rifs.
		Antoine Renouf, fils Pierre Toillier, fans revenu, 3 liv. pour Induftrie. 2°. Quinze fous pour loüage d'une Maifon & d'un petit Jardin, au prix de 15 liv. Total des Tarifs, 3 liv. 15 f.	3 l. 15 f.
6 liv. 6 f.	3 liv. 7 f.	Total exigible, trois livres fept fous.	
		André Mahault Maçon, 12 livres pour Induftrie. 2°. Une liv. 16 f. pour fa Maifon où il de-meure, qui lui apartient en propre, de va-leur de 12 livres. 3°. Cinq liv. 8 f. pour 27 liv. de Terre, dont il joüit, & dont il eft Proprietaire. Total des Tarifs, 19 liv. 4 f.	19 l. 4 f.
16 l. 4 f.	17 l. 6 f.	Total exigible, en diminuant un dixiéme des Tarifs, dix-fept livres fix fous.	

Taille actuelle.	Totaux exigibles.	Antoine Guerran Journalier , 4 livres pour Induſtrie.	Totaux des Ta-rifs.
		2°. Une livre pour une Maiſon, de valeur de 5 liv. dont il eſt Proprietaire.	
		3°. Trois livres pour Bail perpétuel ou Fieffe de Terre, qu'il tient par 20 liv. de M. le Marquis de ſaint Pierre.	
		Total des Tarifs, 8 liv.	8 liv.
3 liv. 9 ſ.	7 l. 4 ſ.	Total exigible, ſept livres quatre ſous.	
		Antoine Houyvet Serrurier, & Thomas ſon fils, 20 liv. pour Induſtrie.	
		2°. Huit liv. pour 40 liv. de terre en Pré, dont il eſt joüiſſant & Proprietaire.	
		3°. Six liv. pour Terres qu'il a afermées à Pierre le Monnier par 30 liv.	
		4°. Six livres pour 30 liv. de Terres afer-mées à Charles Auvray.	
		5°. Quatre liv. pour 20 liv. de Terre loüée à Charles Trufer.	
		6°. Trois livres pour ſa Maiſon & Jardin, de valeur de 20 liv. de revenu.	
		Total des Tarifs, 47 liv.	47 liv.
52 l. 1 ſ.	42 l. 6 ſ.	Total exigible, quarante-deux livres ſix ſous.	
		Bernardin-Joſeph Beauvalet Serviteur, 2 livres pour Induſtri.	
		2°. Onze liv. pour 55 liv. de revenu.	
		Total des Tarifs, 13 liv.	13 liv.
3 l. 15 ſ.	11 l. 14 ſ.	Total exigible, onze livres quatorze ſous.	
		Bernardin Mouchel Serviteur, 4 l. pour Induſtrie.	
		2°. Huit liv. pour des Terres & Heritages qu'il poſſede en proprieté, & qui valent 40 liv. de revenu.	
		Total des Tarifs, 12 liv.	12 liv.
15 liv.	10 l. 16 ſ.	Total exigible, dix livres ſeize ſous.	

Taille actuelle.	Totaux exigibles.	Bon Thomas du Douay Journalier, fans revenu, une liv. pour Induftrie.	Totaux des Tarifs.
		2°. Huit fous pour la Maifon qu'il tient à loüage, au prix de 8 liv.	
		Total des Tarifs, 1 liv. 8 f.	1 liv. 8 f.
3 liv.	1 liv. 6 f.	Total exigible, une livre fix fous.	
		Bon Thomas Fouquet Laboureur, 12 l. pour Induftrie.	
		2°. Sept livres pour Héritages de valeur de 35 livres.	
		3°. Deux livres 5 f. pour la Maifon où il demeure, & dont il eft Proprietaire, de valeur de 15 liv.	
		4°. Dix livres pour 50 livres de rente qu'il poffede.	
		Total des Tarifs, 31 liv. 5 f.	31 l. 5 f.
48 liv.	29 l. 3 f.	Total exigible, vint-neuf livres trois fous.	
		Bon Thomas Michel Journalier, 4 liv. pour Induftrie.	
		2°. Une liv. 10 f. pour fa Maifon, dont il eft Proprietaire, de valeur de 10 livres.	
		3°. Six livres pour Terres, dont il joüit, & dont il eft Proprietaire, de 30 livres de revenu.	
		4°. Deux liv. pour une Rente de 10 liv.	
		Total des Tarifs, 13 l. 10 f.	13 l. 10 f.
27 liv.	12 l. 3 f.	Total exigible, douze livres trois fous, en diminuant un dixiéme.	
		Bon Thomas & Pierre de la Cour Tifferans, fans revenu, fix livres pour Induftrie.	
		2°. Une liv. 16 f. pour Fieffe d'une Maifon & Jardin qu'il tient de M. le Marquis, par 12 livres.	
		Total des Tarifs, 7 liv. 16 f.	7 l. 16 f.
13 l. 10 f.	7 liv.	Total exigible, fept livres.	

Total du Mandement, compris les deniers
de Colecte ,   4571 liv. 18 f.

Le Total général des Tarifs eft de   5110 liv.
de laquelle déduction faite des deux fous pour
livre , montent à   511 liv.

refte   4599 liv. 7 f.
qui eft la fomme exigible , de laquelle ôtant
le Total du Mandement ,   4571 liv. 18 f.

reftera   28 liv. 11 f.
laquelle fomme de 28 liv. 11 f. les Colecteurs de l'anée préfente
remetront entre les mains des Colecteurs de l'anée prochaine,
pour en être par eux tenu compte aux Habitans de la Paroiffe dans le Rôle prochain. FAIT & arêté ce
jour de   mil fept cens   par les
Colecteurs fouffignez ; fçavoir ANTOINE, &c.

OBSERVATIONS.

I. Dans faint Pierre-Eglife environ 260 familles Taillables ;
fi l'on met chaque famille au pied-commun de 22 liv. 10 f.
la Paroiffe devroit produire au Roy 5850 liv. ce qui feroit
exceffif ; parce qu'il y a un très-grand nombre de Journaliers
& d'Artifans, à caufe du Marché, qui n'ont aucun revenu
en propre, & qu'il a falu par confequent réduire au quart du
Tarif de l'Induftrie de leurs Claffes. On voit ici que le nombre des familles de faint Pierre eft plus grand à proportion
de l'étendue & fertilité du terroir de la Paroiffe, que le nombre d'habitans d'Angoville & de Vraville, à proportion de
l'étendue & fertilité de leur terroir.

II. Le Total des Tarifs de la Paroiffe de faint Pierre-Eglife,
comparé au Total du Mandement, on trouve que le Total
des Tarifs excede le Total du Mandement de deux fous pour
livre ; au lieu que le Total des Tarifs d'Angoville excede le
Total du Mandement de fix fous pour livre.

III. On fupofe dans ces Calculs, que les Héritages des
non-réfidens Taillables payent 4 f. pour livre, à prendre fur

ceux qui en joüiſſént par leurs mains , & trois ſous pour livré,
à prendre ſur les Fermiers.

RÉFLEXIONS
ſur ces quatre Rôles.

I. Il eſt certain que tout Taillable qui craindra d'être taxé
à un quart plus qu'il ne doit, par proportion à ſes diferens
revenus particuliers , & conformément aux Tarifs généraux ,
donera volontiers la déclaration de ſes revenus ; & que celui
qui craindra la grande punition de la fauſſe déclaration,
donera cette déclaration très-juſte & très-volontairement,
pour ſe trouver enfin ſous la protection de la Loy , & d'une
Loy équitable.

II. Il eſt certain que le Taillable qui ne veut pas encore
doner ſa déclaration , eſpere de gagner quelque choſe à ne la
pas doner ſi-tôt, & qu'il payera moins du Subſide de l'Etat,
en ne la donant pas qu'en la donant : donc les Colecteurs,
donc l'Intendant peuvent lui impoſer dès cette anée une Taxe,
qu'il trouvera trop forte par raport à ſes diferens revenus &
aux Tarifs généraux : donc l'anée ſuivante, pour éviter l'excès
d'une Taxe encore plus forte, il donera volontiers ſa déclaration, & la donera juſte, comme tous les autres Habitans ;
il rendra ainſi cette anée par ſa Taxe trop forte , aux Habitans
quelque choſe de ce qu'il leur avoit enlevé par ſes Taxes trop
foibles les anées précedentes.

III. Que l'on ſupoſe deux Intendans qui ayent deux Généralitez d'égal revenu à gouverner , qui aiment tous deux la
proportion & la juſtice dans la Répartition ; l'un à qui il a été
permis de ſuivre le plan de la Taille Tarifée durant trois ou
quatre ans ; l'autre que l'on a laiſſé durant tout ce tems-là dans
l'ancienne ignorance des revenus ou gains anuels des familles
Taillables de chaque Paroiſſe, & par conſequent dans l'ancienne ignorance de ce que chaque Paroiſſe devoit porter du
fardeau général de l'Election , & par conſequent dans l'ancienne ignorance de ce que chaque Election devoit porter du
fardeau général de la Généralité.

N'eſt-il pas vrai que celui qui verra que tous les Taillables
de toutes les Paroiſſes ont doné la déclaration juſte de leurs

revenus

revenus durant deux ou trois ans, ne fera nullement emba-
raffé dans la Répartition ni entre Election & Election, ni
entre Paroiffe & Paroiffe ? N'eft-il pas vrai qu'il fera feur
même que la Répartition fe fera avec une exacte proportion
entre famille & famille, & confequemment que le Recouvrement en fera beaucoup plus promt & plus facile ?

Celui-ci marchera avec feureté, fans craindre de faire
tort à perfone : il pouroit même lever plus facilement & fans
reftes une fomme plus grande d'un dixiéme dans fa Généralité, que l'Intendant fon voifin ne leveroit une fomme plus
petite d'un dixiéme ; parce que fans le vouloir, & à caufe de
l'ignorance où eft ce dernier Intendant du revenu ou gain
anuel de chaque famille Taillable de chaque Paroiffe, il fe
trouve dans la fâcheufe neceffité d'en croire ou des im-
pofteurs ou des ignorans fur ces revenus diferens ; au lieu
que l'Intendant fon voifin n'en croit qu'à la fidéle Relation
des déclarations juftes & des Tarifs uniformes : l'un eft feur
que fes Colecteurs ne feront aucune injuftice & ne ruineront
perfone ; au lieu que l'autre eft prefque feur que les Colecteurs
de fa Généralité feront une infinité d'injuftices, & cauferont
une infinité de difproportions ruineufes.

IV. Que l'on fupofe prefentement le Contrôleur-Général
des Finances dans la neceffité de répartir les foixante & fix
millions de cette anée fur les vint Généralitez pour l'anée
fuivante, qu'il ait cinq Généralitez dont il conoiffe le revenu
par famille, par Paroiffe, par Election, par Généralité, fuivant les déclarations particulieres de chaque Taillable, &
l'indication des Tarifs généraux, il eft certain qu'il peut facilement proportioner le fardeau ancien de ces cinq Généralitez : mais il n'a nulle feureté ni de le proportioner avec le
fardeau des quinze autres, ni de proportioner les fardeaux
entre elles quinze, fi ce n'eft en y faifant executer le même
plan des Tarifs généraux & des déclarations particulieres de
chaque famille : ainfi jufqu'à ce qu'il ait fait executer le
même plan par tout, il fe trouve dans la neceffité de demander trop d'un dixiéme & peut-être même d'un cinquié-
mè à une Généralité, & trop peu à l'autre, & cela faute d'une
conoiffance *fufifante* du revenu des parties qui compofent les
rois diferens Totaux de Paroiffe, d'Election, de Généralité,

Y

V. En confiderant par les Tarifs l'état au vrai des diferentes efpeces de revenus de tous les Taillables de ces quatre
Paroiffes, il y a pour l'Intendant quatre changemens à faire
dans fon Mandement de l'anée prochaine, fupofé qu'il ait la
même fomme à répartir fur elles ; favoir 350 liv. 15 f. 356 l. 6 f.
1954 liv. 14 f. & 4571 liv. 18 f. faifant en tout 7233 liv. 13 fols;
car il faudra qu'il diminuë beaucoup Vraville & Varouville,
qu'il augmente beaucoup Angoville & un peu faint Pierre,
par proportion à leurs revenus : ainfi on peut dire, que pour
les 175 Paroiffes de l'Election de Valogne, il aura à faire environ 175 changemens, les uns plus forts, les autres plus foibles : de forte que s'il y a dans cette Généralité 1228 Paroiffes,
il y aura à peu près 1228 changemens à faire dans les Mandemens, fans compter les changemens anuels caufez par les
grêles, par les incendies, par les Fermes que reprennent les
Exemts, par les Métairies qu'ils donent de nouveau à Ferme,
après les avoir eux-mêmes cultivées, & par d'autres cas.

VI. Chacun peut faire à fa maniere l'opération d'Arithmetique, pour favoir de combien de fous par livre il faut ou
diminuer ou augmenter chaque Total des Tarifs d'une famille Taillable : mais j'ai cru à propos, pour la comodité
publique, de mettre ici celle dont on s'eft fervi pour ces
quatre Paroiffes.

V R A V I L L E.

Le Total du Mandement de Vraville étant de	350 liv. 15 f.
Le Total général des Tarifs montant à la fomme de	338 liv. 8 f.
Le Total du Mandement furpaffe le Total des Tarifs de	12 liv. 7 f.

Il s'enfuit que pour former la fomme totale du Mandement,
il faut ajoûter à chaque article plufieurs petites fommes, qui
en total compofent 12 liv. 7 f. qui eft celle dont le Total du
Mandement furpaffe celle du Total des Tarifs.

Pour cela le Calculateur cherche d'abord combien 350
fous font de livres, & trouve qu'ils valent 17 liv. 10 f. &

qu'ainsi, il faut augmenter chaque article d'un sou par livre, que, l'augmentation de six deniers par livre ne suffiroit pas; mais que le Total exigible sera plus fort d'environ quatre livres que le Total du Mandement : mais cet excedent est remis aux Colecteurs de l'anée suivante, au profit de la Paroisse.

ANGOVILLE.

Le Total du Mandement d'Angoville est de .... 356 liv. 6 f.

Le Total général des Tarifs monte à .... 469 liv. 4 f.

Partant le Total des Tarifs surpasse le Total du Mandement de .... 112 liv. 18 f.

De là il s'ensuit qu'il faut ôter à chaque article de chaque Taillable plusieurs petites sommes, qui en total composent celle de 112 liv. 18 sols.

Pour cet éfet, le Calculateur voit d'abord que le sou pour livre de 356 liv. c'est 356 sous ou 17 liv. 16 f. & qu'ainsi il faut ôter à chaque article six sous pour livre de la Taxe des Tarifs, pour en composer la Taxe exigible, & pour satisfaire au Mandement.

VII. Presentement je supose que l'Intendant de Caën veüille mettre sur ces quatre Paroisses la même Taxe en Total, qu'elles payent cette anée, mais la distribuer à proportion des Totaux des diferens revenus des Taillables de chaque Paroisse, que je supose conus par la déclaration juste de chaque Habitant, & que je supose être à peu près la même que l'estimation de leurs diferens revenus mis & calculez dans ces quatre Essais.

Les Totaux des quatre Mandemens 350 liv. 356 liv. 1954 l. 4571 liv. composent la somme de 7231 liv.

Les Totaux des Tarifs de ces quatre Paroisses 338 l. 469 l. 1695 liv. 4589 liv. montent à 7091 liv.

Sur   7231 liv. Totaux des Mandemens,
ôtez   7091 liv. Totaux des Tarifs,

reste   140 liv. dont le Total des Mandemens surpasse le Total des Tarifs.

Le fou pour livre de 7231 liv. c'est 7231 fous, qui font 361 liv. donc la moitié ou six deniers pour livre, c'est 180 liv.

De là il conclura, que pour mettre ces quatre Paroisses en proportion, il faut que la Taxe de chacune soit précisément la somme qui résultera de ses Tarifs, plus six deniers pour livre, & que sur le Total de ces quatre Paroisses il y aura 40 liv. de plus que les 7231 liv. mais les Colecteurs de l'anée présente remettront cette somme aux Colecteurs de l'anée suivante.

De là il conclura avec certitude, que le Total des Tarifs de Vraville étant à 338 liv. ajoûtant 8 liv. 9 f. pour les six deniers pour livre, la Paroisse doit être imposée non à 350 liv. comme elle l'est, mais à 346 livres.

De là il conclura avec certitude, que le Total des Tarifs d'Angoville étant à 469 liv. ajoûtant six deniers pour livre de cette somme ou environ 12 liv. cette Paroisse doit être imposée non à 356 liv. 6 f. comme elle est, mais à 481 liv. c'est 135 liv. de plus.

De là il conclura avec certitude, que le Total des Tarifs de la Paroisse de Varouville étant de 1695 liv. ajoûtant six deniers pour livre, c'est à dire environ 42 liv. cette Paroisse doit être imposée à 1737 liv. au lieu de 1954 liv. 14 f. à laquelle elle est réellement imposée ; c'est 217 liv. de moins.

De là il conclura avec la même certitude, que le Total des Tarifs de la Paroisse de saint Pierre-Eglise étant de 4589 l. ajoûtant six deniers pour livre, c'est à dire environ 128 liv. cette Paroisse doit payer 4717 liv. au lieu de 4571 liv. à laquelle elle est réellement imposée ; c'est 146 liv. de plus, sauf les erreurs de calcul.

Ces quatre nouvelles Impositions font 7281 liv. au lieu de 7231 liv. ôtez les 40 liv. dont les Colecteurs demeureront saisis, on trouve à peu près le compte : mais le point principal, c'est que la charge est bien proportionée à la force des 337 familles qui composent ces quatre Paroisses : ainsi aucune n'en sera ni ruinée ni même surchargée ; les Recouvremens s'en feront par consequent beaucoup plus facilement, & avec beaucoup moins de frais ; *ce qui est le but proposé.*

OBSERVATIONS

GENERALES.

AVERTISSEMENT.

Voici encore quelques Remarques sur la Taille, elles
pourront être agréables à ceux qui aiment à s'instruire
des afaires publiques, & devenir même utiles à plusieurs de
ceux qui en seront chargez à l'avenir : & comme elles regardent une matiére très-importante, telle qu'est le plus ancien,
le plus solide & le principal Subside de l'Etat, j'ai crû à propos de les mettre à la fin de cet Ouvrage, parce qu'il peut
être regardé un jour comme le Mémoire *fondamental* d'un
Reglement salutaire.

Il me paroît même que ces sortes de Mémoires, qui produisent des Reglemens, doivent être conservez dans les Ar-
chives des diferens Ministeres, pour deux raisons : La premiere, pour empêcher les Ministres bien intentionez, mais
un peu trop hardis, de révoquer des Articles qui sont fondez
sur de solides considerations : La seconde, pour encourager
les Ministres zelez & fidéles, mais un peu trop timides, à
modifier certains Articles, & à en ajoûter d'autres, après
avoir remarqué par les motifs aléguez dans ces Mémoires,
ou que tous les cas n'y avoient pas été prévûs, ou que les
lumieres fautives de la spéculation doivent ceder aux lumieres infaillibles d'une longue & sage experience, & que les
changemens que l'on propose de faire sont efectivement dans
l'esprit général du Reglement.

OBSERVATION I.

Ne point multiplier les noms fous lefquels le Roy leve le Subfide de la Taille, mais marquer feulement les motifs des Augmentations.

Les augmentations de la Taille ont porté diferens noms; Uftancile, Fourage, Capitation, Dixiéme, Grêle, Ponts & Chauffées. Il me femble que l'Impofition que les Colecteurs levent fur les Taillables en vertu du Mandement de l'Intendant, devroit s'apeller du feul nom de Taille, foit qu'il fût ou augmenté ou diminué, pour diferentes confiderations; puifque ces déniers d'augmentation & de diminution fe répartiffent toûjours au fou la livre du Subfide de ce qu'ils apellent *premiere Taille*; & font levez par les mêmes Colecteurs, & payez aux mêmes Receveurs de la premiere Taille, il n'y auroit qu'à mettre dans le préambule du Mandement les raifons de la diminution ou de l'augmentation.

OBSERVATION II.

Il eft utile à l'Etat de diminuer la perte des perdans, & d'en empêcher la ruine.

Lorfqu'il y a pour quelques Paroiffes une perte générale, caufée par la grêle, ou une perte particuliere pour quelque famille, caufée par un incendie, il eft jufte que l'Election & même la Généralité porte à peu près les trois quarts de cette perte, & les afligez à peu près un quart: il faut leur aider non pas à réparer entiérement leur perte, mais à la diminuer affez pour qu'il leur refte les moyens fufifans de travailler & d'exercer leur induftrie: il eft jufte que les perdans perdent, mais il eft de l'équité & même de la bonne Police, qu'ils ne demeurent pas totalement ruinez.

Celui qui porte un quarantiéme plus de fa Taxe pour fupléer à l'incendie, n'en eft qu'un peu incomodé; ainfi au lieu de quarante fous, par exemple, au lieu de quarante livres,

au lieu de quarante écus qu'il porte, il portera quarante &
un fou, ou quarante & une livre, ou quarante & un écu ; à
condition que fi pareil malheur lui arivoit, il ne perdroit que
les trois quarts, & pouroit par confequent fe rétablir en peu
de tems : ainfi il trouvera cette nouvelle augmentation peu
onéreufe & très-raifonable.

Si la perte ne monte pas à fix deniers pour livre ou au quarantiéme de la Taxe de l'Election, cette perte fe répartira
dans l'Election feule ; fi elle monte plus haut, elle fe répartira
fur toutes les Elections de la Généralité. Il y a telle perte d'un
Paroiffien, qui eft au deffous du quarantiéme du Subfide de
la Paroiffe, & qui fera par confequent répartie par l'Intendant
feulement fur la Paroiffe même : par exemple, fi la perte caufée par l'incendie d'une petite maifon, ne monte qu'à deux
cens livres, & par confequent à cent cinquante livres de Répartition fur une Paroiffe qui paye plus de fix mille livres,
cette perte fera fuportée par la Paroiffe feule ; & ces cent cinquante livres recueillis par les Colecteurs, fera mife entre les
mains du Perdant fur l'Ordonnance de l'Intendant ; & de
cette maniere les pertes de pur malheur ne ruinent perfone,
& deviennent fuportables pour tout le monde ; & c'eft l'efet
d'une excellente Police.

Si la perte dans une Généralité montoit à plus de fix deniers
pour livre ou du quarantiéme de la Taille de cette Généralité ;
par exemple, pour le rétabliffement d'un Pont neceffaire fur
une grande Riviere, le Confeil feroit alors obligé de la répartir fur les vint Généralitez ; comme le Pont de Blois, qui a été
emporté par les glaces & par les débordemens.

Nous avons vû que le Parlement d'Angleterre a ordoné
fagement une augmentation de Subfide fur la Nation ; &
cette augmentation fut deftinée à diminuer le malheur de
ceux qui avoient été brûlez à Londres il y a deux ans : Ce
n'eft pas feulement par un fentiment d'humanité, qui veut
que ceux qui font exemts de malheur, foulagent les malheureux, mais c'eft une raifon fondée dans l'interêt de l'Etat,
qui demande qu'aucun Sujet ne foit entierement acablé ni
totalement ruiné ; parce qu'une famille ruinée devient à
charge à l'Etat, au lieu qu'une famille qui fe foûtient, aide
à foûtenir l'Etat.

OBSERVATION III.

Augmentation du droit des Colecteurs.

Par cette maxime politique pleine d'équité, de fageffe & d'humanité, *qu'il faut que l'Etat empêche la ruine des familles*, il eft vifible que le Confeil doit empêcher que les Colecteurs ne foient ruinez dans l'anée de leur Colecte ; & cependant dans la Taille arbitraire ils le font fouvent par trois caufes : La premiere, eft de n'avoir pas une rétribution fufifante tant pour les journées qu'ils paffent à recueillir les Taxes ; la feconde, par les frais qu'ils ont à fuporter de la part des Receveurs ; la troifiéme, par les mauvais deniers & par les reftes des Taillables taxez au delà de leur pouvoir.

L'établiffement des Tarifs, qui produiront une Répartition proportionée, peut remédier aux deux dernieres caufes ; mais elle ne remédie pas à la premiere, qui eft la perte des journées.

Je croi donc que l'on pouroit réduire le nombre des Colecteurs felon la Taxe de la Paroiffe ; deux Colecteurs pour les Paroiffes de 3000 livres & au deffous, trois Colecteurs pour les Paroiffes de 6000 livres & au deffous, quatre Colecteurs pour les Paroiffes ou Communautez au deffus de 6000 livres, en augmentant d'un Colecteur pour chaque 2000 liv. jufqu'au nombre de fix. Si la Paroiffe étoit trop grande, on pouroit la partager en deux ou plufieurs Communautez.

De cette forte il y auroit un quart moins de Colecteurs, ce qui feroit une grande épargne pour la perte du tems : Or comme il y a plus de vint-cinq mille Paroiffes & plus de cent mille Colecteurs, ce feroit épargner à l'Etat les journées & le tems de plus de vint-cinq mille hommes par an, ce qui eft un objet très-confiderable.

L'établiffement de la proportion auroit encore un avantage, c'eft que les Receveurs n'auroient pas befoin que les Paroiffes nomaffent un fi grand nombre de Colecteurs pour répondre des reftes, puifqu'il n'y en auroit prefque jamais, fur tout fi les payemens fe font en douze mois, & que ceux qui payeront d'avance y puiffent gagner un pour cent par mois,

Les

Les Taxes qu'on leve fur chaque Paroiffe pour les frais
de la Colecte, & pour faire les deniers bons & les avances, font prefentement à fix deniers pour livre, c'eft trop peu,
& de beaucoup trop peu : je croi qu'il feroit à propos de mettre la Taxe pour la Colecte à un fou fix deniers : trois Colecteurs dans les Paroiffes compofées d'un grand nombre de
familles, employeroient plus de peine & plus d'avances, mais
ils en feroient mieux payez.

On fait que dans les Recouvremens dificiles, foit par le
nombre, foit par le peu de richeffes des débiteurs, & pour
faire les deniers bons, on done comunément deux fous pour
livre de la fomme du Recouvrement; alors dans ce Recouvrement il y auroit quelque chofe à gagner pour les Colecteurs ;
mais à un fou fix deniers, il y auroit le plus fouvent à perdre
pour le Colecteur, fur tout dans les Elections où la journée du
Journalier eft à vint fous.

Je croi qu'il feroit plus à propos de faire en forte par
la Taxe de la Colecte, que cet emploi fût plutôt un peu
plus à defirer qu'à craindre pour les Colecteurs ; c'eft qu'en
général s'il y a de la perte pour la Paroiffe en mettant les deniers de la Colecte à un fou fix deniers pour livre, il vaut
mieux que cette perte foit répanduë d'une maniere infenfible
& non ruineufe fur toutes les familles, que d'être répanduë
d'une maniere trop fenfible & ruineufe fur trois familles ; &
s'il y a du gain pour les Colecteurs à un fou fix deniers, ce fera
peu de chofe : & comme chaque famille tour à tour eft nom-
mée pour la Colecte, chaque famille de la Paroiffe en profi-
tera à fon tour : ainfi cette dépenfe que porte le Total de la
Paroiffe tournera tour à tour au profit de chaque famille de
la Paroiffe, & ne feroit onéreufe à perfone.

Au refte, je fuis perfuadé que de vint Colecteurs on en
trouvera dix-neuf, qui ne demanderoient pas mieux que d'ê-
tre déchargez du foin, de la peine, des avances & des enga-
gemens de la Colecte, en cédant leur droit d'un fou fix deniers pour livre à un autre, fur tout lorfque les Tailles font
hautes comme elles font; car alors les Recouvremens en deviennent plus dificiles.

PROJET DE TAILLE

OBSERVATION IV.

Proportion entre les vint Généralitez.

Le plus haut point où la Taille ait été c'eſt en 1713. à la fin d'une Guerre très-onereuſe ; car en comptant tous les articles d'Uſtancile, Fourage, Capitation, Dixiéme, &c. elle monta à quatre-vint-cinq millions trente-quatre mille deux cens cinquante-quatre livres trois ſous huit deniers.

Voici ce que chaque Généralité en portoit.

Nombre de familles
Taillables.

209670.	PARIS.	8988185 l. 9 ſ. 9 d.
268281.	TOURS.	7617674 l. 3 ſ. 4 d.
155897.	ROÜEN.	6706170 l. 16 ſ. 11 d.
135986.	RIOM.	5254552 l. 18 ſ. 2 d.
259762.	BORDEAUX.	4985657 l. 15 ſ. 6 d.
159845.	POITIERS.	4884340 l. 11 ſ. 0.
110440. par eſtimation.	MONTAUBAN.	4533809 l. 4 ſ. 5 d.
137917.	ORLEANS.	4628477 l. 3 ſ. 9 d.
156341.	CAEN.	4618258 l. 8 ſ. 9 d.
132117.	ALENÇON.	3964061 l. 14 ſ.
108900. par eſtimation.	GRENOBLE.	3838611 l. 12 ſ. 3 d.
177253.	CHALONS.	3791193 l. 5 ſ. 10 d.
90759.	LYON.	3387372 l. 8 ſ. 11 d.
246740. par eſtimation.	AUCH.	3374861 l. 4 ſ. 7 d.
114296.	LIMOGES.	2931973 l. 16 ſ. 5 d.
80700.	MOULINS.	2912877 l. 19 ſ. 7 d.
106411.	LA ROCHELLE.	2725454 l. 13 ſ. 8 d.
92591.	SOISSONS.	2259009 l. 17 ſ. 1 d.
109780.	AMIENS.	1875777 l. 1 ſ. 3 d.
68285.	BOURGES.	1815937 l. 18 ſ. 6 d.

2978428 familles.   85034254 l. 3 ſ. 8 d.

On voit par ce Tableau la proportion que le Conſeil gardoit alc entre les vint Généralitez ; on verra dans deux ou

trois ans par la Métode des Tarifs combien chaque Généralité, chaque Election, chaque Paroiffe devoit porter de ce
pefant fardeau, qui eft cette anée 1722. environ à vint millions de moins qu'en 1713.

En 1717. le Total des Impofitions étoit à 66331693 l. 7 f. 10 d.
à peu près comme cette anée.

O B S E R V A T I O N V.

Diferences entre les Généralitez.

Nous avons dix-fept Généralitez, dont nous conoiffons le
nombre des Paroiffes & le nombre des familles ; nous ayons
trois Généralitez, dont nous conoiffons le nombre des Paroiffes & non le nombre des familles ; mais l'on peut deviner
à peu près le nombre inconu de ces familles par un pied-
commun compofé de toutes les Paroiffes des dix-fept autres
Généralitez ; parce que le nombre des Paroiffes de ces dix-
fept Généralitez eft certain & conu.

On fait donc que le nombre des Paroiffes des dix-fept
Généralitez de Paris, d'Amiens, de Soiffons, d'Orleans, de
Bourges, de Moulins, de Riom, de Lyon, de Poitiers, de la
Rochelle, de Limoges, de Bordeaux, de Tours, de Cham-
pagne, de Roüen, de Caën, d'Alençon eft 21140. & que le
nombre des familles eft 2432273. lequel divifé par 21140.
rend pour pied-commun un peu plus de cent dix familles par
Paroiffe.

Or comme nous favons que la Généralité d'Auch contient
1746 Paroiffes, & comprend encore les 376 Paroiffes de Bearn,
& les 102 Paroiffes de la baffe Navarre ; Total 2234. cela feroit fur le pied-commun de 110 familles par Paroiffe 245740
familles.

Grenoble qui a 990 Paroiffes, auroit par confequent 108900
familles.

Montauban qui a 1004 Paroiffes, auroit par confequent
110440 familles.

Cette Eftimation du nombre des familles de ces trois Généralitez eft neceffaire pour fonder le calcul du pied-commun
général de la Taille pour toutes les familles de toutes les

Z ij

Elections & de toutes les Généralitez du Royaume : ainsi
cette Eftimation est un perfectionement qu'il est à propos de
faire aux Tables du fyftême des pieds-communs ; fyftême
très-ingenieux, qui ne peut venir qu'à un efprit profond &
fenfé, qui fait tirer des conjectures par la conoiffance du général des afaires, lorfqu'il croit ne pouvoir ariver à la certitude par la conoiffance du détail de ces mêmes afaires.

Le mot *feu*, fignifie le plus fouvent famille ; mais en certaines ocafions & dans les trois Généralitez fufdites, il fignifie comunément une certaine quantité d'arpens de Terres &
de Maifons, eftimez dans la Généralité de Grenoble 2000 l.
de revenu, & dans les deux autres plus ou moins, & ne fignifie point du tout le nombre des familles.

Montauban auroit donc 110440 feux de famille, & feulement 7308 feux de terroir.

Je fai bien que dans les fuputations des Tables, *les feux de
terroir* des trois Généralitez n'ont pas été confondus avec les
feux de familles des dix-fept autres Généralitez ; mais il étoit
à propos de réduire toutes les vint Généralitez à un même
plan *de feux de famille*, pour en tirer un pied-commun, qui
aproche toûjours d'autant plus de la juftice, qu'il eft tiré d'un
plus grand nombre.

Et après tout, les Terres ne valent qu'à proportion du
nombre des Habitans qui les cultivent, qui en confomment
les fruits, & qui par leurs travaux dans les Métiers, gagnent
de quoi acheter ces fruits.

Le nombre *de feux de famille* eft donc la principale indication du revenu d'une Paroiffe ; mais il y a encore d'autres
principales indications : Par exemple.

La quantité du terroir de la Paroiffe, feconde indication :
car cinquante familles peuvent cultiver le terroir d'une lieuë
quarrée de vint-cinq au degré, c'eft à dire environ cinq mille
arpens ; & il peut y avoir cinquante familles dans l'étenduë
de mille arpens & même de cinq cens arpens, dont chacun
fait cent perches ou un quarré de dix perches.

La qualité du terroir, troifiéme grande indication : car un
arpent de terre en vaudra vint autres pour le revenu en
fruits.

Le degré de confommation & de comerce, quatriéme

Indication , qui peut mettre une diference du double &
même du triple de la valeur en argent des fruits de deux arpens de terres femblables également cultivées.

La culture des terres , cinquiéme indication : car comme
il peut y avoir une diference de moitié dans la culture de
deux arpens femblables , il peut y avoir une diference d'un
quart dans le produit des fruits de ces deux arpens ; cette diference de culture eft plus évidente dans le païs de Vignobles.

O B S E R V A T I O N VI.

Défectuofité des Dénombremens.

Ces dénombremens de familles Taillables ne font pas fufifamment exacts.

1°. Ils furent faits vers l'an 1640. fous le Miniftere du Car-
dinal de Richelieu ; & j'ai verifié qu'en 1685. environ quarante-cinq ans après , dans le Procès verbal de l'Intendance de
Moulins , fait avec beaucoup d'exactitude par M. d'Argouges,
alors Intendant , & par un homme qui a beaucoup de capacité & de probité , & qui eft prefentement Receveur général
des Finances , il y a des lieux plus peuplez , les autres moins ;
mais à tout prendre , il y avoit dès-lors prefqu'un dixiéme
de plus de familles qu'en 1640.

2°. Ces dénombremens ont été faits non-feulement pour
les familles Taillables , mais on y a fouvent employé auffi les
familles Exemtes , qui réfidoient dans les lieux Taillables.

3°. Depuis 1640. il y a eu plufieurs Villes Tarifées & abon-
nées , qui levent prefentement la Taille par les droits d'Entrée.

4°. Il y a dans les dénombremens anciens plufieurs Villes
Exemtes , dont les familles font comprifes dans le dénombrement comme familles Taillables.

Tout cela me fait croire , que pour bâtir quelque chofe de
folide & d'exact fur les dénombremens , il faudroit en refaire
la plûpart tout à neuf ; & certainement la conoiffance des dénombremens des familles , des enfans , des domeftiques , &
autres membres de chaque famille , s'ils étoient exacts & par
fexe , & bien circonftanciez , depuis l'âge d'un an jufqu'à

Z iij

dix, depuis dix ans jufqu'à vint., &c. feroit d'une grande
utilité pour diferentes vûës très-importantes au Gouvernement.

OBSERVATION VII.

Généralitez cadaftrées.

Il y a des Généralitez ou païs d'Election, dans lefquelles la
Taille eft arbitraire & perfonelle feulement pour les revenus
qui naiffent du comerce & de l'induftrie; mais réelle ou cadaftrée pour les revenus qui naiffent des fonds de Terre,
Grenoble, Montauban, & partie d'Auch & de Bordeaux; il
fera facile d'établir les Tarifs dans le Total de la Généralité
de Bordeaux & de la Généralité d'Auch, après la comparaifon que les Intendans feront des deux Métodes.

OBSERVATION VIII.

Généralitez rédimées.

Il y a quatre Généralitez dans lefquelles ni le droit d'Aides
ni le droit de Gabelles ne font point établis ; la Rochelle,
Poitiers, Riom & Limoges, & dans partie de celle d'Auch,
de Bordeaux & de Montauban : Ces Généralitez ont payé autrefois ou un Subfide particulier ou une augmentation du
Subfide de la Taille pour s'en exemter ; mais par proportion
aux autres Généralitez, elles font depuis lon-tems rembour-
fées & au delà de ce qu'elles avoient payé pour cette exemtion,
par un traitement beaucoup plus favorable que celui qu'ont
reçû les autres Généralitez, qui dans le fonds ne font pas moins
dignes d'être favorisées.

C'eft ce qui a engagé le Confeil, pour proportioner le Subfide Total des autres Généralitez, qui payent la Taille, la
Gabelle & les Aides, au Subfide Total de ces Généralitez rédimées, à demander plus de Taille à ces Généralitez exemtes
de ces deux Impôts, à proportion de celles où ces deux
Impôts font levez outre la Taille.

Mais, à dire le vrai, le Total du Subfide des Généralitez
rédimées ne va pas encore à beaucoup prés à proportion des

feux & des terres au Total du Subfide des Généralitez non
rédimées, ce qui eſt une injuſtice que ſoufrent les Généralitez non rédimées, & que le Conſeil doit faire ceſſer ; & cela
ſe peut faire preſque inſenſiblement en quatre ou cinq ans,
ſi l'on augmente tous les ans ces Généralitez rédimées de
deus ſous pour livre, juſqu'à ce qu'elles ſoient à niveau des
autres : & pourquoi les autres n'auroient-elles pas la même
liberté de ſe rédimer aux mêmes conditions ?

OBSERVATION IX.

Mettre partie de la Gabelle & des Aides en Taille.

Il eſt facile d'ariver par la Métode des Tarifs au point de
proportion du Total des Subfides entre toutes les Généralitez,
en mettant dans les Généralitez rédimées le Subfide de la
Taille proportioné au Subfide compoſé de Taille, Aides &
Gabelles, qui ſe leve ſur les Taillables dans les autres Généralitez non rédimées.

Ainſi il eſt viſible que dans la pratique on pouroit mettre
en Taille dans toutes les Généralitez non rédimées les droits
d'Aides qu'on leve hors des Villes, & environ les trois quarts
du Subfide des Gabelles, & ſauver ainſi au Roy & à ſes Sujets
les gages, les profits & les vexations que leur font une infinité
d'Oficiers des Aides & de la Gabelle.

On peut lever peu à peu les dificultez qui peuvent ſe rencontrer dans l'execution de cette avantageuſe uniformité ;
mais il faudroit augmenter auſſi en même tems les droits
d'Entrée des Villes exemtes de Taille, afin que les Sujets des
Villes portaſſent leur part du fardeau public du Sel & des
Aides en même proportion que les habitans des Vilages.
Cette operation n'eſt rien moins qu'impoſſible, ſur tout
pour un Miniſtre éclairé, laborieux, & zelé pour le bien
public.

OBSERVATION X.

Proportion des Aides & de la Gabelle avec la Taille.

Extrait d'un plan exact de la Généralité de Soissons, Année 1721.

Aides produisent	549000 liv.
Ventes volontaires du Sel produisent anée commune	695000 liv.
Ventes forcées du Sel produisent	307000 liv.
Impositions de la Taille, &c.	1118047 liv.

J'ai été fort étoné de voir la proportion qui se trouve entre ce que les Fermiers du Roy levent dans la Généralité de Soissons pour le Subside du Sel & pour le Subside des Aides ; cela monte à plus de 1550000 liv. au lieu que ce qui s'y leve pour le Subside de la Taille ne monte qu'à 1118000 liv. cependant les Aides & la Gabelle par Bail ou par Régie ne produisoient pas au Roy cette anée-là quarante millions , déduction faite des autres Subsides , qui composent le Bail général ou la Régie générale , au lieu que le Total de la Taille produisoit au Roy plus de soixante millions ; de sorte que la Taille produit au Roy un tiers plus que ces deux Subsides : Cependant les habitans Taillables & Exemts payant au Roy 433000 liv. en Gabelles & Aides plus qu'ils ne payent en Taille , c'est presque un tiers plus que la Taille : ainsi presque la moitié des Aides & de la Gabelle est employé aux frais & profits des Fermiers & de leurs Commis.

Les Aides des Villes , qui sont converties en Entrées sur les boissons , se perçoivent sans frais par les Commis , mais les Aides sur les Cabaretiers des Bourgs & Vilages coûtent beaucoup en Gardes & Archers : on pouroit laisser dans les Villes le Recouvrement des Aides tel qu'il est seulement par Entrée , comme à Paris , & mettre sur la Taille le produit des Aides des Bourgs & Vilages , & environ les trois quarts de la somme qui revient au Roy pour le Sel ; on sauveroit par cette Métode à la Généralité de Soissons plus de 550000 liv. sans que le
revenu

revenu du Roy diminuât d'une piftole ; & par confequent on fauveroit plus du tiers de ces deux Subfides à tout le Royaume.

Cela me fait penfer, que fi au lieu de ces deux Subfides on trouvoit le moyen, par l'augmentation des Entrées pour les Villes, & par l'augmentation de la Taille pour les Vilages de la Généralité de Soiffons, de lever feulement deux cens cinquante mille livres, pour obliger les Fermiers de la Gabelle à fournir à cette Généralité le Sel aux trois quarts moins ou environ, les Fermiers ne laifferoient pas d'y gagner fufifamment, par l'augmentation de confommation qui s'en feroit, & le Roy ne laifferoit pas de faire dans le Royaume une Ferme de trois ou quatre millions pour la voiture, & la vente du Sel feroit alors à un prix fi modique, que les Fauxfauniers ne pouroient trouver leur compte à faire le fauxfaunage, fi ce n'eft dans une grande quantité ; ce qui feroit alors facile à découvrir.

O B S E R V A T I O N   XI.

Sur la Métode des pieds-communs des familles Taillables.

Si l'on fupofe environ trois millions de familles Taillables, & foixante millions de Taille, le pied-commun de chaque famille, par raport à la Taxe totale de foixante millions, feroit 20 liv. par chaque famille.

Si l'on fupofe vint-cinq mille Paroiffes Taillables à cent dix familles chacune, le pied-commun de chaque Paroiffe fera 2200 liv. pour former les foixante millions.

Mais ces pieds-communs, fi on ne les prend que par raport au nombre de familles, ne fauroient prefque fervir que de conjecture, lorfque l'Intendant veut favoir s'il faut augmenter ou diminuer une telle Paroiffe ; & cela vient de ce qu'il peut y avoir une diference quintuple ou même decuple, qui procede de l'étendüe ou de la bonté du terroir des deux Paroiffes de même nombre de familles.

Outre cela, entre deux Paroiffes d'égal nombre de familles, d'égal nombre d'arpens de terre, d'égale fertilité de

A a

terroir, fi l'une eft aux portes de Paris, l'autre en Limoufin, à quatre lieuës de la plus proche Ville de deux arpens égaux, également cultivez, l'un vaudra 10 liv. l'autre 30 l. parce que près de Paris il y a deux tiers plus d'argent ou de comerce qu'à quatre lieuës de Limoges.

OBSERVATION XII.

Sur le produit des pieds-communs non rectifiez.

Le Lecteur fera bien-aife de voir d'un côté ce que produi-roient les vint Généralitez par les pieds-communs de chaque famille à 22 liv. chacune, comparé à ce qu'elles produifent actuellement : Supofons-les donc toutes en 1721. environ à foixante-trois millions, je négligerai les centaines de livres pour la comodité du calcul.

Impofitions fupofées fur le pied-commun du nombre des familles Taillables.		Impofitions réelles de 1721.
4612000 liv.	PARIS.	6268000 liv.
4902000.	TOURS.	5738000.
3429000.	ROÜEN.	4036000.
2991000.	RIOM.	4448000.
5714000.	BORDEAUX.	4186000.
3516000.	POITIERS.	3540000.
2429000.	MONTAUBAN.	3363000.
3034000.	ORLEANS.	3668000.
3439000.	CAEN.	2912000.
2907000.	ALENÇON.	2679000.
2395000.	GRENOBLE.	2614000.
3899000.	CHALONS.	2949000.
1996000.	LYON.	2423000.
5406000.	AUCH.	2588000.
2514000.	LIMOGES.	2778000.
1775000.	MOULINS.	2457000.
2341000.	LA ROCHELLE.	1922000.
2037000.	SOISSONS.	1723000.
2415000.	AMIENS.	1973000.
1502000.	BOURGES.	1349000.

A fuivre les pieds-communs Auch payeroit plus que Paris, au lieu que Paris doit payer la moitié & prefque les deux tiers plus qu'Auch. Riom qui paye 4448000 liv. ne payeroit que 2991000. c'eft plus de cinq cens mille écus de moins, Paris payeroit auffi plus de cinq cens millé écus de moins ; cette regle des pieds-communs des familles doit donc être rectifiée encore ; 1°. par la conoiffance de l'étenduë du terroir, 2°. par la conoiffance de la fertilité du terroir, 3°. par la conoiffance du degré de Comerce, c'eft à dire par la conoiffance du prix commun de la journée du Journalier, qui fait juger de l'abondance ou de la rareté de l'argent, & de la vivacité ou de la lenteur du Comerce.

OBSERVATION XIII.

Utilité des Cartes des Généralitez.

On peut par l'infpection des Cartes de deux Généralitez juger de l'étenduë du terrain, mais non pas toûjours de la fertilité du terroir ; cependant pour comparer les Généralitez entre elles, l'infpection des Cartes n'eft pas inutile, non plus que la comparaifon du nombre des familles ; on peut même par la multitude & la grandeur des Rivieres juger quelque chofe de la fertilité du terroir & de la facilité du Comerce ; & quoique ces conoiffances ne foient que peu exactes, elles peuvent fervir neanmoins lorfque l'on n'en a pas de meilleures : j'en dis de même de la confideration des reftes ; car quoique ces fortes de principes foient fautifs, & que les conclufions que l'on en peut tirer puiffent jeter dans l'erreur & dans l'injuftice, on peut cependant dire, que lorfque tous ces principes concourent à une même conclufion, il eft encore plus fage de s'y conformer que de ne fuivre aucun principe, & de s'en raporter au pur hazard ou au jugement de nos prédeceffeurs, qui ayant encore moins de conoiffances que nous n'en avons, formoient leur jugement encore plus au hazard que nous ne faifons, pour rendre proportionelles les Taxes fur les Généralitez & fur les Elections.

OBSERVATION XIV.

Pieds-communs non rectifiez.

Une Paroiſſe de cinquante feux peut avoir quatre fois plus d'étenduë & d'un terroir beaucoup meilleur qu'une Paroiſſe de cinquante autres feux qui n'aura qu'un terroir peu fertile & de très-petite étenduë : Les habitans de cette petite Paroiſſe ſeront Vignerons, Charboniers, Tiſſerans, & autres ſimples Artiſans preſque ſans revenu en fonds de terre, éloignez des grandes Villes & des grandes Rivieres ; au contraire la grande Paroiſſe dans les péis de campagne, ne ſera preſque habitée que par des Laboureurs riches en terres, & qui font valoir de grandes Fermes de trois ou quatre Charuës, & au bord d'une grande Riviere : ainſi il peut ariver que ces cinquante feux de la grande Paroiſſe porteroit plus facilement 5000 liv. de Taille, ou chacun 100 liv. l'un portant l'autre, que ces cinquante autres feux ne porteront 1000 l. c'eſt à dire deux piſtoles l'un portant l'autre ; la diference eſt quintuple.

Je ſupoſe, par exemple, qu'il y ait 28000 Paroiſſes Taillables de cent dix feux Taillables chacune, ſur le pied de ſoixante-trois millions, le pied-commun de chaque Paroiſſe ſera environ 2420 liv. & le pied-commun de chaque feu ſera environ de 22 liv. de quel uſage peut être cette conoiſſance à l'Intendant, qui verra ces deux Paroiſſes de cinquante feux chacune, pour ſavoir s'il faut augmenter la petite, ou s'il faut diminuer la grande de 2580 livres ? Il eſt évident que s'il n'a qu'une pareille conoiſſance priſe des pieds-communs, il n'oſera ôter ſeulement 100 liv. à celle de 5000 liv. pour les metre ſur celle de 1000 livres.

Je ſai bien que l'éloignement de la verité de ces eſtimations par pieds-communs eſt plus ſenſible entre deux familles qu'entre deux Paroiſſes, entre deux Paroiſſes qu'entre deux Elections, entre deux Elections qu'entre deux Généralitez ; mais ſi cette diference entre le pied-commun & l'eſtimation réelle n'eſt pas du triple, elle peut être du tiers ; & ce ſeroit une grande erreur de ſe tromper d'un tiers entre l'eſtimation de deux Généralitez ou de deux Elections.

Il arive toûjours dans ces fortes d'eftimations de pied-commun, qu'une des extrémitez y gagne trop, & que l'autre y perd trop; mais toutes fautives & peu exactes qu'elles foient, elles ne laiffent pas de mener fouvent à des vûës très-utiles : Par exemple, cette Métode aide fort à prouver ce que j'avois déja remarqué dans la Généralité de la Rochelle, que les Paroiffes de cette Généralité, que l'on apelle péïs rédimez, & qui n'ont point la Gabelle, payent communément un tiers moins de Subfide à l'Etat à proportion que les Généralitez de Normandie.

Le Subfide de la Taille eft un peu plus haut en Poitou & dans la Généralité de la Rochelle qu'en Normandie ; mais le Subfide compofé de la Taille, de la Gabelle & des Aides en Normandie eft plus fort prefque d'un tiers que le Subfide de la Taille de Poitou, de Saintonge & Aunis à proportion des revenus des Taillables.

J'ai dit qu'il faut encore avoir atention à faire un pied-commun de la journée du Journalier dans chaque Généralité, pour conoître la quantité d'argent qui y eft dans le Comerce : car il eft certain que l'arpent de même terre également cultivé, raportera douze livres & même dix-huit livres dans une Paroiffe, tandis que dans une autre Paroiffe il ne raportera que fix livres.

OBSERVATION XV.

Pieds-communs même rectifiez, inutiles pour la Répartition entre famille & famille.

Au refte, cette Métode des pieds-communs même rectifiée, peut fervir à guider les premiers Répartiteurs, comme le Miniftre des Finances & les Intendans, pour diminuer les difproportions exceffives entre Généralité & Généralité, entre Election & Election, & même quelquefois un peu entre Paroiffe & Paroiffe, fupofé la conoiffance de l'étenduë & de la fertilité du terroir & le prix commun de la journée du Journalier ; mais cette Métode ne peut jamais fervir de rien dans la Répartition entre famille & famille, ni obliger le Colecteur à obferver la juftice & la proportion dans cette

Répartition : cependant c'eſt l'injuſtice des Colecteurs qui eſt la principale & la plus grande ſource des diſproportions exceſſives, & par conſequent des grands reſtes, & par conſequent des frais exorbitans & de la ruine des Taillables, & par conſequent de tous les autres grands inconveniens qui en réſultent.

Or c'eſt à quoi remédie la Métode des Tarifs ; elle donc même une conoiſſance beaucoup plus exacte & beaucoup plus certaine des revenus de toutes les familles, & par conſequent de toutes les Paroiſſes, & par conſequent de toutes les Elections, & par conſequent de toutes les Généralitez, que la Métode des pieds-communs même parfaitement rectifiée.

OBSERVATION XVI.

Eſſai des deux Métodes dans une même Généralité.

On peut faire des ſuputations du Projet de la Taille Tarifée & des ſuputations du Projet des Pieds-communs dans une même Généralité ; on y aura deux Métodes pour conoître les revenus des Paroiſſes : Or ces deux Métodes pourront ſervir à ſe rectifier & à ſe verifier mutuellement l'une l'autre, & l'on jugera alors avec beaucoup plus de ſeureté, 1º. s'il eſt à propos de les continuer toutes deux dans toutes les Généralitez ; 2º. ſi l'une peut ſufire ſans l'autre ; 3º. laquelle eſt plus ſeure, plus facile, plus promte & moins coûteuſe.

OBSERVATION XVII

Conſideration en faveur du Projet des Tarifs.

Le Lecteur a vû les deux cauſes des diſproportions dans les Répartitions : La premiere & la moins ruineuſe dans les premiers Répartiteurs eſt le défaut de conoiſſance ſufiſante des dix-ſept ſortes de revenus ou gains anuels des Taillables de chaque Paroiſſe, & par conſequent de chaque Election, & par conſequent de chaque Généralité : la ſeconde & la plus ruineuſe, qui ſe trouve dans les Colecteurs ou derniers Répartiteurs, eſt le défaut de juſtice.

Il defire de voir un remede à ces deux caufes, il eft touché
de la mifere anuelle & journaliere de dix-huit ou dix-neuf
cens mille familles non protégées, qui gémiffent tous les jours
fous les difproportions exceffives de leurs Taxes, que leur
caufe l'injuftice des Colecteurs & l'abus du crédit de deux ou
trois cens mille familles protégées : il defire, comme bon Ci-
toyen, que l'on éprouve une Métode qui puiffe remedier aux
grands maux que foufre le Roy & l'Etat de ces difproportions
exceffives.

Le plan de la Taille Tarifée, pour faire tarir ces deux four-
ees de difproportions, confifte en trois points : 1°. aux dix-
fept Tarifs pour les dix-fept fortes de revenus ; 2°. à la liberté au Taillable, qui craint la Taxe exceffive, de faire fa déclaration felon la verité ; 3°. à l'affujetiffement du Colecteur à le
taxer comme les autres Taillables fur le pied des Tarifs & de
fa déclaration, en rempliffant cependant par les Taxes du Rôle
le Mandement de l'Intendant.

Il a lû les Obfervations fur le plan des Pieds-communs des
familles. 1°. Ce plan fera long, dificile & coûteux à rectifier
fufifamment par la conoiffance de la quantité & qualité des
fonds & du prix de la journée du Journalier. 2°. Tout rectifié
qu'il peut être, il ne remedie point à la fource principale des
difproportions ruineufes entre familles & familles. 3°. Ces
deux plans n'ont rien de contraire, ainfi ils peuvent, fans fe
nuire, être mis en pratique. 4°. Loin de fe nuire, ils fe fer-
viroient de preuve & de verification l'un à l'autre, lorfque
leurs Réfultats conviendroient & feroient propres à fe rectifier
l'un l'autre, lorfque leurs Réfultats fe trouveroient fort diferens. 5°. L'on peut effayer dans une même Généralité ces
deux fortes de fuputations.

Je puis ajoûter à ces Obfervations, que lorfque le plan des
Pieds-communs a été agréé au Confeil, ce n'a pas été à l'ex-
clufion d'un plan qui n'étoit pas conu alors ; on n'a pas pû
alors faire la comparaifon d'un plan conu avec un plan inconu,
ni exclure un fecond plan ; qui loin de nuire au premier, ne
peut que lui fervir.

Au refte, il faut convenir que cette Métode des Pieds-
communs eft très-ingenieufe, & qu'elle ne peut venir qu'à
un efprit profond, qui pour l'utilité publique, fait faire ufage

des conjectures dans les chofes où il ne voit pas de moyens pour ariver à la certitude.

OBSERVATION XVIII.

Sur les Ofices qui exemtent de la Taille.

On peut dire en général fur les Ofices qui exemtent de la Taille, que les privileges nuifent fort à l'uniformité de la Régie, & font naître beaucoup d'embaras & de procés, tant à l'égard de ceux qui veulent les étendre, qu'à l'égard de ceux qui ont interêt de les reftraindre; ainfi on peut les fuprimer, & y fupléer par des penfions perfonelles, mais viageres; en forte que les vivans, qui font les feuls à ménager, y gagnent plutôt que d'y perdre, & qu'ils ne foient point intereffez à perpétuer un mal public pour la génération future.

2°. On trouvera dans l'examen de plufieurs privileges, que les raifons & les caufes des privileges ne fubfiftent plus, & que les fervices font rembourfez & payez largement depuis long-tems.

3°. Le Roy peut dédomager auffi par des penfions ceux dont dépendent les privileges & qui les vendent.

OBSERVATION XIX.

Plan d'Arondiffement de feu M. Colbert.

1°. Il y a des Elections qui s'étendent en long, & où la Ville de Recette n'eft pas au milieu, ce qui incommode fort les Taillables, comme celle de Niort; M. Colbert avoit deffein de les arondir.

2°. De même il y a des Elections trop grandes & trop étenduës, & d'autres trop petites; il avoit deffein de les égaler, non pas parfaitement, car cela eft impoffible; mais de les aprocher davantage de l'égalité, par raport au revenu, & ainfi d'en ôter aux unes & d'en ajoûter aux autres.

3°. Il vouloit faire la même chofe à l'égard des Paroiffes, en joignant plufieurs petites Paroiffes enfemble, fous le nom de *Communauté*, que l'on apelleroit telle Communauté, du

nom

nom ou de la principale Paroiſſe, ou de celle qui feroit le centre des autres, en laiſſant cependant le même nombre des Mandemens égal au nombre des Paroiſſes, & cela pour diminuer le nombre des Colecteurs & la dificulté des Recouvremens.

4°. Il avoit envie d'en uſer de la même maniere à l'égard des Généralitez, diminuer les unes & augmenter les autres ; le tout pour augmenter la facilité de la Régie ; il apeloit ce Projet *ſon plan d'arondiſſement*. Ce plan me paroît en général très-ſenſé dans la ſpéculation, quoiqu'il puiſſe s'y trouver quelques dificultez & quelques exceptions dans la pratique.

O B S E R V A T I O N XX.

Autoriſer les Elus à juger pluſieurs Procès en dernier Reſſort.

1°. J'ai déja propoſé de doner à la Juridiction des Elus l'autorité de juger pluſieurs afaires de petite importance en dernier Reſſort ; je ſai bien que c'eſt faire tort aux Procureurs, aux Avocats, & même à quelques Juges de la Cour des Aides : mais l'Etat doit-il rejeter un remede qui guériroit un grand nombre de maux & de malades à petits frais, parce qu'il feroit tort aux Chirurgiens, aux Apoticaires & aux Medecins ?

2°. Les Procès ſont un grand mal politique, & ſur tout par leur durée ; la Partie gagnante gagne peu, & la Partie perdante perd beaucoup, & ſouvent les frais ſont doubles & triples du principal ; le devoir de celui qui gouverne, c'eſt de hazarder que ſur cinquante petits Procès, il y en ait un ou deux de mal jugez, mais d'empêcher cent familles de ſortir du premier Tribunal, pour aler recommencer à plaider dans un autre.

Le bien qui en revient aux quatre-vint ſeize autres Parties, récompenſe & au-delà le préjudice qu'en ſoufrent deux familles perdantes par deux injuſtices, ſur tout lors que l'on conſidere que le gagnant gagne ce que le perdant a perdu.

Qu'une famille gagne ce que l'autre perd, l'Etat n'y perd rien, particulierement en matiere peu importante : mais quand un grand nombre de familles quitent leurs travaux, leurs

B b

comerces, & ocupent d'autres hommes à les fervir dans des Procès, c'eſt une grande perte pour l'Etat.

OBSERVATION XXI.

Uſage des Tarifs dans les Generalitez cadaſtrées.

A l'égard des Généralitez de Taille cadaſtrée, il eſt à propos du moins quant à preſent, d'y laiſſer l'uſage des Cadaſtres pour ce qui regarde le revenu des fonds : mais à l'égard de l'argent en comerce & de l'induſtrie, il ſeroit très-utile d'y établir l'uſage des Tarifs, pour ôter ce qu'il y a d'arbitraire dans les Taxes pour ces deux articles.

OBSERVATION XXII.

Sur la maniere de faire l'établiſſement.

Cet établiſſement conſiſte à faire un Reglement, & à faire exécuter ce Reglement.

Ce Reglement contient un ordre aux Colecteurs de diviſer dans le Rôle chaque article du Taillable en autant de ſous-articles qu'il a d'eſpeces de revenus ou gains anuels, & de taxer chaque article ſur le pied des dix-ſept Tarifs, qui répondent aux dix ſept ſortes de revenus ou gains anuels.

Il contient liberté au Taillable de doner au juſte la déclaration de ſes diferentes ſortes de revenus ou gains anuels; & défenſes aux Colecteurs de le taxer pour chaque article plus haut que le Tarif, ſauf à eux à l'ataquer en fauſſe déclaration.

Ainſi il faut quelqu'un dans la Paroiſſe qui puiſſe écrire ſur un Regiſtre, & faire ſigner les déclarations de tous ceux qui voudrónt le faire, ſuivant le modéle ci-deſſus tranſcrit.

Ce ne ſera pas toûjours le Syndic en charge; car comme ces charges de Syndic ont été venduës quelquefois à des ſujets qui ſont incapables de s'en aquiter, & qui ne ſavent pas écrire, & même à des femmes, il eſt à propos que les Habitans éliſent un homme de leur Paroiſſe ou de la Paroiſſe voiſine; & ſi la Paroiſſe n'en éliſoit pas un dans le tems marqué par le Subdelegué, il y nomera d'Ofice.

Le Reglement ordone aux Colecteurs, après la Taxe faite ſuivant les Tarifs ſur chaque Taillable, de voir ſi le produit Total eſt plus fort ou plus foible que la Taxe portée au Mandement de l'Intendant : S'il eſt plus fort d'un cinquiéme, d'un dixiéme ou autre partie, de diminuer ſur la Taxe de chaque Taillable au ſou la livre, un cinquiéme, un dixiéme ou autre partie, pour en former la Taxe exigible : au contraire, ſi ce produit des Tarifs eſt plus foible que la Taxe de l'Intendant d'un dixiéme ou autre partie, d'augmenter chaque article au ſou la livre d'un dixiéme ou autre partie.

Pour l'execution de cet article, ce ſera à l'Elu qui ſigne le Rôle, ou à celui qui le ſcelle, à voir s'il eſt conforme au Reglement ou au Modéle, & à ne le pas ſigner qu'il n'y ſoit rendu conforme ; & je croi *qu'il en faut metre un article dans le Reglement.*

Je ſupoſe donc 1°. que le Reglement ſoit envoyé à l'Intendant avec le modéle du Rôle Paroiſſial & le modéle de la déclaration du Taillable, & avec copie imprimée de ce Mémoire, qui lui ſervira d'une ample inſtruction.

2°. L'Intendant fera ſon Mandement en conformité, dans lequel il inſerera le Reglement, & ajoûtera les articles qu'il jugera neceſſaires pour ſon entiere execution ; il inſerera les Modéles dans l'Imprimé de ſon Mandement, après y avoir ajoûté ou retranché ce qu'il jugera à propos.

3°. Il envoyera à l'ordinaire, à chacun de ſes Subdéleguez, autant de Mandemens que de Paroiſſes ; il enjoindra dans ſon Mandement aux Habitans de nomer le Secretaire de la Paroiſſe, pour faire faire les Regiſtres neceſſaires, & y recevoir les déclarations volontaires des Habitans dans un tel tems; faute de quoi il y ſera nomé par le Subdélegué.

4°. Le Subdélegué rendra compte à l'Intendant des nominations de tous les Secretaires.

5°. Chaque Secretaire fera faire ſes Regiſtres, & après les termes expirez il rendra compte au Subdélegué du nombre des déclarans, & lui envoyera la liſte *des non-déclarans.*

6°. Le Subdélegué communiquera ſes liſtes au Receveur, & en rendra compte à l'Intendant.

7°. De ſon côté l'Intendant en rendra compte au Conſeil.

8°. Dans sa tournée, l'Intendant de concert avec le Receveur & les Elus, fera les Taxes d'Ofice sur les *non-déclarans*; le Receveur aura eu le loisir de s'informer par les Coleateurs en anée & par ses Huissiers des revenus & gains anuels *des non-déclarans*; l'Intendant fera ensuite son second Mandement.

9°. S'il se trouvoit quelque Paroisse trop favorisée, dans laquelle pour continuer à joüir d'une faveur injuste, au préjudice des autres Paroisses surchargées, on empêchât la plûpart des Habitans de faire leurs déclarations, l'Intendant en avertira la Cour, & cependant l'augmentera tous les ans, jusqu'à ce que les Habitans, pour éviter les Taxes excessives, ayent doné par leurs déclarations entiere conoissance de leurs revenus & gains anuels : car enfin tant qu'ils ne voudront point déclarer leurs revenus, ils feront entendre qu'ils ont interêt à ne les pas faire conoître, & par consequent qu'ils sont moins taxez que ceux qui déclarent.

10°. Un point important & essentiel, c'est que ce Reglement n'empêche en rien le Recouvrement des Paroisses où il ne sera point d'abord observé, & facilite beaucoup le Recouvrement des Taxes sur les Paroisses où il sera d'abord observé : aucune famille, aucune Paroisse n'est contrainte à le recevoir : ainsi là où il n'est point reçû, l'ancienne maniere de la Répartition arbitraire subsiste. Or c'est une grande perfection dans un Reglement, quand il est tel, qu'il ne contraint ni famille, ni Paroisse, ni Election, ni Généralité à le recevoir, & quand tous ceux qui le reçoivent, le desirent comme un azile contre l'injustice & contre la vexation.

Voila en peu d'articles en quoi consiste toute l'opération; elle est très-simple, & l'Intendant aura les vœux de tous les gens de bien, qui aiment la justice, & qui sont blessez des protections injustes & partiales; il aura de même les vœux & les benedictions d'une infinité de familles Taillables, qui soûpirent depuis lon-tems après un pareil établissement.

OBSERVATION XXIII.

Essai volontaire.

Avant l'Arrêt de Reglement on peut laisser faire l'Essai

volontaire de cette Métode en diverses Paroisses ; car il y en a où les Seigneurs qui y ont du crédit, aiment l'équité & la proportion, même à leur préjudice ; & d'autres où il n'y a point de persones puissantes interessées à maintenir la disproportion, ce qui à la verité n'est pas fort commun.

On aura par ces diverses experiences plusieurs Observations propres à augmenter & à perfectioner le Reglement, & l'on sera ainsi bien plus assuré du succès de l'établissement. J'ai donc crû qu'il ne seroit pas inutile de metre ici un modéle de Déliberation & de Convention entre les habitans d'une Paroisse où les plus acréditez aiment la justice, afin que cette Déliberation pût supléer entre eux à un Reglement du Conseil, qui ne seroit pas encore doné.

Projet de Déliberation.

DU Dimanche   de mil sept cens, &c. les Taillables & les Colecteurs en anée de la Paroisse de   Election de Généralité de   soussignez, convoquez & assemblez, pour déliberer des moyens de faire entre eux la Répartition de la Taille & des autres sommes contenuës au Mandement de M. l'Intendant, avec le plus de proportion & de justice qu'il sera possible, par raport aux revenus & gains anuels de chaque Taillable, sont convenus aux trois quarts des voix des Habitans présens, & presque unanimement, de dresser le Rôle de la Taille conformément aux Articles suivans.

ARTICLE I.

L'imposition de chaque Taillable sera mise par autant de diferens articles, qu'il a de diferentes sortes de revenus ou gains anuels : 1°. pour son Industrie, 2°. pour sa Maison, pour ses Héritages & Rentes, soit qu'il joüisse de ses Héritages & Maisons par ses mains, soit qu'il les baille à Ferme ; 3°. pour les Terres qu'il tient à Ferme, & cela par autant d'articles qu'il y aura de Baux ; 4°. pour l'argent & marchandises qu'il a en comerce au dessus de deux cens livres.

Article II.

Il fera fait cinq Claffes d'Induftrie ; fçavoir, la premiere vint livres, en fupofant que le prix commun de la journée du Journalier eft de huit fous dans cette Paroiffe ; la feconde Claffe douze livres, la troifiéme quatre livres, la quatriéme quarante fous, & la cinquiéme cinq fous, avec cette reftriction, que le Taillable qui n'aura aucun revenu en Maifons, Terres ou Rentes, ne fera impofé pour fa Taxe d'induftrie qu'aux trois quarts de cette Taxe ; que s'il a quelque revenu, mais non fufifant pour payer le Total de la Taxe d'induftrie de fa Claffe, il ne fera taxé pour fon induftrie qu'à la moitié de cette Taxe,

Dans une Paroiffe où la journée commune du Journalier eft eftimée feize fous, le pied de ces Taxes fera la moitié plus haut,

Article III.

Dans la premiere Claffe d'Induftrie, les Juges Taillables, Avocats, Grefiers, Notaires, Procureurs, Huiffiers, Medecins, Chirurgiens, Chefs de Manufactures, Habitans vivans de leurs Rentes, Marchands qui auront la valeur de mille livres en comerce, Régiffeurs de Terres, Cabaretiers qui donent à loger, Fermiers & Artifans, qui auront cinquante livres de rente en fonds de Terres ou Rentes, la veuve du Taillable de cette premiere Claffe ne payera pour fon Induftrie que la moitié de ce qu'en auroit payé fon mari.

Article IV.

Dans la feconde Claffe d'Induftrie feront les Fermiers, Laboureurs, Méteyers, Cabaretiers, qui ne donent point à loger, Merciers, Menuifiers, Charpentiers, Maçons, Couvreurs, Serruriers, Maréchaux, Selliers, Cordoniers, Tifferans, Boulangers, Tailleurs, Vitriers, Jardiniers, Voituriers, Charrons, & tous autres Artifans & gens de Métier qui auront moins de cinquante livres de rente ou moins de mille livres en argent ou marchandife dans le Comerce.

ARTICLE V.

Dans la troiſiéme Claſſe d'Induſtrie ſeront les Journaliers ou Maneuvres, les Valets ou domeſtiques Taillables, les Garçons de boutique ou Compagnons-Aprentifs Taillables.

ARTICLE VI.

Dans la quatriéme Claſſe d'Induſtrie ſeront les Veuves des Taillables qui ne ſeront point de la premiere Claſſe.

ARTICLE VII.

Dans la cinquiéme Claſſe d'Induſtrie ſeront les Taillables de la ſeconde Claſſe d'Induſtrie, qui auront plus de trois petits enfans, c'eſt à dire au deſſous de dix ans acomplis, les Taillables de la troiſiéme Claſſe d'Induſtrie, qui auront plus de deux petits enfans, & ceux de cette troiſiéme Claſſe, qui ſont Veufs chargez d'un petit enfant, les Veuves de la ſeconde & troiſiéme Claſſe d'Induſtrie, qui auront un petit enfant, les Maîtres & Maîtreſſes d'Ecole & les ſeptuagenaires, autres que ceux de la premiere Claſſe.

ARTICLE VIII.

Le Taillable Proprietaire ou Uſufruitier, payera ſur le pied de quatre ſous pour livre du revenu de ſes Terres, Maiſons & Rentes, déduction faite des Rentes qu'il doit, ſoit qu'il joüiſſe de ſes Terres & Maiſons, ſoit qu'il les baille à Ferme : S'il a un Moulin en proprieté, il ne payera que ſur le pied de trois ſous.

ARTICLE IX.

Le Taillable Fermier ou Méteyer, payera ſur le pied de trois ſous pour livre du prix de ſon Bail, ſoit que ce Bail ſoit pour plus ou pour moins de neuf anées ou à Rente perpétuelle ; le Locataire de Moulin payera ſur le pied de deux ſous pour livre du prix de ſon Bail ; le ſimple Locataire de

Maiſon payera ſur le pied d'un ſou pour livre du prix de ſon Bail ; & le Fermier général ou Régiſſeur , qui ſouferme les Métairies , payera ſeulement ſur le pied du centiéme denier pour livre du prix de ſon Bail.

ARTICLE X.

Le Taillable faiſant comerce, & ayant deux cens livres en argent ou marchandiſes dans cette Paroiſſe, où le prix commun de la journée du ſimple Journalier eſt eſtimé huitſous, payera autant de fois quarante ſous, qu'il aura de fois la valeur de deux cens livres dans le comerce.

Ce Tarif ſera augmenté de moitié là où la journée du Journalier vaudra communément ſeize ſous.

ARTICLE XI.

Les perſones & les biens ayant été ainſi taxez ſelon ces diferens Tarifs , ſi par l'adition de tous les Articles ou Totaux particuliers produits par les Tarifs , la ſomme qui en réſultera ſe trouve être excedée d'une dixiéme ou autre partie par la ſomme demandée par le Mandement , y compris les deniers de la Colecte, cet excedent ſera ajoûté au ſou la livre à chaque ligne Totale du Taillable, & alors le Total exigible ſera plus fort que le Total des Tarifs d'un dixiéme ou autre partie.

ARTICLE XII.

Si au contraire, par l'adition de tous les Taillables ou Totaux particuliers produits par les Tarifs, la ſomme qui en réſultera , excede la ſomme demandée par le Mandement d'un dixiéme ou autre partie , y compris les deniers de la Colecte , cet excedent ſera diminué ou ſouſtrait au ſou la livre de chaque ligne du Taillable, & alors le Total exigible ſera moindre que le Total des Tarifs d'un dixiéme ou autre partie ; de laquelle diminution ou augmentation ſera fait mention à la fin du Rôle , lequel ſera ſigné de trois principaux Habitans ſouſſignez , à ce députez par la Paroiſſe, conjointement avec les Colecteurs.

ARTICLE

ARTICLE XIII.

On ne portera aucune fomme en diminution fur chaque ligne, à moins que ce ne foit au moins fix deniers pour livre : & comme il arivera prefque toûjours que le Total des fommes exigibles excedera, mais moins d'un quarantiéme la fomme demandée par le Mandement, y compris les deniers de Colecte, cet excedent fera remis par les Colecteurs de l'anée courante aux Colecteurs de l'anée fuivante, pour en tenir compte au profit de la Communauté.

ARTICLE XIV.

Le Total des Tarifs fera mis en chifre à la feconde marge du Rôle Paroiffial ; mais pour le Total exigible, il fera mis en écriture à la fin de chaque ligne, & en chifre à la premiere marge ; s'il fe prefente des deniers, on les omettra dans le Rôle au profit du Taillable, & cette Déliberation fera mife à la tête du Rôle. Fait & arêté cedit jour.

J'ai remarqué par les Rôles de Ruel, d'Argenteüil, &c. que M. Bignon m'a fait la grace de me communiquer, que les Habitans ont dreffé entre eux plufieurs articles femblables à ceuxci, aufquels les Colecteurs fe font conformez dans leur Répartition, & je ne fais ici que les imiter, mais en perfectionant leur Métode.

OBSERVATION XXIV.

Ufage des Excedens.

Ceux qui favent de quelle importance il eft à l'Etat de rendre autant qu'il eft poffible, les chemins auffi praticables en Hyver qu'en Eté, pour faciliter le comerce, les voyages & le tranfport des marchandifes, favent que fouvent faute de douze ou quinze perches de pavé en quatre ou cinq endroits, un chemin de quatre ou cinq lieuës devient prefque impraticable, & que l'on n'y paffe point fans rifquer d'y rompre les caroffes, les charettes, & d'y eftropier des chevaux.

C c

Or ces excedens pouroient être employez dans chaque Election à racomoder ces mauvais endroits, & feroient par confequent infiniment utiles à augmenter le comerce interieur de Ville à Ville, de Bourg à Bourg, de Vilage à Vilage.

Mais afin que toutes les Paroiffes s'en reffentiffent également, & fouhaitaffent cet emploi des excedens, il feroit à propos que ces excedens des Paroiffes des environs de chaque Ville ou Bourg où il y a Marché, fuffent employez *uniquement* à racomoder d'abord les grands chemins de cette Ville à la Ville voifine, de ce Bourg au Bourg voifin, & puis les chemins des Vilages environans à cette Ville ou à ce Bourg, qui eft le centre de ces Vilages ; & s'il en reftoit, les employer à raçomoder les chemins de Vilage à Vilage par gradation des chemins plus importans aux moins importans.

Ainfi il feroit à propos de ne point employer les excedens des Paroiffes voifines d'un Bourg, qui en fait le centre, aux réparations des chemins des Paroiffes voifines d'un autre Bourg, qui fait le centre d'autres Paroiffes. Je donerai fur cela un Mémoire particulier, fi le Confeil juge cet emploi des excedens convenable & avantageux à l'Etat : j'ai déja doné un grand Mémoire fur l'importance & les moyens de réparer les chemins, mais je n'avois pas alors la reffource de ces excedens.

OBSERVATION XXV.

Sur les Dénombremens.

Il fera facile dans la fuite de fe fervir des déclarations & des Rôles, pour avoir le nombre des habitans & des beftiaux d'une Paroiffe tous les cinq ans, fuivant le Modéle qui fera envoyé aux Colecteurs.

L'Intendant verra facilement, par la comparaifon de ces dénombremens *quintenaires*, en vint ans, en trente ans, les lieux qui fe peuplent plus, ceux qui fe dépeuplent trop ; & après avoir découvert les caufes des diminutions, chercher les moyens d'y remédier : on ne fonge pas à remédier à un mal que l'on ne conoît pas.

Pour obliger chaque troupe de Colecteurs à faire ce dénom-brement tous les cinq ans à la fin du Rôle, à comencer, par exemple, pour l'anée 1725. au premier d'Octobre, il n'y a qu'à taxer à 10 liv. le Colecteur qui fait sceller le Rôle de sa Paroisse sans un pareil dénombrement.

OBSERVATION XXVI.

Sur les moyens de faire un promt Recouvrement.

On m'a dit que le Receveur de l'Election de le Blanq en Berry, qui a quinze mois pour payer son anée, s'est acomodé avec les Colecteurs des quatre-vint-dix-huit Paroisses de son Election ; ils sont convenus de payer avant le quinze de chaque mois la quinziéme partie de la Taxe de la Paroisse ; & chaque Colecteur s'est acomodé de son côté avec chaque Paroissien, pour payer avant le quinziéme du mois la quinziéme partie de sa Taxe : de sorte que si l'un doit 15 livres, l'autre 15 pistoles, il paye avant le quinze de chaque mois, l'un vint sous au Colecteur, l'autre une pistole, & le Colecteur au Receveur, le tout à peine des frais des Huissiers & des Contraintes. Celui qui n'a pas vint sous les emprunte, & les prete à son tour le mois suivant.

L'experience de cette Métode aprend que tout le monde paye exactement dans cette Election, & qu'il n'y a point de frais : c'est un Receveur général très-habile & très-zelé pour le bien public, de qui je tiens ce fait ; & j'ai crû devoir le rendre public, afin que les Receveurs particuliers, qui ne veulent point s'enrichir en multipliant les frais sur les malheureux Colecteurs & sur les malheureuses Paroisses, puissent eux-mêmes faire pareille experience.

On pratique en Holande un autre moyen pour recouvrer plus promtement le Subside, c'est de payer l'interêt assez haut à celui qui paye ce qu'il doit, un an, six mois avant qu'il soit exigible. Le Receveur particulier diminuë cet interêt aux Imposez sur la somme qu'ils aportent avant le terme, & le Receveur général de son côté diminuë au Receveur particulier ce qu'il aporte de même avant le terme. Cette métode fait qu'il y en a plus de la moitié qui payent d'avance ; il n'y en auroit pas tant en France, mais il y en auroit ; & comme ces deux Moyens ne se nuisent point l'un à l'autre, on peut les employer tous deux.

OBSERVATION XXVII.

Oter le dixiéme au déclarant.

Il peut ariver d'un côté, que les Colecteurs d'intelligence avec un *non-déclarant*, omettent plusieurs parties de son revenu, en feignant de ne les pas conoître ; il peut ariver d'un autre côté, que par esprit de vengeance, ils chargent excessivement un autre *non-déclarant*, en lui suposant des revenus qu'il n'a pas : ainsi il paroît que pour empêcher de faire de semblables injustices, ils ont besoin d'une regle, & que le Reglement ordone, qu'outre la diminution qui poura ariver à la Taxe du déclarant, en suivant les diferens Tarifs, il lui sera encore diminué par les Colecteurs le dixiéme de sa Taxe réelle ; & que de ces dixiémes diminuez, il sera fait une somme totale, qui sera répanduë dans le Rôle par les Colecteurs au sou la livre sur tous *les non déclarans*.

De cette maniere le nombre des *non-déclarans* ira d'autant plus vîte en diminuant, que ces dixiémes iront promtement en augmentant, & deviendront l'anée suivante un fardeau beaucoup plus onéreux pour les *non-déclarans*.

OBSERVATION XXVIII.

But d'augmenter le Comerce.

Le but du bon Gouvernement est d'augmenter le Comerce en général, & par consequent le Comerce interieur, qui est lui-même si necessaire pour augmenter le Comerce extérieur du Royaume. J'ai montré ailleurs en quoi consistoit le revenu réel, qu'aportoit à l'Etat l'augmentation des diferens Comerces & la multiplication des ventes & achats & autres especes d'échanges ; les Holandois conoissent cette maxime, & combien la Monoye d'argent & les Billets ou la Monoye de crédit sont necessaires pour le Comerce : ils savent que le frequent Comerce des grandes parties dépend absolument du Comerce frequent des petites parties ; & c'est la raison pourquoi ils sont si atentifs à ne demander aucune Taxe aux petits Comerçans des Vilages & des Bourgs sur leurs marchandises, afin d'encourager un plus grand nombre d'Habitans à comencer à comercer.

On peut dire que faute d'avoir une conoissance aussi parfaite qu'eux de l'importance d'élever par tout un grand nombre de petits Comerçans, comme une pepiniere necessaire au Comerce, nous avons laissé la liberté aux Colecteurs d'empêcher les uns de comencer, & les autres de continuer leur Trafic & leurs Manufactures dans les lieux Taillables.

Il est de l'interêt des Colecteurs de lever la Taille le plus facilement qu'ils peuvent. Or si un Comerçant qui a la valeur de deux cens livres en marchandises, & qui sur le pied du centiéme denier, ne devroit payer que deux livres, est taxé à quinze livres, à vingt livres, les Colecteurs peuvent bien plus facilement saisir son cheval & sa marchandise, & en être payez, qu'ils ne peuvent faire payer un autre Taillable chez qui souvent il n'y a pas de quoi saisir, & qui se met à couvert par l'intervention de ses Creanciers privilegiez.

Ainsi la pratique & le pouvoir des Colecteurs dans la Taille arbitraire va directement contre le but du bon Gouvernement, & contre la multiplication & l'augmentation des petits Comerces & des petits Comerçans ; il faut donc trouver un moyen d'assurer d'un côté à l'Etat un Subside raisonable sur le Comerçant, & de l'autre d'empêcher les Colecteurs de vexer le Comerçant ; or c'est ce qu'opére le point fixe du centiéme denier : la liberté qu'il a de déclarer en gros de quel rang il est, & la défense de le taxer au delà de sa déclaration, sauf aux Colecteurs à l'acuser de fausse déclaration, s'ils veulent hazarder la peine de fausse acusation.

Ces sortes de Reglemens paroissent souvent de peu d'importance à ceux qui n'ont pas cherché avec soin les veritables sources de l'augmentation ou de la diminution du Comerce dans une Nation, & qui n'ont jamais aprofondi les gains anuels & les revenus réels que le Comerce aporte à un Etat ; mais ceux qui ont sufisament étudié la matiere, n'en jugeront

C c iij

pas de même : ils verront qu'une des grandes sources de l'a-
foiblissement de nôtre Comerce vient du pouvoir excessif
que l'on a laissé aux Colecteurs de taxer chaque Taillable
suivant leur fantaisie, c'est à dire arbitrairement, & de n'a-
voir pas doné à chaque Taillable le moyen de se garantir de
la vexation, en faisant, suivant un Modéle public, une déclaration juste de ses diferens revenus ou gains anuels : Mais
heureusement ce qui n'avoit pas encore été ou proposé ou
agréé, peut enfin être aprouvé, essayé en plusieurs Elections,
& mis en execution dans toutes, lorsque les Essais auront
réüssi.

LIBERABIT PAUPEREM A POTENTE
ET PAUPEREM CUI NON ERAT ADIUTOR.

LETTRE CIRCULAIRE
DE SON ALTESSE ROYALE
MONSEIGNEUR
LE DUC D'ORLEANS
REGENT DU ROYAUME,

A Messieurs les Intendans des Provinces,
du 4. Octobre 1715.

*Pour encourager les Sujets zelez à doner des Mémoires
pour le soulagement des Taillables oprimez par des
Taxes disproportionées & ruineuses.*

MONSIEUR,

Comme je desire rétablir l'ordre dans la Régie & dans le
Recouvrement des deniers du Roy, & procurer à ses Sujets
les soulagemens & les diminutions qu'ils sont en droit d'esperer de la tendresse & de l'afection que j'ai toûjours euë pour
eux, j'ai crû devoir doner les premiers soins de ma Régence
à ce qui regarde les Tailles.

Mon intention sur ce point est d'arêter le cours *des frais
excessifs* que font aux Taillables les Receveurs, Huissiers &
autres, d'établir *une juste égalité* dans les Impositions, d'empêcher & les vengeances que les Colecteurs exercent contre ceux
dont ils croyent avoir sujet de se plaindre, & *les protections*

injuftes qu'ils donent à leurs parens & à leurs amis, de remédier aux non-valeurs fupofées, de regler les Efets qui ne font point faififfables; enfin de mettre dans ce Recouvrement une *forme* certaine & *invariable*.

Le Reglement que je me propofe de faire fur cette matiére, demande de ferieufes réflexions ; mandez-moi ce que vous croyez que je pourois ordoner de plus utile : la conoiffance que vous avez dû prendre tant des biens & facultez de ceux qui font dans vôtre Généralité, que du produit des Terres & des diferens Comerces qui s'y font, vous met en état de doner les avis qui me font neceffaires : mais en atendant que je puiffe procurer aux Taillables le foulagement que je defire, vous donerez tous vos foins dans le Département prochain, à détruire entierement les abus qui fe font commis jufqu'à prefent.

Je fuis informé que la liaifon qui eft fouvent entre les Oficiers des Elections & des Receveurs, done lieu à la multiplicité des frais, qu'ils regardent comme des revenans bons de leurs Charges; je fai que plufieurs d'entre eux employent leur autorité plutôt à protéger les riches qu'à foulager les pauvres, & que les frais qu'on fait toûjours payer par préference à la Taille, en empêchent ou en retardent le Recouvrement, qui doit prefentement fe faire avec plus de facilité, depuis la ceffation des fommes qui s'impofoient pour l'Uftencile, pour les Fourages, pour les Voitures & pour le Rembourfement ou Supreffion de beaucoup d'afaires extraordinaires.

C'eft à cet abus que je veux remédier, afin que les peuples joüiffent des fruits de la Paix, en leur procurant les moyens de rétablir *la culture & l'engrais des Terres*, qui eft un objet important à l'Etat. *Et comme il eft de la juftice & de la piété d'empêcher l'opreffion des Taillables, je croi qu'il n'eft point de peine affez forte pour punir ceux qui voudroient s'opofer au deffein de les foulager.*

Pour concourir de vôtre part à ce deffein, vous aurez foin de me *mander les noms des Oficiers ou Receveurs qui ne rempliront pas leur devoir*; vous recevrez les plaintes des Colecteurs fur l'excès des frais qui peuvent leur avoir été faits; & en procedant aux Départemens, vous vous informerez aux Oficiers des Elections du montant des Taxes qu'ils auroient faites aux Receveurs pour chaque Paroiffe. Je me propofe,

pour

pour arêter ces vexations, de faire suporter par les Oficiers des Elections les frais qu'ils auront taxez , & d'obliger les Receveurs de raporter le quadruple de ceux qu'ils auront faits , lorsqu'ils seront trouvez excessifs : Mais comme je veux distinguer ceux qui doneront des marques de leur probité , je me propose en même tems d'acorder une *récompense* chaque anée à un ou deux Receveurs en chaque Généralité , qui se trouveront avoir aporté plus de ménagement dans les poursuites.

Vous vous informerez avec beaucoup d'exactitude , si les Huissiers employez au Recouvrement ne reçoivent point d'argent des Colecteurs ou autres Redevables , même s'ils n'en exigent point ; vous aurez la même attention sur la conduite des Receveurs des Tailles & des Oficiers des Elections , pour conoître s'ils ne reçoivent point de presens , qui les portent à acorder des *protections injustes* ; & vous ferez executer en tous ces cas les Ordonnances avec une grande severité.

Vous tiendrez la main à ce que les Colecteurs procedant par voye d'execution contre les Taillables , *n'enlevent point leurs chevaux & beufs servans au labourage , ni leurs lits , habits , ustenciles & outils , avec lesquels les Ouvriers & Artisans gagnent leur vie.*

La justice dans l'imposition de la Taille étant mon principal objet , vous aurez soin de me mettre en état , par des conoissances certaines & par des Mémoires *bien réfléchis , de faire un Reglement pour l'asseoir avec égalité ,* tant par raport aux *biens afermez ,* ou que l'on fait valoir , que par raport *au comerce* & aux facultez des Artisans & Manouvriers.

Dans l'examen des Moyens , vous prefererez toûjours ceux qui favoriseront *la culture des Terres , augmenteront le Comerce* & la consommation des denrées , *faciliteront le Recouvrement ,* & seront le moins à charge aux sujets du Roy.

Vous porterez toute vôtre atention à prévenir & *borner l'autorité* que les *Oficiers* des Juridictions & les *persones puissantes* exercent sur les Colecteurs , pour se procurer à eux & à leurs Fermiers des cottes médiocres , *& faire rejeter sur les autres Habitans la Taille qu'ils devroient suporter.* C'est de là que sont venuës les non-valeurs , la dificulté dans les Recouvremens , les contraintes pour les soliditez , la ruine enfin de

D d

plusieurs Taillables : ce pouvoir injuste a eu des suites trop malheureuses pour le laisser subsister plus lon-tems.

La multiplicité des Oficiers créez depuis plusieurs anées, & les diferens privileges de Noblesse & d'Exemtions de Taille, qui étoient atribuez à leurs Ofices, ayant beaucoup contribué à surcharger les Taillables, dont j'ai les interêts extrémement à cœur, la supression qui a été faite d'une partie de ces Ofices, doit tourner à leur décharge : ainsi il est de vôtre devoir de taxer d'Ofice ces Oficiers suprimez, à une cotte juste & proportionée à leurs biens, sans neanmoins les surcharger.

Desirant au surplus de rendre publique l'intention que j'ai de travailler au soulagement des peuples fatiguez depuis plusieurs anées par diferentes Impositions, & voulant que tous *Sujets zelez* me puissent fournir des avis, pour remédier aux abus qui se sont commis jusqu'à present, je souhaite que vous envoyiez des Copies imprimées de cette Lettre aux Syndics ou Marguilliers de toutes les Paroisses de vôtre Généralité, afin que persone n'ignore quelles sont mes dispositions à cet égard.

Travaillez donc incessament à ce que je vous mande ; donez-moi des marques de vôtre zele, examinez les *diferens inconveniens* qui arivent dans l'imposition de la Taille, les abus qui se commettent, & les remedes qu'il convient d'y aporter, pour rendre aux Sujets du Roy la justice qu'ils atendent ; vous m'engagerez par là à vous doner auprès de SA MAJESTE' des marques de ma protection & de la bienveillance particuliere que j'ai pour vous. Je suis, Monsieur, vôtre affectionné.

Ainsi signé, PHILIPPE D'ORLEANS.

ERRATA.

Page 4. ligne 24. *effacez*, même, *lisez*, mieux.

Même page 4. ligne derniere, *effacez*, petit profit, *lisez*, des petits profits.

Page 20. ligne 6. *effacez*, & plus intereſſez pour faire, *lisez*, pour faire avec plus de proportion.

Page 24. ligne 16. *effacez*, cette déclaration ne ſoit pas juſte, *lisez*, ces déclarations ne ſoient pas juſtes, volontaires, & même univerſelles.

Même page 24. ligne 23. tems, *ajoûtez*, tous.

Page 25. ligne 33. égalité, *ajoûtez*, ou proportioné entre elles.

Page 27. ligne 19. *effacez*, aura omis ou déclaré faux, *lisez*, aura ou omis quelque article, ou eſtimé trop peu ce dont il joüit par ſes mains.

Même page 27. ligne 28. Taillable déclarant, *ajoûtez*, n'eſt taxé par les Coleċteurs.

Page 49. ligne 10. qu'il a régies, *lisez*, qu'il a en régie.

Page 145. ligne 19. *effacez* &c.

www.ingramcontent.com/pod-product-compliance
Lightning Source LLC
Chambersburg PA
CBHW060027100426
42740CB00010B/1622